KB041701

전면개정판

중대재해처벌법

신승욱 · 김형규

박영사

전면개정판 서문

　　2021. 1. 26. 공포된 「중대재해 처벌 등에 관한 법률」이 1년이 지난 2022. 1. 27. 시행되었고, 이에 맞추어 위 법률을 구체화하는 시행령도 상당한 다툼을 거쳐 제정되었다.

　　당장 이 법률의 적용대상이 되는 상시근로자 50명 이상인 사업 또는 사업장을 비롯한 대다수의 기업들은 위 법령이 통과되기 전부터 위 법령의 가안에 따른 구체적인 안전·보건관리체계를 구축하기 위한 노력을 계속해 온 것으로 보이나, 여전히 법령규정의 모호성 및 광범위성으로 인하여 현장의 혼란은 계속되고 있다.

　　이러한 혼란을 최소화하기 위해 주관부처인 고용노동부는 안전보건관리체계의 구축에 관한 가이드북과 시행령 제정안의 주요내용에 대한 설명자료를 배포하는 등 적극적인 노력을 경주하고 있다. 하지만 입법기술상의 한계로 인하여 여전히 용어 등이 명확하지 않거나 포괄적인 부분이 있음은 사실이고, 결국 이는 법원의 구체적인 해석에 따라 기준이 정립될 것이어서 당분간은 이와 같은 현장의 어려움은 계속될 것으로 예상된다.

　　저자들은 초판 발행 이후 통과가 확정된 시행령안과 고용노동부가 발간한 각종 해설서, 관련 단체들이 자체적으로 발간한 자료, 산업안전보건법위반과 관련된 최신 중요 판례 등을 비교분석하고 최대한 객관적으로 정리하여 이번 전면개정판이 실무에 적합한 내용을 담을 수 있도록 노력하였다.

민법 박사과정에 재학 중이면서도 본서의 전체적인 검토를 맡아 완성도를 한층 끌어올려 준 황지영 변호사님, 미국 양형위원회 기준에 관한 해석에 큰 도움을 주신 송현지 변호사님께 무한한 감사의 말씀을 드린다. 본서의 개정을 독려하여 준 박영사의 오치웅 과장, 편집을 맡아 준 윤혜경 대리에게도 감사의 말씀을 드린다.

부디 본 법령이 법령의 제정 목적과 취지에 따라 중대재해를 예방하여 시민과 종사자의 생명 그리고 신체를 보호할 수 있는 효과적인 길을 제안할 수 있는 참고서가 되기를 바란다.

2022년 초겨울에 초사동 수사연수원에서
저자 일동

초판 서문

    상당한 진통 끝에, 「중대재해 처벌 등에 관한 법률」이 2021. 1. 26. 공포되었습니다.

    우리 사회는 태안화력발전소 압사사고(故김용균씨 사망사건), 이천 물류센터 건설현장 화재사고와 같이 근로자들이 일터에서 사망하거나, 가습기 살균제 사건과 같이 일반 시민들이 일상 속에서 사망하는 사건들을 지켜볼 수밖에 없었습니다.

    그리고 또 우리 사회는 일단 사고가 발생한 경우 사고가 왜 발생하였는지, 향후 어떤 대책을 세워야 이와 같은 사고의 재발을 막을 수 있는지에 대한 심도 깊은 고민은 없이, 책임자가 징역 몇 년을 받았는지가 더 궁금할 뿐이었습니다. '남의 일'이라고 생각했기 때문입니다.

    그러나 각종 화재사건으로 인한 참사나 가습기 살균제 사건 등은 이와 같은 일이 더 이상 남의 일이 아니라, 나에게 혹은 나의 가족과 친구, 이웃에게 언제든지 일어날 수 있다는 경각심을 갖게 하였습니다.

    우리는 '목숨'이 무엇보다도 중요하다는 것을 잘 알고 있습니다. 우리 헌법 제2장은 국민의 권리와 의무를 규정하고 있으며, 제2장은 첫머리에서 '모든 국민은 인간의 존엄과 가치를 가지며, 행복을 추구할 권리를 가진다. 국가는 개인이 가지는 불가침의 기본적 인권을 확인하고 이를 보장할 의무를 진다(제10조)'고 천명하고 있습니다.

    그리고 헌법재판소는 『인간의 생명은 고귀하고, 이 세상에서 무엇과도 바꿀 수 없는 존엄한 인간존재의 근원이다. 이러한 생명에 대한 권리는 비록 헌법에 명문의 규정이 없다 하더라도 생존본능과 존재목적에 바탕을 둔 선험

적이고 자연법적인 권리로서 헌법에 규정된 모든 기본권의 전제로서 기능하는 기본권 중의 기본권이다』라고 판시하기도 하였습니다.

이와 같은 견지에서, 중대재해처벌법은 제1조에서 '이 법은 사업 또는 사업장, 공중이용시설 및 공중교통수단을 운영하거나 인체에 해로운 원료나 제조물을 취급하면서 안전·보건 조치의무를 위반하여 인명피해를 발생하게 한 사업주, 경영책임자, 공무원 및 법인의 처벌 등을 규정함으로써 중대재해를 예방하고 시민과 종사자의 생명과 신체를 보호함을 목적으로 한다'고 하여 시민과 종사자의 생명과 신체를 보호하기 위한 법임을 명백히 밝히고 있습니다.

다만 다수의 국회의원들이 각자의 안(案)을 제출하였고, 산업계와 노동계가 격렬하게 충돌함으로써 입안 당시부터 상당한 진통이 예고되었었던 법입니다. 그리고 법제사법위원회 회의록에서도 살펴볼 수 있듯이 사회에 미칠 파급력에 비해 과연 충분한 검토가 이루어졌는지에 대한 의문도 남아 있습니다. 그렇지만 이러한 부분은 본 법률에 대한 후속적인 개정 및 하위법령의 제정으로 일부 해소될 수 있다고 믿고 있습니다.

본서는 2021. 1. 26. 공포되어 2022. 1. 27.부터 시행되는 중대재해처벌법에 대한 기초적인 수준의 개론서입니다. 아직 구체적인 하위법령이 제정되지 않은 관계로 기존 산업안전보건법이나 제조물책임법 등 타 법률의 개념과 판례를 끌어올 수밖에 없었다는 점을 참고해 주시기 바랍니다.

이 졸저가 나오기까지 많은 분들의 도움이 있었습니다. 아내 현주는 매일 저녁 책만 보는 저를 타박하지 않고 쓰고 읽는 것에 집중할 수 있도록 물심양면으로 지원해 주었습니다. 아버지와 어머니 그리고 법조인·작가 선배이자 누나인 신아람 변호사님은 본서의 방향에 대해 진심어린 조언을 해 주었습니다.

본서의 감수를 맡아 주신 법무법인(유한) 강남의 박종인 변호사님에게 무한한 감사의 말씀을 올립니다. 또한 본서의 완성도를 한층 끌어올려 주신 법무법인 태신의 정욱재 변호사님, 법무법인 준평의 송현지 변호사님, 황지영 변호사님 그리고 박영사의 오치웅 대리님과 편집부 윤혜경 선생님에게 다시 한 번 감사의 말씀을 올립니다.

2021년 초겨울에 삼선동에서
대표저자 신승욱

차례

제3편   부칙

제1편

개요

1)「중대재해 처벌 등에 관한 법률」(이하 '본 법률')은 총 제4장 제16조로 구성되어 있다. 본서는 본 법률의 조문 순서대로 각 조문의 중요 내용을 세부적으로 살펴봄을 기본으로 하였는데, 아직 본 법률이 적용된 판례가 존재하지 않아 그 의미를 파악함이 다소 어려운 것이 사실이다. 다만 최근 시행령이 제정됨에 따라 기존의 모호성이 다수 해소되었고, 본 법률이 본격적으로 시행됨에 따라 구체적인 해석례가 조만간 나올 예정으로 보인다.

그렇다고 하더라도 본 법률은 성질상 산업안전보건법의 해석에 상당부분 영향을 받을 수밖에 없으므로 기존 산업안전보건법에 대한 해석례를 충분히 참고할 수 있고, 본 법률이 입법되는 과정에서의 위원회 회의록, 관련 논문 등도 종합적으로 고려할 필요가 있다.

2) 본 법률은 총 4개 장 16개 조 및 부칙으로 구성되어 있는데, 적용되는 범위나 사회에 미치는 파급력에 비해 상당히 적은 수의 조항으로 구성되어 있다. 이는 산업안전보건법이 총 12개 장 175개 조로, 하위 시행령과 시행규칙 및 산업안전보건기준에 관한 규칙이 수백 개의 조문으로 구성되어 있음에 비하면 더욱 그러하다.

3) 본 법률은 제1장 총칙에서 본 법률의 목적(입법취지)과 정의규정(중대재해의 개념, 근로자와 사업주·경영책임자등의 개념 등)을, 제2장 중대산업재해와 제3장 중대시민재해에서는 각 적용범위와 조치의무, 처벌규정 등을, 제4장 보칙에서는 위반사실의 공표와 손해배상의무 등을, 부칙은 시행일과 법원 관할의 특례를 각 규정하고 있다.

시행령은 이를 더 구체화하여, 제1장 총칙에서 시행령의 목적, 직업성 질병자 및 공중이용시설에 대한 정의규정을, 제2장 중대산업재해 및 제3장 중대시민재해에서는 각 안전보건관리체계의 구축 및 이행 조치에 관한 세부 기준 등을, 제4장 보칙에서는 발생사실의 공표 및 이행사항에 관한 서면의 보관을 각 규정하고 있다.

정리하면 다음의 표와 같다.

법률				시행령	
장	조	제 목	요 약	조	요약
제1장 총칙	1	목적	중대재해 예방 및 시민·종사자의 생명·신체 보호	1	위임사항 등 규정
	2	정의	중대재해·종사자·사업주·경영책임자 등의 개념	2	직업성 질병자 규정 (별표1)
				3	공중이용시설 규정 (별표2 내지 3)
제2장 중대 산업 재해	3	적용범위	상시근로자 5인 이상		
	4	사업주 등의 의무	안전보건관리체계의 구축·이행에 관한 조치 등	4	안전보건관리체계의 구축 및 이행 조치
				5	안전·보건 관계 법령에 따른 의무이행에 필요한 관리상의 조치
	5	도급 등 관계에서의 의무	수급인에 대한 조치 의무	(제4조 제9호 참조)	
	6	처벌	1년 이상의 징역 또는 10억원 이하의 벌금 등		
	7	양벌규정	50억원 이하의 벌금 등		
	8	교육수강	이수의무, 미이행시 과태료 등	6	안전보건교육 실시 관련 내용
				7	과태료 부과 기준 (별표4)
제3장 중대 시민 재해	9	사업주 등의 의무	중대산업재해 부분과 동일	8	원료·제조물 관련 안전보건관리체계의 구축 및 이행 조치
	10	처벌		9	원료·제조물 관련 안전·보건 관계 법령에 따른 의무이행에 필요한 관리상의 조치
	11	양벌규정		10	공중이용시설·공중교통수단 관련 안전보건관리체계 구축 및 이행에 관한 조치
				11	공중이용시설·공중교통수단 관련 안전·보건 관계 법령에 따른 의무이행에 필요한 관리상의 조치

제4장 보칙	12	형 확정 사실 통보	행정기관의 장에 대한 통보		
	13	발생사실 공표	중대산업재해 발생시 공표	12	공표 대상 및 내용 등
	14	심리절차 특례	피해자 증인신문 등		
	15	손해배상	징벌적 손해배상(손해액의 5배 내) 등		
	16	정부지원	정부의 지원의무 등		
				13	조치 등의 이행사항에 관한 서면의 보관(5년)
부칙	시행일	원) 공포 후 1년 후 시행(2022. 1. 27.) 예) 개인사업자·상시근로자 50인 미만은 공포 후 3년 후 시행	2022년 1월 27일부터 시행		
	관할	제6조 제1항·제3항, 제10조 제1항 위반사건은 1심 단독 처리			

제 2 편
조문 해설

제1장 총칙

제1절 목적 및 정의

제1조 목적

> **법 제1조(목적)**
> 이 법은 사업 또는 사업장, 공중이용시설 및 공중교통수단을 운영하거나 인체에 해로운 원료나 제조물을 취급하면서 안전·보건조치의무를 위반하여 인명피해를 발생하게 한 사업주, 경영책임자, 공무원 및 법인의 처벌 등을 규정함으로써 중대재해를 예방하고 시민과 종사자의 생명과 신체를 보호함을 목적으로 한다.

1. 입법취지 등

본 법률은 제1조에서 '근로자 및 일반 시민의 안전권 확보' 및 '기업의 안전·보건조치의무를 위반하여 인명피해가 발생한 경우에 사업주와 경영책임자 및 법인 등을 형사처벌하여 사고를 예방'하는 것을 목적으로 한다고 명시하였다. 본 법률의 입법취지는 제정이유에서도 명확히 확인된다.

> **┃ 제정이유**
> 현대중공업 아르곤 가스 질식 사망사고, 태안화력발전소 압사사고, 물류창고 건설현장 화재사고와 같은 산업재해로 인한 사망사고와 함께 가습기 살균제 사건 및 4·16 세월호 사건과 같은 시민재해로 인한 사망사고 발생 등이 사회적 문제로 지적되어 왔음.
> 이에 사업주, 법인 또는 기관 등이 운영하는 사업장 등에서 발생한 중대산업재해와

공중이용시설 또는 공중교통수단을 운영하거나 위험한 원료 및 제조물을 취급하면서 안전·보건 조치의무를 위반하여 인명사고가 발생한 중대시민재해의 경우, 사업주와 경영책임자 및 법인 등을 처벌함으로써 근로자를 포함한 종사자와 일반 시민의 안전권을 확보하고, 기업의 조직문화 또는 안전관리 시스템 미비로 인해 일어나는 중대재해사고를 사전에 방지하려는 것임.

이러한 입법취지를 고려할 때, 본 법률의 주된 취지는 기존의 산업안전보건법에서 최종적인 책임자 내지 경영에 관한 대표권을 가진 자를 처벌할 수 없었던 흠결을 보완하고자 하는 것임이 분명하다. 즉, 본 법률의 실질적인 작동은 경영책임자(CEO)에 대한 형사처벌에 초점이 맞추어질 것으로 예상된다. 이 점은 입법 과정에서도 확인된 바 있다.

① 이 법의 입법취지는 원·하청 관계에서 중대산업재해가 발생했을 경우 원청의 경영책임자에게 책임을 물을 수 있도록 한 것으로, 기존의 산업안전보건법에는 없던 것으로 원청의 책임자를 처벌할 수 있는 유일한 법이다.[1]

② 이와 같은 현실을 보았을 때, 현재 시행 중인 법률에 따른 행정적 책임 기조만으로는 생명권과 인간의 존엄에 대한 침해를 막을 수 없으며, 엄중한 형사책임을 묻는 체계로 나아가야 중대 재해를 막을 수 있다.[2]

③ 과거에 보게 되면 사건이 발생했을 때 일부 말단에 있는 현장관리자나 하급 책임자들만 직접적인 처벌을 받고 실제 경영상에서 책임을 져야 될 사업주라든가 법인의 경영책임자 등에 대해서는 꼬리 자르기 형식으로 처벌을 피하거나 아니면 처벌이 된다고 하더라도 몰랐다라는 이유만으로 아주 가벼운 처벌을 받는 경우가 많았기 때문에…[3]

④ 이 특별법의 경우에는 아예 처음부터 대표이사나 이사 등의 경영책임에 대한 책임을 묻는 법으로 형태가 구성 되어 있기 때문에…[4]

---

1) 국회본회의(임시회) 제383회 2호 회의록 중 백혜련 의원 발언 부분, 43−45
2) 중대재해에 대한 기업 및 정부 책임자 처벌법안(박범계 외 11인 발의안) 중 제안이유 부분
3) 법제사법위원회 소위 제382회 1차 회의록 중 김남국 의원 발언 부분, 39−40
4) 법제사법위원회 소위 제383회 1차 회의록 중 법무부차관 발언 부분, 6

2. 해석방향

현재 본 법률 및 시행령이 시행되었으나, 법원의 구체적인 판단은 없는 상황이므로 본 법률의 해석은 문언해석에 집중하되 '중대재해의 예방 및 시민과 종사자의 생명과 신체의 보호'라는 목적과 입법취지를 기준으로 하여야 함이 당연하다.

또한 본 법률은 형사처벌 규정을 두고 있고, 조항의 대부분이 구성요건을 규정하고 있는 경우여서 그 문언의 의미는 형사 피고인에게 불합리한 불이익을 주지 않도록 더욱 엄격하게 해석하여야 한다. 이는 죄형법정주의의 원칙에 따른 당연한 요청이다.

> ○ **대법원 2020. 8. 27. 선고 2019도11294 전원합의체 판결**
>
> 법 해석의 목표는 어디까지나 법적 안정성을 저해하지 않는 범위 내에서 구체적 타당성을 찾는 데에 두어야 한다. 그리고 그 과정에서 가능한 한 법률에 사용된 문언의 통상적인 의미에 충실하게 해석하는 것을 원칙으로 하고, 나아가 법률의 입법 취지와 목적, 제·개정 연혁, 법질서 전체와의 조화, 다른 법령과의 관계 등을 고려하는 체계적·논리적 해석방법을 추가적으로 동원함으로써, 법 해석의 요청에 부응하는 타당한 해석이 되도록 하여야 할 것이다.
> 형벌법규는 문언에 따라 엄격하게 해석·적용하여야 하고 피고인에게 불리한 방향으로 확장해석하거나 유추해석을 하여서는 안 되는 것이지만, 문언이 가지는 가능한 의미의 범위 안에서 규정의 입법 취지와 목적 등을 고려하여 문언의 논리적 의미를 분명히 밝히는 체계적 해석을 하는 것은 죄형법정주의의 원칙에 어긋나지 않는다.

제2조 정의

법 제2조(정의)

이 법에서 사용하는 용어의 뜻은 다음과 같다.

1. "중대재해"란 "중대산업재해"와 "중대시민재해"를 말한다.
2. "중대산업재해"란 「산업안전보건법」 제2조 제1호에 따른 산업재해 중 다음 각 목의 어느 하나에 해당하는 결과를 야기한 재해를 말한다.
    가. 사망자가 1명 이상 발생
    나. 동일한 사고로 6개월 이상 치료가 필요한 부상자가 2명 이상 발생
    다. 동일한 유해요인으로 급성중독 등 대통령령으로 정하는 직업성 질병자가 1년 이내에 3명 이상 발생
3. "중대시민재해"란 특정 원료 또는 제조물, 공중이용시설 또는 공중교통수단의 설계, 제조, 설치, 관리상의 결함을 원인으로 하여 발생한 재해로서 다음 각 목의 어느 하나에 해당하는 결과를 야기한 재해를 말한다. 다만, 중대산업재해에 해당하는 재해는 제외한다.
    가. 사망자가 1명 이상 발생
    나. 동일한 사고로 2개월 이상 치료가 필요한 부상자가 10명 이상 발생
    다. 동일한 원인으로 3개월 이상 치료가 필요한 질병자가 10명 이상 발생
4. "공중이용시설"이란 다음 각 목의 시설 중 시설의 규모나 면적 등을 고려하여 대통령령으로 정하는 시설을 말한다. 다만, 「소상공인 보호 및 지원에 관한 법률」 제2조에 따른 소상공인의 사업 또는 사업장 및 이에 준하는 비영리시설과 「교육시설 등의 안전 및 유지관리 등에 관한 법률」 제2조제1호에 따른 교육시설은 제외한다.
    가. 「실내공기질 관리법」 제3조제1항의 시설(「다중이용업소의 안전관리에 관한 특별법」 제2조제1항제1호에 따른 영업장은 제외한다)
    나. 「시설물의 안전 및 유지관리에 관한 특별법」 제2조제1호의 시설물(공동주택은 제외한다)
    다. 「다중이용업소의 안전관리에 관한 특별법」 제2조제1항제1호에 따른 영업장 중 해당 영업에 사용하는 바닥면적(「건축법」 제84조에 따라 산정한 면적을 말한다)의 합계가 1천제곱미터 이상인 것
    라. 그 밖에 가목부터 다목까지에 준하는 시설로서 재해 발생 시 생명·신체상의 피해가 발생할 우려가 높은 장소
5. "공중교통수단"이란 불특정다수인이 이용하는 다음 각 목의 어느 하나에 해당하

는 시설을 말한다.

가. 「도시철도법」 제2조제2호에 따른 도시철도의 운행에 사용되는 도시철도차량

나. 「철도산업발전기본법」 제3조제4호에 따른 철도차량 중 동력차·객차(「철도사업법」 제2조제5호에 따른 전용철도에 사용되는 경우는 제외한다)

다. 「여객자동차 운수사업법 시행령」 제3조제1호라목에 따른 노선 여객자동차 운송사업에 사용되는 승합자동차

라. 「해운법」 제2조제1호의2의 여객선

마. 「항공사업법」 제2조제7호에 따른 항공운송사업에 사용되는 항공기

6. "제조물"이란 제조되거나 가공된 동산(다른 동산이나 부동산의 일부를 구성하는 경우를 포함한다)을 말한다.

7. "종사자"란 다음 각 목의 어느 하나에 해당하는 자를 말한다.

가. 「근로기준법」상의 근로자

나. 도급, 용역, 위탁 등 계약의 형식에 관계없이 그 사업의 수행을 위하여 대가를 목적으로 노무를 제공하는 자

다. 사업이 여러 차례의 도급에 따라 행하여지는 경우에는 각 단계의 수급인 및 수급인과 가목 또는 나목의 관계가 있는 자

8. "사업주"란 자신의 사업을 영위하는 자, 타인의 노무를 제공받아 사업을 하는 자를 말한다.

9. "경영책임자등"이란 다음 각 목의 어느 하나에 해당하는 자를 말한다.

가. 사업을 대표하고 사업을 총괄하는 권한과 책임이 있는 사람 또는 이에 준하여 안전보건에 관한 업무를 담당하는 사람

나. 중앙행정기관의 장, 지방자치단체의 장, 「지방공기업법」에 따른 지방공기업의 장, 「공공기관의 운영에 관한 법률」 제4조부터 제6조까지의 규정에 따라 지정된 공공기관의 장

1. 중대재해

가. 개념

본 법률상 "중대재해"란 "중대산업재해"와 "중대시민재해" 모두를 포괄하는 개념이다. 중대재해 중 "중대산업재해"란 노무를 제공하는 사람이 업무에 관계되는 건설물·설비·원재료·가스·증기·분진 등에 의하거나 작업 또는 그 밖의 업무로 인하여[5] ① 1명 이상 사망하거나, ② 2명 이상이 동일한 사고로 6개월 이상 치료가 필요한 부상을 입거나, ③ 1년 이내에 3명 이상이 동일한 유해요인으로 급성중독 등 대통령령으로 정하는 직업성 질병자가 된 경우를 말한다. 즉, 산업재해가 발생하여 '근로자(노무제공자)'가 다치거나 죽은 경우를 의미한다.

반면 중대시민재해는 특정 원료 또는 제조물, 공중이용시설 또는 공중교통 수단의 설계 등 결함을 원인으로 재해가 발생하여 사상자가 발생한 경우를 각 의미한다. 또한 중대시민재해의 개념에서 중대산업재해가 발생한 경우는 제외한다고 규정되어 있으므로[6] 근로자가 아닌 자에게 사상의 결과가 발생하여야 한다. 예로 2021. 6. 9. 광주광역시 동구 학동 건물 철거시 발생한 붕괴 사고는 해당 철거 공사의 근로자가 아닌 시민에게 발생한 사고로 건설기술진흥법, 건축물관리법 적용 등은 별론으로 하고, 본 법률을 적용할 수는 없다.[7]

중대산업재해와 중대시민재해의 구체적인 의미는 항을 바꾸어 자세히 살펴보기로 한다.

---

5) 산업안전보건법 제2조 제1호에 따른 산업재해를 의미
6) 본 법률 제2조 제3호 본문 단서 "다만, 중대산업재해에 해당하는 재해는 제외한다."
7) 공중교통수단인 시내버스를 이용하던 중 발생한 사상사고로서 중대시민재해에 해당할 수 있는지 여부도 문제되나, 중대시민재해는 공중교통수단의 설계·제조·설치·관리상의 결함을 원인으로 발생한 재해를 말하는 바 본 사고는 해당 버스의 어떠한 설계·제조·관리상의 결함이 원인이 되어 발생한 사고가 아님이 명백한 이상 중대시민재해에도 해당한다고 볼 수 없다.

나. 유사 개념과의 비교

발생	중대재해처벌법상 **중대산업재해** (법 제2조)	산업안전보건법상 **중대재해[8]** (시행규칙 제3조)	건설기술진흥법상 **중대건설사고** (시행령 제105조)
사망	① 1명 이상 발생	① 1명 이상 발생	① 하나의 건설사고로 3명 이상 발생
부상	② 동일한 사고로 6개월 이상 치료가 필요한 부상자가 2명 이상 발생	② 3개월 이상 부상자 동시 2명 이상 발생	② 하나의 건설사고로 부상자 10명 이상 발생
질병 · 기타	③ 동일한 유해요인으로 급성중독 등 대통령령으로 정하는 직업성 질병자가 1년 이내에 3명 이상 발생	③ 부상자 또는 직업성 질병자가 동시에 10명 이상 발생	③ 하나의 건설사고로 건설 중 또는 완공된 시설물의 붕괴 또는 전도로 인해 재시공이 필요한 경우

관련하여 산업안전보건법과 건설기술진흥법에는 본 법률의 "중대재해"와 유사한 개념이 규정되어 있다. 산업안전보건법상 중대재해는 산업재해 중 ① 사망자가 1명 이상 발생한 경우, ② 3개월 이상의 요양이 필요한 부상자가 동시에 2명 이상 발생한 경우, ③ 부상자 또는 직업성 질병자가 동시에 10명 이상 발생한 경우를 말한다.[9]

그런데, 본 법률은 산업재해의 개념 정의와 관련하여 산업안전보건법상 개념을 차용하고 있기 때문에, 결국 본 법률과 산업안전보건법의 차이는 ㉮ 중대재해의 개념 중 동일한 사고로 6개월 이상의 치료가 필요한 부상자가 2명 이상 발생했는지 또는 ㉯ 동일 요인으로 인한 직업성 질병자가 1년 이내에 3

---

8) 산업안전보건법 제44조 및 시행령 제43조 제3항에 따른 '중대산업사고'도 있다.
  산업안전보건법 시행령 제43조 ③ 법 제44조제1항 전단에서 "대통령령으로 정하는 사고"란 다음 각 호의 어느 하나에 해당하는 사고를 말한다.
  1. 근로자가 사망하거나 부상을 입을 수 있는 제1항에 따른 설비(제2항에 따른 설비는 제외한다. 이하 제2호에서 같다)에서의 누출·화재·폭발 사고
  2. 인근 지역의 주민이 인적 피해를 입을 수 있는 제1항에 따른 설비에서의 누출·화재·폭발 사고
9) 산업안전보건법 제2조 제1호, 제2호 및 동법 시행규칙 제3조

명 이상 발생하였는지 여부에 있다.

건설기술진흥법상 중대건설사고는 건설공사의 현장에서 하나의 건설사고로 ① 사망자가 3명 이상 발생한 경우, ② 부상자가 10명 이상 발생한 경우, ③ 건설 중이거나 완공된 시설물이 붕괴 또는 전도(顚倒)되어 재시공이 필요한 경우로서, 동일한 원인으로 일련의 사고가 발생한 경우 하나의 건설사고로 본다.

2. 중대산업재해

가. 원인

본 법률상 중대산업재해는 막연한 산업재해가 아닌, "산업안전보건법에 따른 산업재해"가 발생할 것을 전제로 한다. 즉, 위 개념상 산업재해로 볼 수 없는 사고가 발생한 경우에는 본 법률상 중대산업재해가 발생하였다고도 볼 수 없다.

고용노동부 역시 같은 견지에서, 중대재해처벌법의 중대산업재해는 산업안전보건법의 산업재해를 전제로 하고 있어 산업안전보건법의 산업재해 개념에 포섭되지 않는다면, 중대재해처벌법의 중대산업재해에 해당할 수 없다는 입장이다.[10]

산업안전보건법상 산업재해란 "노무를 제공하는 사람이 업무에 관계되는 건설물·설비·원재료·가스·증기·분진 등에 의하거나 작업 또는 그 밖의 업무로 인하여 사망 또는 부상하거나 질병에 걸리는 것"을 말한다.[11] 위 개념상 '노무를 제공하는 사람'과 본 법률상 '종사자'의 개념을 비교해 보면 이하와 같다. 다만 산업안전보건법의 근로자 정의 규정과 별개로, 산업재해는 '노무를 제공하는 자'에게 발생한 재해를 의미하므로 양자 간 큰 차이는 없다. 이에 대해서는 종사자 정의 규정 항목에서 자세히 살펴보도록 한다.

---

10) 고용노동부, 중대재해처벌법 해설, 2021, 9
11) 산업안전보건법 제2조 제1호

구분	중대재해처벌법상 종사자[12]	산업안전보건법상 근로자[13]
1	「근로기준법」상의 근로자	「근로기준법」 제2조 제1항 제1호에 따른 근로자
2	도급, 용역, 위탁 등 계약의 형식에 관계없이 그 사업의 수행을 위하여 대가를 목적으로 노무를 제공하는 자	-
3	사업이 여러 차례의 도급에 따라 행하여지는 경우에는 각 단계의 수급인 및 수급인과 가목 또는 나목의 관계가 있는 자	-

나. 결과

1명 이상의 사망자 발생, 동일사고로 6개월 이상 치료가 필요한 2명 이상의 부상자 발생, 1년 이내에 동일한 유해요인으로 3명 이상의 직업성 질병자 발생 중 하나에 해당하여야 한다.

1) 사망자 1명 이상 발생

산업재해가 발생하여 노무를 제공하는 사람이 작업 또는 그 밖의 업무로 인하여 사망한 경우를 말한다. 사고 발생 당시에는 피해자가 사망하지 않았지만 상당한 시간이 지난 후 사망한 경우, 산업재해와 사망사이의 인과관계가 문제될 수 있다. 양자 간의 인과관계는 사고 당시의 부상 정도를 중심으로 기왕증의 존재 여부나 의료과실 여부 등을 종합하여 판단해야 할 것으로, 인과관계가 부정될 경우에는 피해자가 사망에 이른 만큼 6개월 이상의 치료가 필요한 부상자가 발생한 것으로 보아야 할 것이다. 한편 이 경우 인과관계가 인정된다면 공소시효와 관련하여 언제 범죄가 발생하였다고 볼 것인지 문제된다. 사망자가 발생한 시점에 구성요건이 충족되는 것이므로 공소시효

---

12) 법 제2조 제7호
13) 산업안전보건법은 '노무를 제공하는 자'와 '근로자'라는 개념을 모두 사용하고 있다.

도 그때부터 진행된다고 볼 것이다.

2) 동일한 사고로 6개월 이상 치료가 필요한 부상자가 2명 이상 발생

가) 동일한 사고

본 조항의 '동일한 사고'의 의미와 관련하여, 법안 심사과정에서 상당한 다툼이 있었다. 이때 산업안전보건법 시행령상의 '동시에'[14]가 비교되어 논의된 바 있는데, 고용노동부는 '동시에'라는 용어의 의미에 관해 이하와 같이 언급한 바 있다.

> 저희들이 동시에 라는 용어를 쓰고서 관행적으로 어떻게 보고 있느냐면 결국은 하나의 사고에 의해서 일정한 여러 가지 원인이 복합해서 일어났는데 그 하나의 사고에 의해서 … 그래서 사실은 배경에 있는 것은 하나의 사고로 보고 **일정한 기간이 경과해 가지고** 또 다른 작업자 내지 또 다른 관리상의 잘못으로 인해서 사고가 일어날 경우에는 그게 **비슷한 원인이라 할지라도 그것은 다른 사고로 봐야 된다**. …[15]

산업안전보건법 시행령은 '동시에 2명 이상의 근로자가 사망하는 재해'를 제재 요청 대상 사고로 규정하고 있는데, 문언상 근로자가 동시에 사망이라는 의미이므로 '일정한 시간의 경과'로써 시간적으로 단절될 수 있는 개념이다. 이에 비해 본 법률은 부상자가 '동시'에 발생하여야 한다는 개념을 사용하지 않고 '동일한' 사고에 의해 발생하는 다수의 부상자로 하고 있다는 점에서 차이가 있다. 결국 2명 이상의 부상자라는 수개의 결과가 발생한 데에 시간적 간격이 있더라도, 발생의 원인이 같다면 중대산업재해로 볼 것이라는 취지로 생각된다.[16]

반면 고용노동부는 '동일한 사고란 하나의 사고 또는 장소적·시간적으로 근접성을 갖는 일련의 과정에서 발생한 사고로 사고가 발생하게 된 유해·위

---

14) 산업안전보건법 시행령 제110조 제1호
15) 법제사법위원회 소위 제383회 2차 회의록 중 고용노동부 차관 발언 부분, 31
16) 동일한 원인으로 이시(異時)에 여러 명이 다친 경우도 포섭해야 한다는 의견이 있었다(법제사법위원회 소위 제383회 2차 회의록 중 박주민 의원, 법원행정처장 각 발언 부분, 29–31).

험요인 등 그 원인이 같은 경우라도 시간적·장소적 근접성이 없는 경우에는 각각의 사고가 별개의 사고에 해당할 뿐 동일한 사고에 해당하지 않는다'고 해석하고 있어 발생의 원인이 같더라도 시간적 근접성이 인정되지 않는다면 별개의 사고로 본다는 입장이다.17) 그런데 고용노동부는 '동일한 유해요인' 에 대한 해석에서는 '다수의 종사자에게 발생한 급성중독 등 직업성 질병의 발생 원인이 동일하다면 각 종사자 간에 유해요인 노출 시기나 장소가 다르고 직업성 질병의 발병시기가 상이하더라도 동일한 유해요인으로 판단한다' 는 입장이어서18) '동일한'이라는 같은 문언에 대해 상이한 해석을 하고 있다.

저자들은 '동일한'이라는 문언에 비추어 다소간의 시간적 간격이 있더라도 발생의 원인이 같다면 중대산업재해로 볼 수 있다고 본다.

나) 6개월 이상 치료가 필요한 부상자가 2명 이상 발생

'6개월 이상 치료가 필요한 자'라는 개념은 범죄의 구성요건에 해당하기 때문에 명확하여야 한다. 어느 시점에 '6개월 이상의 치료'가 필요한지 여부를 판단할 것인가에 대해 입법과정에서 고용노동부 차관이 '사전적으로는 의사가 진단을 하면서 어느 정도 이상의 기간이 소요될 거다라고 하는 의사의 전문적인 진단을 참고할 수 있다'는 발언을 한 바 있는데,19) 이는 다소 불명확한 해석이라고 보이며 같은 견지에서 이하와 같은 소위 위원의 지적이 있었다. 사망과 같은 변동 가능성 또는 판단의 영역이 없는 조건과는 다르게 '필요한 치료 개월 수'에 대한 부분은 향후 재판과정에서 감정신청 등을 통해 상당한 다툼이 이루어질 수 있는 부분이다.20)21)

다만 '치료기간'은 직접적인 치료 행위에 소요되는 기간을 의미할 뿐 완전한 회복을 위한 재활에 소요되는 기간까지 포함된다고 보기는 어렵다. 재활에 소요되는 기간은 개인별 건강상태나 치료에 투입할 수 있는 시간이나 비용 등에 따라 지나치게 차이가 날 수 있기 때문이다. 고용노동부 역시 같은

---

17) 고용노동부, 중대재해처벌법 해설, 2021, 11
18) 고용노동부, 중대재해처벌법 해설, 2021, 12
19) 법제사법위원회 소위 제383회 2차 회의록 중 고용노동부 차관 발언 부분, 37
20) 통례에 따라 판단 기준시점을 사실심 변론종결시로 볼 가능성이 있다.
21) 당초 논의되던 안(案)에는 요양이 필요한 경우 외에 '장해등급'의 경우도 포함되어 있었는데, 장해등급의 경우 판정시까지 장기간이 소요되는 관계로 삭제되었다(법제사법위원회 소위 제383회 1차 회의록 중 고용노동부 기획조정실장 발언 부분, 9-10).

입장이다.[22)]

> 이게 나중에 법적 다툼이 될 거예요. 워낙 형량이 세기 때문에 유무죄를 다툴 거란 말이에요. 금방 차관님 말씀하신 대로 그걸 언제 판단할 거냐? 이게 6개월 이상이 아니고, 만약에 법원에서 재판을 죽 해 보고 전문가들 했는데 산재 판정하는 데나 이런 데에서 잘못됐고 정말 의학적으로 5개월짜리 요양이다 이래 버리면 이게 무죄거든요. 맞잖아요? 그래서 제가 요양에 대해서 이것도 한번 ⋯[23)]

관련하여, 대한의사협회의 상해진단서 작성을 위한 각 상병별 치료기간 지침에 따르면, 전치 6개월 상당의 상해는 매우 심각한 정도의 상해로 이에는 '복합된 인대파열, 정강뼈 골절, 요추 몸통 압박이나 분쇄, 경추탈골 등'이 해당한다. 위 지침은 각 과별 병명 및 주수가 구체적으로 분류되어 있어 진단서상 병명에 따라 적절한 범위에서 진단이 된 것인지에 대한 1차적인 참고사항 내지 판단기준이 될 수 있다.[24)]

상해진단서 작성 위한 각 상방별 치료기간 지침 중 일부 예시

3. 외과(外科)			(기간단위 : 주)
부위	상병명	상병번호	치료기간
배(복부) (Abdominal wall)	1. 개복술을 요하지 않는 배벽 · 타박상(둔상, contusion)	S30.1	1–3
	2. 배벽, 허리 및 등의 열린 상처(open wound) 1) 피부밑 열린 상처(subcutaneous) 2) 근육 열린 상처(muscle) – 부분 파열 – 완전 파열이나 전신 또는 척수 마취하고	S31.1	2 3 4

---

22) 고용노동부, 중대재해처벌법 해설, 2021, 11
23) 법제사법위원회 소위 제383회 2차 회의록 중 김도읍 의원 발언 부분, 37
24) (업무상)과실치사상으로 인하여 전치 6개월을 초과하는 상해가 발생한 경우는 2017년 192건, 2018년 173건, 2019년 17건, 2020년 218건 정도로 집계되었다. 이는 과실치사상 범죄로 인해 상해가 발생한 경우의 약 5% 내외이다(https://kosis.kr, 범죄로 인한 신체피해(상해)의 정도 통계 참조).

	수술시		
	3. 개복술을 요하는 관통상처(배벽관통상처) (penetrating wound)		4
간(Liver)	1. 경미한 간 찢긴 상처(개복술시) (liver laceration	S36.1	4
	2. 간실질 봉합 및 지혈을 요하는 간 찢긴 상처		5-6
	3. 간부엽 절제술(partial resection)		6-8
	4. 간엽 절제술(Lobectomy)		6-12
	5. 간내 혈종(intrahepatic hematoma)		4-6

3) 동일한 유해요인으로 급성중독 등 대통령령으로 정하는 직업성 질병자가 1년 이내 3명 이상 발생

> **령 제2조(직업성 질병자)**
>
> 「중대재해 처벌 등에 관한 법률」(이하 "법"이라 한다) 제2조 제2호 다목에서 "대통령령으로 정하는 직업성 질병자"란 **별표 1**에서 정하는 직업성 질병에 걸린 사람을 말한다.

령 [별표 1] 직업성 질병(제2조 관련)	예방조치 기준[25]
1. 염화비닐·유기주석·메틸브로마이드 (bromomethane)·일산화탄소에 노출되어 발생한 중추신경계장해 등의 급성중독	〈노출기준〉 • 염화비닐 : 시간가중평균농도 1ppm • 유기주석 : 시간가중평균농도 0.1mg/㎥ 　(금속 주석은 2mg/㎥) • 메틸브로마이드 : 시간가중평균농도 1pp, • 일산화탄소 : 시간가중평균농도 30ppm, 　단시간 노출기준 200ppm 〈생물학적 노출지표〉 • 근무종료시 carboxyhemoglobin 농도 　3.5% 이하, 호기 중 CO 농도 20ppm

2. 납이나 그 화합물(유기납은 제외한다)에 노출되어 발생한 납 창백(蒼白), 복부 산통(疝痛), 관절통 등의 급성중독	〈노출기준〉 • 시간가중평균농도 0.05mg/㎥ 〈생물학적 노출지표〉 • 혈중 납 30㎍/dL
3. 수은이나 그 화합물에 노출되어 발생한 급성중독	〈노출기준〉 • 아릴수은화합물: 시간가중평균농도 0.1mg/㎥, 단시간노출기준 없음 • 알킬수은화합물: 시간가중평균농도 0.1mg/㎥, 단시간노출기준 0.03 • 아릴 및 알킬수은화합물 제외(피부) : 시간가중평균농도 0.025mg/㎥, 단시간노출기준 없음 〈생물학적 노출지표〉 • 작업 전 채취 소변 중 수은 농도 50㎍/g creatinine
4. 크롬이나 그 화합물에 노출되어 발생한 세뇨관 기능 손상, 급성 세뇨관 괴사, 급성신부전 등의 급성중독	〈노출기준〉 • 크롬(금속) : 시간가중평균농도 0.5mg/㎥, 단시간노출기준 없음 • 6가크롬 화합물(수용성) : 시간가중평균농도 0.05mg/㎥, 단시간노출기준 없음 • 6가크롬 화합물(불용성 무기화합물) : 단시간노출기준 없음 〈생물학적 노출지표〉 • 작업 전 채취 소변 중 수은 농도 50㎍/g creatinine
5. 벤젠에 노출되어 발생한 경련, 급성 기질성 뇌증후군, 혼수상태 등의 급성중독	〈노출기준〉 • 시간가중평균농도 0.5ppm, 단시간 노출기준 2.5 ppm 〈생물학적 노출지표〉 • 작업 종료 후 채취 소변 중 뮤콘산 농도 500㎍/g creatinine • 작업 종료 후 채취 소변 중 S-페닐머캅톤산 0.3㎍/g creatinine

	〈노출기준〉
	• 톨루엔: 시간가중평균농도 50ppm, 단시간 노출기준 150ppm
	• 크실렌: 시간가중평균농도 100ppm, 단시간 노출기준 150ppm
	• 스티렌: 시간가중평균농도 20ppm, 단시간노출기준 40ppm
	• 시클로헥산: 시간가중평균농도 200ppm
	• 노말헥산: 시간가중평균농도 50ppm
	• 트리클로로에틸렌 : 시간가중평균농도 10ppm, 단시간노출기준 25ppm
6. 톨루엔(toluene)·크실렌(xylene)·스티렌(styrene)·시클로헥산(cyclohexane)·노말헥산(n-hexane)·트리클로로에틸렌(trichloroethylene) 등 유기화합물에 노출되어 발생한 의식장해, 경련, 급성 기질성 뇌증후군, 부정맥 등의 급성중독	〈생물학적 노출지표〉
	• 톨루엔
	근무주 마지막 교대 직전 정맥혈의 톨루엔 0.02mg/L
	작업종료 후 채취 소변 중 톨루엔 0.03mg/L
	작업종료 후 채취 소변 중 오르소-크레졸 0.3mg/g creatinine
	• 크실렌
	작업종료 후 채취 소변 중 메틸마뇨산 1.5 g/g creatinine
	• 스티렌
	작업종료 후 채취 소변 중 스티렌 40μg /g creatinine
	• 노말헥산: 작업종료 후 채취 소변 중 2,5-헥산디온: 0.5mg/L
	• 트리클로로에틸렌: 근무주 마지막 날 채취 소변 중 삼염화초산: 15mg/L, 근무주 마지막 날 작업교대 후 채취한 혈중 삼염화에탄올: 0.5mg/L
7. 이산화질소에 노출되어 발생한 메트헤모글로빈혈증(methemoglobinemia), 청색증(靑色症) 등의 급성중독	〈노출기준〉
	• 시간가중평균농도 3ppm, 단시간노출기준 5ppm
8. 황화수소에 노출되어 발생한 의식 소실(消失), 무호흡, 폐부종, 후각신경마비 등의 급성중독	〈노출기준〉
	• 시간가중평균농도 10ppm, 단시간노출기준 15ppm

9. 시안화수소나 그 화합물에 노출되어 발생한 급성중독	〈노출기준〉 • 시간가중평균농도 4.7ppm
10. 불화수소·불산에 노출되어 발생한 화학적 화상, 청색증, 폐수종, 부정맥 등의 급성중독	〈노출기준〉 • 시간가중평균농도 0.5ppm, 최고노출기준 3ppm 〈생물학적노출지표〉 • 작업 시작 전 채취 소변 중 fluorides 2mg/g creatinine • 작업 종료 후 채취 소변 중 fluorides 3mg/g creatinine
11. 인[백린(白燐), 황린(黃燐) 등 금지물질에 해당하는 동소체(同素體)로 한정한다]이나 그 화합물에 노출되어 발생한 급성중독	–
12. 카드뮴이나 그 화합물에 노출되어 발생한 급성중독	〈노출기준〉 • 시간가중평균농도 0.01mg/㎥ 〈생물학적 노출지표〉 • 혈중 카드뮴 5㎍/L, 소변 중 카드뮴 5㎍/g creatinine
13. 다음 각 목의 화학적 인자에 노출되어 발생한 급성중독 　가. 「산업안전보건법」 제125조 제1항에 따른 작업환경측정 대상 유해인자 중 화학적 인자 　나. 「산업안전보건법」 제130조 제1항 제1호에 따른 특수건강진단 대상 유해인자 중 화학적 인자	–
14. 디이소시아네이트(diisocyanate), 염소, 염화수소 또는 염산에 노출되어 발생한 반응성 기도과민증후군	〈노출기준〉 • 반응성 기도과민증후군 : – • 톨루엔-2, 4-디이소시아네이트 : 시간가중평균농도 0.005ppm, 단시간노출기준 0.02ppm • 염산, 염화수소 : 시간가중평균농도 1ppm, 단시간노출기준 2ppm

15. 트리클로로에틸렌에 노출(해당 물질에 노출되는 업무에 종사하지 않게 된 후 3개월이 지난 경우는 제외한다)되어 발생한 스티븐스존슨 증후군(stevens-johnson syndrome). 다만, 약물, 감염, 후천성면역결핍증, 악성 종양 등 다른 원인으로 발생한 스티븐스존슨 증후군은 제외한다.	〈노출기준〉 • 시간가중평균농도 10ppm, 단시간노출기준 25ppm 〈생물학적 노출지표〉 • 근무주 마지막 날 채취 소변 중 삼염화초산 : 15mg/L • 근무주 마지막 날 작업교대 후 채취한 혈중 삼영화에탄올 : 0.5mg/L
16. 트리클로로에틸렌 또는 디메틸포름아미드(dimethylformamide)에 노출(해당 물질에 노출되는 업무에 종사하지 않게 된 후 3개월이 지난 경우는 제외한다)되어 발생한 독성 간염. 다만, 약물, 알코올, 과체중, 당뇨병 등 다른 원인으로 발생하거나 다른 질병이 원인이 되어 발생한 간염은 제외한다.	〈노출기준〉 • 트리클로로에틸렌: 시간가중평균농도 10ppm, 단시간노출기준 25ppm • 디메틸포름아미드: 시간가중평균농도 10ppm 〈생물학적 노출지표〉 • 트리클로로에틸렌 : 근무주 마지막 날 채취한 소변 중 삼염화초산 : 15mg/L, 근무주 마지막 날 작업교대 후 채취한 혈중 삼염화에탄올 : 0.5mg/L • 디메틸포름아미드 : 작업 종료 직후 채취 소변의 M-메틸포름아미드 : 15mg/L, 근무주 마지막 날 작업교대 후 채취한 소변의 N-Acetyl-S(N-methylcarbamoyl cysteine : 40mg/L
17. 보건의료 종사자에게 발생한 B형 간염, C형 간염, 매독 또는 후천성면역결핍증의 혈액전파성 질병	• 면역글로불린 주사, 예방접종, 매독반응검사(VDRL) 등
18. 근로자에게 건강장해를 일으킬 수 있는 습한 상태에서 하는 작업으로 발생한 렙토스피라증(leptospirosis)	• 장화 등 보호구 착용
19. 동물이나 그 사체, 짐승의 털·가죽, 그 밖의 동물성 물체를 취급하여 발생한 탄저, 단독(erysipelas) 또는 브루셀라증(brucellosis)	• 장갑 등 보호구 착용, 소독약 및 고온수 세척 등

20. 오염된 냉각수로 발생한 레지오넬라증(legionellosis)	• 자외선 조사, 고온살균법, 염소처리 활용 등 청소
21. 고기압 또는 저기압에 노출되거나 중추신경계 산소 독성으로 발생한 건강장해, 감압병(잠수병) 또는 공기색전증 (기포가 동맥이나 정맥을 따라 순환하다가 혈관을 막는 것)	• 안전수칙 준수, 단계적 감압표 적용, 휴식시간 제공 등
22. 공기 중 산소농도가 부족한 장소에서 발생한 산소결핍증	• 작업 전 산소 농도 측정하여 적정 산소 농도 확인(18~23.5%)
23. 전리방사선(물질을 통과할 때 이온화를 일으키는 방사선)에 노출되어 발생한 급성 방사선증 또는 무형성 빈혈	• 5년간 100mSv 범위에서 연간 50mSv 미만 노출 • (급성 예방시 연간 150mSv 미만)
24. 고열작업 또는 폭염에 노출되는 장소에서 하는 작업으로 발생한 심부체온 상승을 동반하는 열사병	• 적절한 휴식, 선풍기 등

[참고] 직업성 질병에 대한 설명[26]

해당 호	질병 명칭	설명
1~13	급성중독	유해인자가 짧은 기간 내에 생체에 작용하여 급작스럽게 질병 상태(심혈관증상, 호흡기증상, 신경학적 증상, 가극 증상 등)에 빠지는 현상
14	반응성 기도과민후군	기존에 호흡기 질환이 없던 사람이 급성으로 호흡기 자극 물질에 노출된 후 지속적으로 기침, 호흡곤란 등과 같은 기도과민 호흡기 증상을 나타내는 질환
15	스티븐스존슨 증후군	피부의 박탈을 초래하는 전신성의 급성 피부 점막 전신 질환
16	독성 간염(급성)	간에 해로운 독성 유해인자에 의해 급격한 간세포 손상
17	B형 간염	B형 간염 바이러스(hepatitis B virus, HBV)에 감염되어 발생하는 간 염증, 간세포 손상 질환

---

25) 고용노동부, 중대재해처벌법 해설, 2021, 137 이하 직업성질병 참고자료 부분 참조
26) 고용노동부, 중대재해처벌법 시행령 제정안 주요내용 설명자료, 2021, 15

	C형 간염	C형 간염 바이러스(hepatitis C virus, HCV)에 감염되어 발생하는 간 염증, 간세포 손상 질환
	매독	스피로헤타(spirochete)과에 속하는 트레포네마팔리듐균(Treponema pallidum)에 의해 발생하는 감염병
	후전성면역격핍증	인간 면역결핍 바이러스(HIV, human immuno deficiency virus)에 의해 발생하는 감염병
18	렙토스피라증	렙토스피라균(Leptospira species)에 감염되어 발생하는 고열, 폐출혈 뇌막염, 간·신장 기능 장애 들을 초래하는 급성 열성 전신성 질환
19	탄저	탄저균(Bacillus anthracis)의 포자에 의해 발생하는 급성 열성 전염성 질환
	단독(erysipelas)	연쇄상 구균에 감염되어 피하조직과 피부에 병변(피부 발진 등)이 나타나는 급성 접촉성 전염 질환
	브루셀라증	브루셀라균에 감염되어 발생하는 감염병
20	레지오넬라증	물에서 서식하는 레지오넬라균(Legionella species)에 의해 발생하는 감염병
21	압착증	압력에 의해 신체의 조직, 혈관, 신경 등이 손상을 입는 증상
	중추신경계 산소중독	고도의 분압에서 산소를 장기간 들이켜서 나타나는 의식 상실, 경련 등이 증상
	감압병(잠수병)	고압에서 체내에 과다 용해되었던 불활성 기체가 우위 압력이 낮아지면서 과포화 상태로 되어 혈액과 조직 내에 기포를 형성하여 혈액 순환을 방해하거나 주위 조직에 손상을 주는 증상
	공기색전증	혈관으로 들어간 공기가 압력의 급격한 변화 등으로 공기방울이 되어 혈관을 막아 혈액순환을 차단하는 증상
22	산소결핍증	공기 중의 산소 종도가 18% 미만인 상태에서 공기를 흡입함으로써 생기는 호흡관란, 현기증, 의식상실, 심정지 등이 증상
23	급성 방사선증	단기간에 과다하게 방사선량에 피폭되었을 때 나타나는 중추신경계, 소화기관, 피부, 골수, 갑상선 등에 나타나는 이상 증상

	무형성 빈혈	골수 안에서 모든 세포의 모체가 되는 줄기세포를 생성하지 못하여, 적혈구, 백혈구, 혈소판 등 혈액세포가 감소하는 빈혈
24	열사병	체온조절중추의 능력을 넘어설 정도로 고온 장소에 장시간 있어 체온조절중추의 기능이 상실되어 체온이 비정상적으로 상승하면서 섬망, 의식상실, 경견발작과 같은 중추신경계 기능 장애를 야기하는 질환

가) 동일한 유해요인

동일한 유해요인으로 급성중독 등 대통령령으로 정하는 직업성 질병자가 1년 이내 3명 이상 발생한 경우에도 중대산업재해가 발생한 것이 된다. 시행령 제정 전에는 직업성 질병자의 의미·범위에 대한 불명확성 내지 포괄성에 대한 다툼이 있었으나, 시행령이 이를 구체적으로 규정하면서 이는 상당부분 불식되었다.

이러한 유해요인은 ① 화학적 인자로 인한 것, ② 업무나 장소적 환경에 의한 것, ③ 양자가 복합적으로 작용하는 것으로 분류될 수 있다. 대부분이 인체에 유해한 화학제품으로 인한 급성 중독에 의한 것으로 해당 제품을 사용하는 산업분야에서는 명시된 유해인자에 대한 위험성평가 및 근로자에 대한 보건관리가 필수적이다.

고용노동부는 '동일한 유해요인으로 직업성 질병이 발생한 종사자들이 하나의 사업에 소속되어 있다면 사업장이나 발생 시점을 달리하는 경우라도 중대재해처벌법의 적용대상인 중대산업재해에 해당한다'는 입장이다.[27] 다만 이러한 해석은 지나치게 포괄적이고 동일 공종이라 하더라도 특정 지역의 기상이나 개별 사업장의 환경, 운영방식 등이 상이할 수 있다는 점에서 일률적으로 판단하여서는 아니 되는 바 동의하기 어렵다.

한편 복합적인 유해요인으로 발생한 사고라고 하여도 직업성 질병자에게 영향을 끼친 유해요인이 일부라도 같다면 동일한 유해요인으로 볼 수 있다.

---

27) 고용노동부, 중대재해처벌법 해설, 2021, 14

나) 급성중독 등 대통령령으로 정하는 직업성 질병자

직업성 질병자의 경우 시행령에서 이를 상세히 규정하고 있다. 유사한 개념으로 산업재해보상보험법상 '업무상 질병'은 이하와 같이 매우 간략하며, 근로기준법상 '업무상 질병'은 본 법률상의 '직업성 질병'과 상당 부분 유사하나 일부분 차이가 있다.[28]

여기서의 '직업성 질병'에는 대체로 사고성 재해가 해당되며, 뇌심혈관계, 직업성 암, 근골격계 질환은 포함되지 않는다.[29] 기저질환으로 발생한 것인지 여부는 결국 인과관계의 문제에 해당하며, 업무에 관계된 작업 등을 하다 발생한 것이어야 한다.[30]

■ 산업재해보상보험법 제37조 제1항 제2호 업무상 질병

가. 업무수행 과정에서 물리적 인자(因子), 화학물질, 분진, 병원체, 신체에 부담을 주는 업무 등 근로자의 건강에 장해를 일으킬 수 있는 요인을 취급하거나 그에 노출되어 발생한 질병

나. 업무상 부상이 원인이 되어 발생한 질병

다. 「근로기준법」 제76조의2에 따른 직장 내 괴롭힘, 고객의 폭언 등으로 인한 업무상 정신적 스트레스가 원인이 되어 발생한 질병

라. 그 밖에 업무와 관련하여 발생한 질병

■ 근로기준법 시행령 [별표 5] <개정 2019. 7. 2.>
업무상 질병과 요양의 범위(제44조 제1항 관련)

1. 업무상 질병의 범위

　가. 업무상 부상으로 인한 질병

　나. 물리적 요인으로 인한 질병

　　1) 엑스선, 감마선, 자외선 및 적외선 등 유해방사선으로 인한 질병

　　2) 덥고 뜨거운 장소에서 하는 업무 또는 고열물체를 취급하는 업무로 인

---

28) 특히 근로기준법은 '춥고 차가운 장소에서 하는 업무 또는 저온물체를 취급하는 업무로 인한 동상 및 저체온증 등의 질병'을 업무상 질병으로 명시하고 있으나, 본 법률은 이를 포함하고 있지 않다. 반면 양자 모두 '고열작업 또는 폭염에 노출되는 장소에서 하는 작업으로 인한 열사병'은 포함되어 있다.
29) 고용노동부, 중대재해처벌법 시행령 제정안 주요내용 설명자료, 2021, 14
30) 고용노동부도 같은 의견이다. 고용노동부, 중대재해처벌법 해설, 2021, 10

한 일사병, 열사병 및 화상 등의 질병

3) 춥고 차가운 장소에서 하는 업무 또는 저온물체를 취급하는 업무로 인한 동상 및 저체온증 등의 질병

4) 이상기압(異常氣壓) 하에서의 업무로 인한 감압병(잠수병) 등의 질병

5) 강렬한 소음으로 인한 귀의 질병

6) 착암기(鑿巖機) 등 진동이 발생하는 공구를 사용하는 업무로 인한 질병

7) 지하작업으로 인한 눈떨림증(안구진탕증)

다. 화학적 요인으로 인한 질병

1) 분진이 발생하는 장소에서의 업무로 인한 진폐증 등의 질병

2) 검댕·광물유·옻·타르·시멘트 등 자극성 성분, 알레르겐 성분 등으로 인한 연조직염, 그 밖의 피부질병

3) 아연 등의 금속흄으로 인한 금속열(金屬熱)

4) 산, 염기, 염소, 불소 및 페놀류 등 부식성 또는 자극성 물질에 노출되어 발생한 화상, 결막염 등의 질병

5) 다음의 물질이나 그 화합물로 인한 중독 또는 질병

　　가) 납

　　나) 수은

　　다) 망간

　　라) 비소

　　마) 인

　　바) 카드뮴

　　사) 시안화수소

6) 다음의 물질로 인한 중독 또는 질병

　　가) 크롬·니켈·알루미늄·코발트

　　나) 유기주석

　　다) 이산화질소·아황산가스

　　라) 황화수소

　　마) 이황화탄소

　　바) 일산화탄소

　　사) 벤젠 또는 벤젠의 동족체와 그 니트로 및 아미노 유도체

　　아) 톨루엔, 크실렌 등 유기용제

　　자) 사) 및 아) 외의 지방족 또는 방향족의 탄화수소화합물

　　차) 2)부터 5)까지 및 6)가)부터 자)까지의 화학적 요인 외의 독성 물질,

극성 물질, 그 밖의 유해화학물질

라. 생물학적 요인으로 인한 질병
　1) 환자의 검진, 치료 및 간호 등 병원체에 감염될 우려가 있는 업무로 인한 감염성 질병
　2) 습한 곳에서의 업무로 인한 렙토스피라증
　3) 옥외작업으로 인한 쯔쯔가무시증, 신증후군(腎症候群) 출혈열
　4) 동물 또는 그 사체, 짐승의 털·가죽, 그 밖의 동물성 물체, 넝마 및 고물 등을 취급하는 업무로 인한 탄저, 단독(丹毒) 등의 질병

마. 직업성 암
　검댕, 콜타르, 콜타르피치, 정제되지 않은 광물유, 6가 크롬 또는 그 화합물, 염화비닐, 벤젠, 석면, B형 또는 C형 간염바이러스, 엑스선 또는 감마선 등의 전리방사선, 비소 또는 그 무기 화합물, 니켈 화합물, 카드뮴 또는 그 화합물, 베릴륨 또는 그 화합물, 목재 분진, 벤지딘, 베타나프틸아민, 결정형 유리규산, 포름알데히드, 1,3-부타디엔, 라돈-222 또는 그 붕괴물질, 산화에틸렌 및 스프레이 도장 업무 등 발암성 요인으로 인한 암

바. 무리한 힘을 가해야 하는 업무로 인한 내장탈장, 영상표시단말기(VDT) 취급 등 부적절한 자세를 유지하거나 반복 동작이 많은 업무 등 근골격계에 부담을 주는 업무로 인한 근골격계 질병

사. 업무상 과로 등으로 인한 뇌혈관 질병 또는 심장 질병

아. 업무와 관련하여 정신적 충격을 유발할 수 있는 사건으로 인한 외상후스트레스장애

자. 가목부터 아목까지에서 규정한 질병 외에 「산업재해보상보험법」 제8조에 따른 산업재해보상보험및예방심의위원회의 심의를 거쳐 고용노동부장관이 지정하는 질병

차. 그 밖에 가목부터 자목까지에서 규정한 질병 외에 업무로 인한 것이 명확한 질병

2. 요양의 범위

(생략)

다) 1년 이내 3명 이상 발생

이 부분도 이미 살펴본 '6개월 이상 치료가 필요한 부상자'에서와 같은 문제점이 있다. '1년 이내'와 관련하여, 최초 발생한 시점을 기준으로 할 것인지

아니면 3명째 발생한 시점을 기준으로 역산할 것인지 등이 분명하지 않다.

고용노동부는 노출된 날을 특정할 수 있는지 여부에 따라 달리 본다고 해석하고 있는데, 특정할 수 없는 경우에도 비교적 명확한 의사의 진단일을 발생일로 판단하고 있다.

▌1년 이내에 3명 이상 발생[31]

○ 동일한 유해요인으로 직업성 질병자가 1년 이내에 3명이 발생한 시점에 중대산업재해가 발생한 것으로 판단함

○ '발생한 시점'과 관련하여 중대재해처벌법의 직업성 질병은 급성중독 등 사고성 재해와 유사하여 직업성 질병 여부 및 인과관계 등의 판단이 상대적으로 용이한 질병이므로,

  – 유해·위험요인에 노출된 날을 특정할 수 있는 경우는 노출된 날을 그 발생일로, 특정할 수 없는 경우에는 의사의 최초 소견일(진단일)을 발생일로 판단함

관련하여, 고용노동부는 '동일한 유해요인으로 직업성 질병이 발생한 종사자들이 하나의 사업에 소속되어 있다면 사업장이나 발생 시점을 달리하는 경우라도 중대재해처벌법의 적용대상인 중대산업재해에 해당한다'고 해석하고 있으나,[32] 단지 '동일한 유해요인'으로 발생하였다는 이유만으로 해당된다고 보기는 무리가 있다고 본 부분은 전술한 바와 같다.

3. 중대시민재해

가. 원인

"중대시민재해"란 특정 원료 또는 제조물, 공중이용시설 또는 공중교통수단의 설계, 제조, 설치, 관리상의 결함을 원인으로 하여 발생한 재해를 원인으로 한다. 중대재해처벌법은 제조물, 공중이용시설, 공중교통수단에 대해서는 따로 정의를 두고 있으므로, 여기에서는 정의규정에 포함되어 있지 않은 내용을 살펴본다.

---

31) 고용노동부, 중대재해처벌법 해설, 2021, 14
32) 고용노동부, 중대재해처벌법 해설, 2021, 14

1) 특정 원료

원료의 의미에 대해서는 구체화되어 있지 않은데 각 분야별·업종에 따른 개별법상에서 별도로 정의하고 있는 개념이 일차적인 기준이 될 수 있다.[33] 다만 시행령 제8조 제3호는 "별표 5에서 정하는 원료 또는 제조물로 인한 중대시민재해를 예방하기 위해 다음 각 목의 조치를 할 것"이라고 규정하고 있으므로 이에 해당하는 것은 특정 원료에 해당한다.

■중대재해 처벌 등에 관한 법률 시행령 [별표 5]

<u>제8조 제3호에 따른 조치 대상 원료 또는 제조물(제8조 제3호 관련)</u>

1. 「고압가스 안전관리법」 제28조 제2항 제13호의 독성가스
2. 「농약관리법」 제2조 제1호, 제1호의2, 제3호 및 제3호의2의 농약, 천연식물보호제, 원제(原劑) 및 농약활용기자재
3. 「마약류 관리에 관한 법률」 제2조 제1호의 마약류
4. 「비료관리법」 제2조 제2호 및 제3호의 보통비료 및 부산물비료
5. 「생활화학제품 및 살생물제의 안전관리에 관한 법률」 제3조 제7호 및 제8호의 살생물물질 및 살생물제품
6. 「식품위생법」 제2조 제1호, 제2호, 제4호 및 제5호의 식품, 식품첨가물, 기구 및 용기·포장
7. 「약사법」 제2조 제4호의 의약품, 같은 조 제7호의 의약외품(醫藥外品) 및 같은 법 제85조제1항의 동물용 의약품·의약외품
8. 「원자력안전법」 제2조 제5호의 방사성물질
9. 「의료기기법」 제2조 제1항의 의료기기
10. 「총포·도검·화약류 등의 안전관리에 관한 법률」 제2조 제3항의 화약류
11. 「화학물질관리법」 제2조 제7호의 유해화학물질
12. 그 밖에 제1호부터 제11호까지의 규정에 준하는 것으로서 관계 중앙행정기관의 장이 정하여 고시하는 생명·신체에 해로운 원료 또는 제조물

---

33) 국립국어원의 '원료와 재료 모두 어떤 물건을 만드는 데 들어가는 무엇의 의미를 갖고 있으나, 원료의 경우 이것이 들어가 만들어진 결과물에서 본래의 형체가 유지되지 않으며 전혀 다른 모양이나 성분으로 바뀐다는 것이 재료와 다른 점'이라는 의견도 참고할 만하다.

2) 공공이용시설, 공중교통수단

본 개념에 대하여는 이하에서 별도로 서술하기로 한다.

3) 설계, 제조, 설치, 관리상의 결함

가) 결함의 의미

본 법률상 제조물의 개념은 제조물책임법의 정의와 동일하다. 이에 제조물책임법상 '설계·제조·관리상의 결함'의 의미는 본 법률의 위 개념을 해석하는 데 참고할 수 있다.

제조물책임법상 결함의 정의

	주의의무	행위	결과
제조상 결함	제조업자가 제조물에 대하여 제조상·가공상의 주의의무를 이행하였는지에 관계없이	제조물이 원래 의도한 설계와 다르게 제조·가공됨으로써	안전하지 못하게 된 경우
설계상 결함	제조업자가 합리적인 대체설계를 채용하였더라면 피해나 위험을 줄이거나 피할 수 있었음에도	대체설계를 채용하지 아니하여	해당 제조물이 안전하지 못하게 된 경우

하지만 제조물책임법은 손해배상책임을 규정하고 있는 것으로, 특정한 형태의 손해배상에서 무과실 책임을 인정할 수 있으나, 형사책임이 전제된 본 법률에서는 무과실 책임을 인정할 수는 없다. 이에, 본 법률상 설계상 결함은 합리적인 대체설계의 존재 및 과실로 이를 채용하지 아니하여 결함이 발생한 경우, 제조상 결함은 과실로 원 설계와 달리 제조·가공되어 결함이 발생한 경우, 설치상 결함은 설계와 제조에 하자가 없더라도 과실로 설치단계에서 결함이 발생한 경우, 관리상 결함은 설계, 제조, 설치 이후 상당한 주의로 관리되지 아니하여 결함이 발생한 경우라 하겠다. 다만 여기에서의 주의의무의 정도는 본 법률의 입법취지에 맞게 매우 엄격하게 평가하여야 할 것으로, 일

반적인 과실범에 비해 위 결함에 대한 과실은 널리 인정될 수 있다.

즉, 본 법률에서 정의된 '제조물'의 개념이 제조물책임법상의 그것과 동일한 바, 이를 고려하면 본 법률상 제조상의 결함은 제조업자가 제조물에 대하여 제조상·가공상의 주의의무를 이행하였는지에 관계없이 결과적으로 제조물이 원 설계와 다르게 제조 또는 가공된 경우를, 설계상 결함은 합리적인 대체설계를 채용하였더라면 피해나 위험을 줄이거나 피할 수 있었음에도 대체설계를 채용하지 아니한 것으로 해석될 가능성이 높다.

다만, '관리상의 결함'이 무엇인지는 세부적으로 규정되어 있지도 않고 '관리'라는 단어의 의미 자체도 포괄적인 바, 법원의 해석이 나오기 전까지는 다른 법률에 대한 해석을 참고할 수밖에 없다.

나) 타 법률에서의 해석

법원은 국가배상법상 영조물의 설치 또는 관리의 하자의 의미에 대하여 이하와 같이 판시하였는데, ① 위험성에 비례한 방호조치의무의 이행 여부, ② 손해발생에 대한 예견가능성 및 회피가능성 등에 따라 그 인정 여부를 판단하였다. 성격을 달리하는 법률에 대한 해석이므로 이를 본 법률에 그대로 적용하기는 곤란하겠지만 일응 판단의 일부 기준으로서는 유의미하다고 본다.

> ○ **대법원 2007. 9. 21. 선고 2005다65678 판결 손해배상(기)**
>
> 영조물의 설치 또는 관리의 하자라 함은 영조물이 그 용도에 따라 통상 갖추어야 할 안전성을 갖추지 못한 상태에 있음을 말하는 것으로서, 영조물이 완전무결한 상태에 있지 아니하고 그 기능상 어떠한 결함이 있다는 것만으로 영조물의 설치 또는 관리에 하자가 있다고 할 수 없는 것이고, 위와 같은 안전성의 구비 여부를 판단함에 있어서는 당해 영조물의 용도, 그 설치장소의 현황 및 이용상활 등 제반 사정을 종합적으로 고려하여 설치 관리자가 그 영조물의 위험성에 비례하여 사회통념상 일반적으로 요구되는 정도의 방호조치의무를 다하였는지 여부를 그 기준으로 삼아야 할 것이며, <u>객관적으로 보아 시간적·장소적으로 영조물의 기능상 결함으로 인한 손해발생의 예견가능성과 회피가능성이 없는 경우, 즉 그 영조물의 결함이 영조물의 설치관리자의 관리행위가 미칠 수 없는 상황 아래에 있는 경우에는 영조물의 설치·관리상의 하자를 인정할 수 없다.</u>

○ **대법원 2019. 11. 28. 선고 2017다14895 판결 손해배상(기)**

〈요지〉 공작물의 설치·보존상의 하자란 공작물이 용도에 따라 통상 갖추어야 할 안전성을 결한 상태를 의미하고, 안전성의 구비 여부는 공작물의 위험성에 비례하여 사회통념상 일반적으로 요구되는 정도로 위험방지조치를 다하였는지 여부로 판단하여야 함.

1) 민법 제758조 제1항은 "공작물의 설치 또는 보존상의 하자로 인하여 타인에게 손해를 가한 때에는 공작물점유자가 손해를 배상할 책임이 있다. 그러나 점유자가 손해의 방지에 필요한 주의를 해태하지 아니한 때에는 그 소유자가 손해를 배상할 책임이 있다"라고 규정하고 있다 … '공작물의 설치·보존상의 하자'란 공작물이 그 용도에 따라 통상 갖추어야 할 안전성을 갖추지 못한 상태에 있음을 말하고, 위와 같은 안전성의 구비 여부를 판단할 때에는 공작물을 설치·보존하는 자가 그 공작물의 위험성에 비례하여 사회통념상 일반적으로 요구되는 정도로 위험방지조치를 다하였는지 여부를 기준으로 판단하여야 한다.

2) 이러한 법리는 '불합리한 손해의 위험'을 최소화하기 위한 조치로서 위험으로 인한 손해를 위험을 회피하기 위한 부담과 비교할 것을 요구한다는 측면에서 법경제학에서의 비용·편익 분석임과 동시에 균형접근법에 해당한다. 법관이 법을 만들어나가는 속성을 지닌 불법행위법에서 법관이 수행해야 할 균형 설정의 역할이 중요함에도 불구하고, 이러한 균형 설정은 구체적 사안과의 관련성 속에서 비로소 실질적인 내용을 가지는 것이므로, 미리 세세한 기준을 작성하여 제시하기는 어려운 것이 현실이다. <u>이때는 이른바 'Hand Rule'을 참고하여, 사고 방지를 위한 사전조치를 하는 데 드는 비용(B)과 사고가 발생할 확률(P) 및 사고가 발생할 경우 피해의 정도(L)를 살펴, 'B < P·L'인 경우에는 공작물의 위험성에 비하여 사회통념상 요구되는 위험방지조치를 다하지 않은 것으로 보아 공작물의 점유자에게 불법행위책임을 인정하는 접근 방식도</u> 고려할 수 있다.

또한 법원이 민법상 '공작물의 설치·보존상의 하자'의 의미에 대하여 판시한 부분도 참고할 수 있다. 특히 대법원은 위험방지조치의 세세한 기준을 제시하기는 어려우나 소위 'Hand rule'이 참고할 만한 접근 방식임을 인정하였다. 'Hand rule'이란 사고 방지를 위한 사전조치를 하는 데 드는 비용이 사고가 발생할 확률과 사고가 발생할 경우의 피해의 정도를 곱한 것보다 적을 경우에는 위험방지조치를 다하지 않은 것으로 보는 것을 말한다.

결론적으로 ① 관리자의 지정 유무(관리기구의 설치 유무), ② 안전성 점검의 빈도(시설 정비, 점검주기 등), ③ 손해발생의 예견가능성 및 회피가능성(동일·유사한 사고가 발생한 전례가 있는지 등)을 고려하여 '위험의 방지에 필요한 주의를 다하였는지' 여부를 판단할 수 있다.

나. 결과

1) 사망자가 1명 이상 발생

특정 원료 또는 제조물, 공중이용시설 또는 공중교통수단의 설계, 제조, 설치, 관리상의 결함을 원인으로 하여 발생한 재해로 사망자가 1명 이상 발생하여야 한다.

2) 동일한 사고로 2개월 이상 치료가 필요한 부상자가 10명 이상 발생

동일한 사고의 의미, 치료개월 수의 의미에 대해서는 중대산업재해에서 이미 살펴본 바와 같다.

3) 동일한 원인으로 3개월 이상 치료가 필요한 질병자가 10명 이상 발생

동일한 원인으로 3개월 이상 치료가 필요한 질병자가 발생하여야 한다. 중대산업재해의 경우 '동일한 유해요인'으로 '직업성 질병자'가 발생하여야 함에 반해, 중대시민재해는 '동일한 원인'으로 3개월 이상의 치료가 필요한 질병이라면 그 종류에는 제한이 없다. 치료개월 수의 의미는 중대산업재해의 그것과 같다.

4. 공중이용시설

공중이용시설은 「실내공기질 관리법」, 「시설물의 안전 및 유지관리에 관한 특별법」, 「다중이용업소의 안전관리에 관한 특별법」 등 다른 법률에 규정되어 있는 시설, 시설물 또는 영업장 중 일부를 포함하고 있는데, 해당하는지 여부는 시행령 제3조에서 자세히 기술하거나 별표를 두어 분명히 하고 있다.

가. 해당 이용시설

1) 실내공기질관리법상 다중이용시설

실내공기질관리법상 다중이용시설은 시행령 별표 2에서 정하는 시설로 제한되어 있다.

▌령 제3조(공중이용시설)

법 제2조 제4호 각 목 외의 부분 본문에서 "대통령령으로 정하는 시설"이란 다음 각 호의 시설을 말한다.

1. 법 제2조 제4호 가목의 시설 중 별표 2에서 정하는 시설

▌ 중대재해 처벌 등에 관한 법률 시행령 [별표 2]

법 제2조 제4호 가목의 시설 중 공중이용시설(제3조 제1호 관련)

1. 모든 지하역사(출입통로ㆍ대합실ㆍ승강장 및 환승통로와 이에 딸린 시설을 포함한다)
2. 연면적 2천제곱미터 이상인 지하도상가(지상건물에 딸린 지하층의 시설을 포함한다. 이하 같다). 이 경우 연속되어 있는 둘 이상의 지하도상가의 연면적 합계가 2천 제곱미터 이상인 경우를 포함한다.
3. 철도역사의 시설 중 연면적 2천제곱미터 이상인 대합실
4. 「여객자동차 운수사업법」 제2조 제5호의 여객자동차터미널 중 연면적 2천제곱미터 이상인 대합실
5. 「항만법」 제2조 제5호의 항만시설 중 연면적 5천제곱미터 이상인 대합실
6. 「공항시설법」 제2조 제7호의 공항시설 중 연면적 1천5백제곱미터 이상인 여객터미널
7. 「도서관법」 제2조 제1호의 도서관 중 연면적 3천제곱미터 이상인 것
8. 「박물관 및 미술관 진흥법」 제2조 제1호 및 제2호의 박물관 및 미술관 중 연면적 3천제곱미터 이상인 것
9. 「의료법」 제3조 제2항의 의료기관 중 연면적 2천제곱미터 이상이거나 병상 수 100개 이상인 것
10. 「노인복지법」 제34조 제1항 제1호의 노인요양시설 중 연면적 1천제곱미터 이상인 것
11. 「영유아보육법」 제2조 제3호의 어린이집 중 연면적 430제곱미터 이상인 것
12. 「어린이놀이시설 안전관리법」 제2조 제2호의 어린이놀이시설 중 연면적 430제곱미터 이상인 실내 어린이놀이시설
13. 「유통산업발전법」 제2조 제3호의 대규모점포. 다만, 「전통시장 및 상점가 육성을 위한 특별법」 제2조 제1호의 전통시장은 제외한다.

14. 「장사 등에 관한 법률」 제29조에 따른 장례식장 중 지하에 위치한 시설로서 연면적 1천제곱미터 이상인 것

15. 「전시산업발전법」 제2조 제4호의 전시시설 중 옥내시설로서 연면적 2천제곱미터 이상인 것

16. 「건축법」 제2조 제2항 제14호의 업무시설 중 연면적 3천제곱미터 이상인 것. 다만, 「건축법 시행령」 별표 1 제14호 나목2)의 오피스텔은 제외한다.

17. 「건축법」 제2조 제2항에 따라 구분된 용도 중 둘 이상의 용도에 사용되는 건축물로서 연면적 2천제곱미터 이상인 것. 다만, 「건축법 시행령」 별표 1 제2호의 공동주택 또는 같은 표 제14호 나목2)의 오피스텔이 포함된 경우는 제외한다.

18. 「공연법」 제2조 제4호의 공연장 중 객석 수 1천석 이상인 실내 공연장

19. 「체육시설의 설치 · 이용에 관한 법률」 제2조 제1호의 체육시설 중 관람석 수 1천석 이상인 실내 체육시설

비고
둘 이상의 건축물로 이루어진 시설의 연면적은 개별 건축물의 연면적을 모두 합산한 면적으로 한다.

위 별표 2의 16, 17에 해당하는 건축물은 이하와 같다.

▎ 별표 2 16.에 해당하는 것

= 「건축법」 제2조 제2항 제14호의 **업무시설** 중 **연면적 3천제곱미터 이상**인 것. 다만, 「건축법 시행령」 별표 1 제14호 나목2)의 **오피스텔은 제외**한다.

건축법 시행령 별표 1 14. 업무시설

　가. **공공업무시설** : 국가 또는 지방자치단체의 청사와 외국공관의 건축물로서 제1종 근린생활시설에 해당하지 아니하는 것

　나. **일반업무시설** : 다음 요건을 갖춘 업무시설을 말한다.

　　1) 금융업소, 사무소, 결혼상담소 등 소개업소, 출판사, 신문사, 그 밖에 이와 비슷한 것으로서 제1종 근린생활시설 및 제2종 근린생활시설에 해당하지 않는 것

　　2) 오피스텔(업무를 주로 하며, 분양하거나 임대하는 구획 중 일부 구획에서 숙식을 할 수 있도록 한 건축물로서 국토교통부장관이 고시하는 기준에 적합한 것을 말한다)

▌ 별표 2 17.에 해당하는 것

= 「건축법」 제2조 제2항에 따라 **구분된 용도 중 둘 이상의 용도에 사용되는 건축물로서 연면적 2천제곱미터 이상**인 것. 다만, 「건축법 시행령」 별표 1 제2호의 **공동주택 또는 같은 표 제14호 나목2)의 오피스텔이 포함된 경우는 제외**한다.

건축법 제2조 제2항에 따라 구분된 용도

1. 단독주택 / 2. 공동주택 / 3. 제1종 근린생활시설 / 4. 제2종 근린생활시설 / 5. 문화 및 집회시설 / 6. 종교시설 / 7. 판매시설 / 8. 운수시설 / 9. 의료시설 / 10. 교육연구시설 / 11. 노유자(老幼者: 노인 및 어린이)시설 / 12. 수련시설 / 13. 운동시설 / 14. 업무시설 / 15. 숙박시설 / 16. 위락(慰樂)시설 / 17. 공장 / 18. 창고시설 / 19. 위험물 저장 및 처리 시설 / 20. 자동차 관련 시설 / 21. 동물 및 식물 관련 시설 / 22. 자원순환 관련 시설 / 23. 교정(矯正) 및 군사 시설 / 24. 방송통신시설 / 25. 발전시설 / 26. 묘지 관련 시설 / 27. 관광 휴게시설 / 28. 그 밖에 대통령령으로 정하는 시설

건축법 시행령 별표 1 제2호의 공동주택(포함시 제외)

2. 공동주택[공동주택의 형태를 갖춘 가정어린이집 · 공동생활가정 · 지역아동센터 · 공동육아나눔터 · 작은도서관 · 노인복지시설(노인복지주택은 제외한다) 및 「주택법 시행령」 제10조 제1항 제1호에 따른 원룸형 주택을 포함한다]. 다만, 가목이나 나목에서 층수를 산정할 때 1층 전부를 필로티 구조로 하여 주차장으로 사용하는 경우에는 필로티 부분을 층수에서 제외하고, 다목에서 층수를 산정할 때 1층의 전부 또는 일부를 필로티 구조로 하여 주차장으로 사용하고 나머지 부분을 주택(주거 목적으로 한정한다) 외의 용도로 쓰는 경우에는 해당 층을 주택의 층수에서 제외하며, 가목부터 라목까지의 규정에서 층수를 산정할 때 지하층을 주택의 층수에서 제외한다.

　가. 아파트: 주택으로 쓰는 층수가 5개 층 이상인 주택

　나. 연립주택: 주택으로 쓰는 1개 동의 바닥면적(2개 이상의 동을 지하주차장으로 연결하는 경우에는 각각의 동으로 본다) 합계가 660제곱미터를 초과하고, 층수가 4개 층 이하인 주택

　다. 다세대주택: 주택으로 쓰는 1개 동의 바닥면적 합계가 660제곱미터 이하이고, 층수가 4개 층 이하인 주택(2개 이상의 동을 지하주차장으로 연결하는 경우에는 각각의 동으로 본다)

　라. 기숙사: 학교 또는 공장 등의 학생 또는 종업원 등을 위하여 쓰는 것으로서 1개

> 동의 공동취사시설 이용 세대 수가 전체의 50퍼센트 이상인 것(「교육기본법」
> 제27조 제2항에 따른 학생복지주택 및 「공공주택 특별법」 제2조 제1호의3에
> 따른 공공매입임대주택 중 독립된 주거의 형태를 갖추지 않은 것을 포함한다)

건축법 시행령 별표 1 제14호 나목 2) 오피스텔(포함시 제외)

> 2) 오피스텔(업무를 주로 하며, 분양하거나 임대하는 구획 중 일부 구획에서 숙
> 식을 할 수 있도록 한 건축물로서 국토교통부장관이 고시하는 기준에 적합한
> 것을 말한다)

2) 시설물안전법상 시설물

시설물안전법상 시설물은 시행령 별표 3에 상세히 규정되어 있는데, 이
중 주택과 주택 외의 시설을 동일 건축물로 건축한 건축물 및 오피스텔은 제
외한다.

> ▎ 령 제3조(공중이용시설) 법 제2조제4호 각 목 외의 부분 본문에서 "대통령령으
> 로 정하는 시설"이란 다음 각 호의 시설을 말한다.
> 2. 법 제2조제4호나목의 시설물 중 별표 3에서 정하는 시설물. 다만, 다음 각 목의
> 건축물은 제외한다.
>   가. 주택과 주택 외의 시설을 동일 건축물로 건축한 건축물
>   나. 건축물의 주용도가 「건축법 시행령」 별표 1 제14호나목2)의 오피스텔인 건축물

> ▎ 중대재해 처벌 등에 관한 법률 시행령 [별표 3]
>
> 법 제2조 제4호 나목의 시설물 중 공중이용시설(제3조 제2호 관련)

1. 교량	
가. 도로교량	1) 상부구조형식이 현수교, 사장교, 아치교 및 트러스교인 교량 2) 최대 경간장 50미터 이상의 교량 3) 연장 100미터 이상의 교량 4) 폭 6미터 이상이고 연장 100미터 이상인 복개구조물
나. 철도교량	1) 고속철도 교량 2) 도시철도의 교량 및 고가교

	3) 상부구조형식이 트러스교 및 아치교인 교량
	4) 연장 100미터 이상의 교량
2. 터널	
가. 도로터널	1) 연장 1천미터 이상의 터널 2) 3차로 이상의 터널 3) 터널구간이 연장 100미터 이상인 지하차도 4) 고속국도, 일반국도, 특별시도 및 광역시도의 터널 5) 연장 300미터 이상의 지방도, 시도, 군도 및 구도의 터널
나. 철도터널	1) 고속철도 터널 2) 도시철도 터널 3) 연장 1천미터 이상의 터널 4) 특별시 또는 광역시에 있는 터널
3. 항만	
가. 방파제, 파제제(波除 堤) 및 호안 (護岸)	1) 연장 500미터 이상의 방파제 2) 연장 500미터 이상의 파제제 3) 방파제 기능을 하는 연장 500미터 이상의 호안
나. 계류시설	1) 1만톤급 이상의 원유부이식 계류시설(부대시설인 해저송유관을 포함 한다) 2) 1만톤급 이상의 말뚝구조의 계류시설 3) 1만톤급 이상의 중력식 계류시설
4. 댐	1) 다목적댐, 발전용댐, 홍수전용댐 2) 지방상수도전용댐 3) 총저수용량 1백만톤 이상의 용수전용댐
5. 건축물	1) 고속철도, 도시철도 및 광역철도 역 시설 2) 16층 이상이거나 연면적 3만제곱미터 이상의 건축물 3) 연면적 5천제곱미터 이상(각 용도별 시설의 합계를 말한다)의 문 화 · 집회 시설, 종교시설, 판매시설, 운수시설 중 여객용 시설, 의 료시설, 노유자시설, 수련시설, 운동시설, 숙박시설 중 관광숙박시 설 및 관광휴게시설
6. 하천	
가. 하구둑	1) 하구둑

	2) 포용조수량 1천만톤 이상의 방조제	
나. 제방	국가하천의 제방[부속시설인 통관(通管) 및 호안(護岸)을 포함한다]	
다. 보	국가하천에 설치된 다기능 보	
7. 상하수도		
가. 상수도	1) 광역상수도 2) 공업용수도 3) 지방상수도	
나. 하수도	공공하수처리시설 중 1일 최대처리용량 500톤 이상인 시설	
8. 옹벽 및 절토사면 (깎기비탈면)	1) 지면으로부터 노출된 높이가 5미터 이상인 부분의 합이 100미터 이상인 옹벽 2) 지면으로부터 연직(鉛直)높이(옹벽이 있는 경우 옹벽 상단으로부터의 높이를 말한다) 30미터 이상을 포함한 절토부(땅깎기를 한 부분을 말한다)로서 단일 수평연장 100미터 이상인 절토사면	

비고

1. "도로"란 「도로법」 제10조의 도로를 말한다.
2. 교량의 "최대 경간장"이란 한 경간(徑間)에서 상부구조의 교각과 교각의 중심선 간의 거리를 경간장으로 정의할 때, 교량의 경간장 중에서 최댓값을 말한다. 한 경간 교량에 대해서는 교량 양측 교대의 흉벽 사이를 교량 중심선에 따라 측정한 거리를 말한다.
3. 교량의 "연장"이란 교량 양측 교대의 흉벽 사이를 교량 중심선에 따라 측정한 거리를 말한다.
4. 도로교량의 "복개구조물"이란 하천 등을 복개하여 도로의 용도로 사용하는 모든 구조물을 말한다.
5. 터널 및 지하차도의 "연장"이란 각 본체 구간과 하나의 구조로 연결된 구간을 포함한 거리를 말한다.
6. "방파제, 파제제 및 호안"이란 「항만법」 제2조제5호가목2)의 외곽시설을 말한다.
7. "계류시설"이란 「항만법」 제2조제5호가목4)의 계류시설을 말한다.
8. "댐"이란 「저수지·댐의 안전관리 및 재해예방에 관한 법률」 제2조제1호의 저수지·댐을 말한다.
9. 위 표 제4호의 지방상수도전용댐과 용수전용댐이 위 표 제7호가목의 광역상수도·

공업용수도 또는 지방상수도의 수원지시설에 해당하는 경우에는 위 표 제7호의 상하수도시설로 본다.

10. 위 표의 건축물에는 그 부대시설인 옹벽과 절토사면을 포함하며, 건축설비, 소방설비, 승강기설비 및 전기설비는 포함하지 않는다.

11. 건축물의 연면적은 지하층을 포함한 동별로 계산한다. 다만, 2동 이상의 건축물이 하나의 구조로 연결된 경우와 둘 이상의 지하도상가가 연속되어 있는 경우에는 연면적의 합계로 한다.

12. 건축물의 층수에는 필로티나 그 밖에 이와 비슷한 구조로 된 층을 포함한다.

13. "건축물"은 「건축법 시행령」 별표 1에서 정한 용도별 분류를 따른다.

14. "운수시설 중 여객용 시설"이란 「건축법 시행령」 별표 1 제8호의 운수시설 중 여객자동차터미널, 일반철도역사, 공항청사, 항만여객터미널을 말한다.

15. "철도 역 시설"이란 「철도의 건설 및 철도시설 유지관리에 관한 법률」 제2조제6호가목의 역 시설(물류시설은 제외한다)을 말한다. 다만, 선하역사(시설이 선로 아래 설치되는 역사를 말한다)의 선로구간은 연속되는 교량시설물에 포함하고, 지하역사의 선로구간은 연속되는 터널시설물에 포함한다.

16. 하천시설물이 행정구역 경계에 있는 경우 상위 행정구역에 위치한 것으로 한다.

17. "포용조수량"이란 최고 만조(滿潮) 시 간척지에 유입될 조수(潮水)의 양을 말한다.

18. "방조제"란 「공유수면 관리 및 매립에 관한 법률」 제37조, 「농어촌정비법」 제2조제6호, 「방조제 관리법」 제2조제1호 및 「산업입지 및 개발에 관한 법률」 제20조제1항에 따라 설치한 방조제를 말한다.

19. 하천의 "통관"이란 제방을 관통하여 설치한 원형 단면의 문짝을 가진 구조물을 말한다.

20. 하천의 "다기능 보"란 용수 확보, 소수력 발전이나 도로(하천을 횡단하는 것으로 한정한다) 등 두 가지 이상의 기능을 갖는 보를 말한다.

21. 위 표 제7호의 상하수도의 광역상수도, 공업용수도 및 지방상수도에는 수원지시설, 도수관로 · 송수관로(터널을 포함한다) 및 취수시설을 포함하고, 정수장, 취수 · 가압펌프장, 배수지, 배수관로 및 급수시설은 제외한다.

3) 다중이용업소법상 영업장

'다중이용업소법상 영업장' 중 해당 영업에 사용하는 바닥면적의 합계가 건축법에 따라 산정하여 1천 제곱미터 이상인 것으로, 시행령에는 따로 구체적인 내용을 두지 않고 있다. 따라서 구체적인 해당 여부는 다중이용업소법 및 건축법을 적용하여 판단해야 한다.

■ **다중이용업소법 제2조(정의)**

① 이 법에서 사용하는 용어의 뜻은 다음과 같다.

1. "다중이용업"이란 불특정 다수인이 이용하는 영업 중 화재 등 재난 발생 시 생명·신체·재산상의 피해가 발생할 우려가 높은 것으로서 대통령령으로 정하는 영업을 말한다.

■ **령 제2조(다중이용업)**

「다중이용업소의 안전관리에 관한 특별법」(이하 "법"이라 한다) 제2조 제1항 제1호에서 "대통령령으로 정하는 영업"이란 다음 각 호의 어느 하나에 해당하는 영업을 말한다.

1. 「식품위생법 시행령」 제21조 제8호에 따른 식품접객업 중 다음 각 목의 어느 하나에 해당하는 것

    가. 휴게음식점영업·제과점영업 또는 일반음식점영업으로서 영업장으로 사용하는 바닥면적(「건축법 시행령」 제119조 제1항 제3호에 따라 산정한 면적을 말한다. 이하 같다)의 합계가 100제곱미터(영업장이 지하층에 설치된 경우에는 그 영업장의 바닥면적 합계가 66제곱미터) 이상인 것. 다만, 영업장(내부계단으로 연결된 복층구조의 영업장을 제외한다)이 다음의 어느 하나에 해당하는 층에 설치되고 그 영업장의 주된 출입구가 건축물 외부의 지면과 직접 연결되는 곳에서 하는 영업을 제외한다.

      1) 지상 1층

      2) 지상과 직접 접하는 층

    나. 단란주점영업과 유흥주점영업

1의2. 「식품위생법 시행령」 제21조제9호에 따른 공유주방 운영업 중 휴게음식점영업·제과점영업 또는 일반음식점영업에 사용되는 공유주방을 운영하는 영업으로서 영업장 바닥면적의 합계가 100제곱미터(영업장이 지하층에 설치된

경우에는 그 바닥면적 합계가 66제곱미터) 이상인 것. 다만, 영업장(내부계단으로 연결된 복층구조의 영업장은 제외한다)이 다음 각 목의 어느 하나에 해당하는 층에 설치되고 그 영업장의 주된 출입구가 건축물 외부의 지면과 직접 연결되는 곳에서 하는 영업은 제외한다.

　가. 지상 1층

　나. 지상과 직접 접하는 층

2. 「영화 및 비디오물의 진흥에 관한 법률」 제2조 제10호, 같은 조 제16호가목 · 나목 및 라목에 따른 영화상영관 · 비디오물감상실업 · 비디오물소극장업 및 복합영상물제공업

3. 「학원의 설립 · 운영 및 과외교습에 관한 법률」 제2조 제1호에 따른 학원(이하 "학원"이라 한다)으로서 다음 각 목의 어느 하나에 해당하는 것

　가. 「화재예방, 소방시설 설치 · 유지 및 안전관리에 관한 법률 시행령」 별표 4에 따라 산정된 수용인원(이하 "수용인원"이라 한다)이 300명 이상인 것

　나. 수용인원 100명 이상 300명 미만으로서 다음의 어느 하나에 해당하는 것. 다만, 학원으로 사용하는 부분과 다른 용도로 사용하는 부분(학원의 운영권자를 달리하는 학원과 학원을 포함한다)이 「건축법 시행령」 제46조에 따른 방화구획으로 나누어진 경우는 제외한다.

　　(1) 하나의 건축물에 학원과 기숙사가 함께 있는 학원

　　(2) 하나의 건축물에 학원이 둘 이상 있는 경우로서 학원의 수용인원이 300명 이상인 학원

　　(3) 하나의 건축물에 제1호, 제2호, 제4호부터 제7호까지, 제7호의2부터 제7호의5까지 및 제8호의 다중이용업 중 어느 하나 이상의 다중이용업과 학원이 함께 있는 경우

4. 목욕장업으로서 다음 각 목에 해당하는 것

　가. 하나의 영업장에서 「공중위생관리법」 제2조 제1항 제3호 가목에 따른 목욕장업 중 맥반석 · 황토 · 옥 등을 직접 또는 간접 가열하여 발생하는 열기나 원적외선 등을 이용하여 땀을 배출하게 할 수 있는 시설 및 설비를 갖춘 것으로서 수용인원(물로 목욕을 할 수 있는 시설부분의 수용인원은 제외한다)이 100명 이상인 것

　나. 「공중위생관리법」 제2조 제1항 제3호 나목의 시설 및 설비를 갖춘 목욕장업

5. 「게임산업진흥에 관한 법률」 제2조 제6호 · 제6호의2 · 제7호 및 제8호의 게임제공업 · 인터넷컴퓨터게임시설제공업 및 복합유통게임제공업. 다만, 게임제공업 및 인터넷컴퓨터게임시설제공업의 경우에는 영업장(내부계단으로 연결된 복층구조의 영업장은 제외한다)이 다음 각 목의 어느 하나에 해당하는 층에 설치되고 그 영업장의 주된 출입구가 건축물 외부의 지면과 직접 연결된 구조에 해당하는 경우는 제외한다.
   가. 지상 1층
   나. 지상과 직접 접하는 층

6. 「음악산업진흥에 관한 법률」 제2조 제13호에 따른 노래연습장업

7. 「모자보건법」 제2조 제10호에 따른 산후조리업

7의2. 고시원업[구획된 실(室) 안에 학습자가 공부할 수 있는 시설을 갖추고 숙박 또는 숙식을 제공하는 형태의 영업]

7의3. 「사격 및 사격장 안전관리에 관한 법률 시행령」 제2조 제1항 및 별표 1에 따른 권총사격장(실내사격장에 한정하며, 같은 조 제1항에 따른 종합사격장에 설치된 경우를 포함한다)

7의4. 「체육시설의 설치 · 이용에 관한 법률」 제10조 제1항 제2호에 따른 가상체험 체육시설업(실내에 1개 이상의 별도의 구획된 실을 만들어 골프 종목의 운동이 가능한 시설을 경영하는 영업으로 한정한다)

7의5. 「의료법」 제82조 제4항에 따른 안마시술소

▌ 건축법상 바닥면적의 합계가 1천 제곱미터 이상일 것

건축법
제84조(면적 · 높이 및 층수의 산정) 건축물의 대지면적, 연면적, 바닥면적, 높이, 처마, 천장, 바닥 및 층수의 산정방법은 대통령령으로 정한다.

건축법 시행령 제119조
3. 바닥면적 : 건축물의 각 층 또는 그 일부로서 벽, 기둥, 그 밖에 이와 비슷한 구획의 중심선으로 둘러싸인 부분의 수평투영면적으로 한다. 다만, 다음 각 목의

어느 하나에 해당하는 경우에는 각 목에서 정하는 바에 따른다.

가. 벽·기둥의 구획이 없는 건축물은 그 지붕 끝부분으로부터 수평거리 1미터를 후퇴한 선으로 둘러싸인 수평투영면적으로 한다.

나. 건축물의 노대등의 바닥은 난간 등의 설치 여부에 관계없이 노대등의 면적(외벽의 중심선으로부터 노대등의 끝부분까지의 면적을 말한다)에서 노대등이 접한 가장 긴 외벽에 접한 길이에 1.5미터를 곱한 값을 뺀 면적을 바닥면적에 산입한다.

다. 필로티나 그 밖에 이와 비슷한 구조(벽면적의 2분의 1 이상이 그 층의 바닥면에서 위층 바닥 아래면까지 공간으로 된 것만 해당한다)의 부분은 그 부분이 공중의 통행이나 차량의 통행 또는 주차에 전용되는 경우와 공동주택의 경우에는 바닥면적에 산입하지 아니한다.

라. 승강기탑(옥상 출입용 승강장을 포함한다), 계단탑, 장식탑, 다락[층고(層高)가 1.5미터(경사진 형태의 지붕인 경우에는 1.8미터) 이하인 것만 해당한다], 건축물의 내부에 설치하는 냉방설비 배기장치 전용 설치공간(각 세대나 실별로 외부 공기에 직접 닿는 곳에 설치하는 경우로서 1제곱미터 이하로 한정한다), 건축물의 외부 또는 내부에 설치하는 굴뚝, 더스트슈트, 설비덕트, 그 밖에 이와 비슷한 것과 옥상·옥외 또는 지하에 설치하는 물탱크, 기름탱크, 냉각탑, 정화조, 도시가스 정압기, 그 밖에 이와 비슷한 것을 설치하기 위한 구조물과 건축물 간에 화물의 이동에 이용되는 컨베이어벨트만을 설치하기 위한 구조물은 바닥면적에 산입하지 않는다.

마. 공동주택으로서 지상층에 설치한 기계실, 전기실, 어린이놀이터, 조경시설 및 생활폐기물 보관시설의 면적은 바닥면적에 산입하지 않는다.

바. 「다중이용업소의 안전관리에 관한 특별법 시행령」 제9조에 따라 기존의 다중이용업소(2004년 5월 29일 이전의 것만 해당한다)의 비상구에 연결하여 설치하는 폭 1.5미터 이하의 옥외 피난계단(기존 건축물에 옥외 피난계단을 설치함으로써 법 제56조에 따른 용적률에 적합하지 아니하게 된 경우만 해당한다)은 바닥면적에 산입하지 아니한다.

사. 제6조 제1항 제6호에 따른 건축물을 리모델링하는 경우로서 미관 향상, 열의 손실 방지 등을 위하여 외벽에 부가하여 마감재 등을 설치하는 부분은 바닥면적에 산입하지 아니한다.

아. 제1항제2호나목3)의 건축물의 경우에는 단열재가 설치된 외벽 중 내측 내력벽의 중심선을 기준으로 산정한 면적을 바닥면적으로 한다.

자. 「영유아보육법」 제15조에 따른 어린이집(2005년 1월 29일 이전에 설치된 것만 해당한다)의 비상구에 연결하여 설치하는 폭 2미터 이하의 영유아용 대피용 미끄럼대 또는 비상계단의 면적은 바닥면적(기존 건축물에 영유아용 대피용 미끄럼대 또는 비상계단을 설치함으로써 법 제56조에 따른 용적률 기준에 적합하지 아니하게 된 경우만 해당한다)에 산입하지 아니한다.

차. 「장애인·노인·임산부 등의 편의증진 보장에 관한 법률 시행령」 별표 2의 기준에 따라 설치하는 장애인용 승강기, 장애인용 에스컬레이터, 휠체어리프트 또는 경사로는 바닥면적에 산입하지 아니한다.

카. 「가축전염병 예방법」 제17조 제1항 제1호에 따른 소독설비를 갖추기 위하여 같은 호에 따른 가축사육시설(2015년 4월 27일 전에 건축되거나 설치된 가축사육시설로 한정한다)에서 설치하는 시설은 바닥면적에 산입하지 아니한다.

타. 「매장문화재 보호 및 조사에 관한 법률」 제14조 제1항 제1호 및 제2호에 따른 현지보존 및 이전보존을 위하여 매장문화재 보호 및 전시에 전용되는 부분은 바닥면적에 산입하지 아니한다.

파. 「영유아보육법」 제15조에 따른 설치기준에 따라 직통계단 1개소를 갈음하여 건축물의 외부에 설치하는 비상계단의 면적은 바닥면적(같은 조에 따른 어린이집이 2011년 4월 6일 이전에 설치된 경우로서 기존 건축물에 비상계단을 설치함으로써 법 제56조에 따른 용적률 기준에 적합하지 않게 된 경우만 해당한다)에 산입하지 않는다.

하. 지하주차장의 경사로는 바닥면적에 산입하지 않는다.

4) 그 밖에 이에 준하는 시설로서 재해 발생 시 생명·신체상의 피해가 발생할 우려가 높은 장소(라목)

'그 밖에 이에 준하는 시설'의 의미는 공중이 이용하는 장소인지, 재해가 발생하여 이용자들의 생명이나 신체에 피해가 발생할 우려가 있는 장소인지 여부 등을 종합하여 개별적으로 살펴볼 수밖에 없다. 그런데 이는 형사처벌의 전제인 구성요건으로서 명확성 원칙 위반 등 위헌적 요소가 다분하다.

가 내지 다목에 해당하는 시설물과 동일한 법률에서 규율하고 있는 시설물로서 이 법률에 의해 공중이용시설에서 배제된 시설물은 포함되지 아니하고, 공중이용시설에 포함된 시설물과 비교하여 재해 발생시 생명, 신체상의 피해가 발생할 우려가 동일하거나 더욱 크지만 입법시 이를 구체적으로 정하지 못할 사정이 인정되며, 일반 국민의 눈높이에서 그러한 시설에 해당함을 충분히 예측할 수 있다는 점이 인정되는 시설에 한한다고 제한적으로 해석하더라도 문언 자체의 불명확성을 부인하기 어려운 점이 있다. 이 부분에 대해서는 향후에도 보완할 필요가 있다.

나. 적용의 예외

위 가항에서의 시설, 시설물, 영업장에 해당하더라도 ①「소상공인 보호 및 지원에 관한 법률」제2조에 따른 소상공인의 사업 또는 사업장, ② 이에 준하는 비영리시설, ③「교육시설 등의 안전 및 유지관리 등에 관한 법률」제2조 제1호에 따른 교육시설은 본 법률에 따른 공중이용시설에 해당하지 않는다.

▌**소상공인법 제2조 및 소상공인기본법 제2조에 따른 소상공인의 사업 또는 사업장**

① 중소기업기본법 제2조 제2항에 따른 소기업일 것[34]

② 상시근로자수 10명 미만일 것

③ 업종별 상시근로자수 등이 대통령령[35]으로 정하는 기준에 해당할 것

　 이에 준하는 비영리시설, 교육시설법상 교육시설

위 요건 중 '중소기업기본법상 소기업'의 요건이 다소 복잡한데, 요약하면 중소기업기본법상 중소기업 중 해당 기업이 영위하는 주된 업종별 평균매출액이 10억 원~120억 원 미만인 기업으로써 광업·제조업·건설업 및 운수업은 상시근로자 10명 미만, 그 외 업종은 5명 미만인 경우를 말한다.[36] 자세한 판단 방법은 별도 부록으로 수록하였다.

---

34) 해당 기업이 영위하는 주된 업종별 평균매출액 등에 관해서는 중소기업기본법 시행령 [별표 3] 참조
35) 광업·제조업·건설업 및 운수업의 경우 10명 미만, 그 외의 경우 5명 미만
36) 고용노동부, 중대재해처벌법 해설, 2021, 110

▌ **교육시설법 제2조(정의)**

이 법에서 사용하는 용어의 뜻은 다음과 같다.

1. "교육시설"이란 다음 각 목의 어느 하나에 해당하는 학교 등의 시설 및 설비를 말한다.

　　가. 「유아교육법」 제2조제2호에 따른 유치원

　　나. 「초·중등교육법」 제2조에 따른 학교

　　다. 「고등교육법」 제2조에 따른 학교

　　라. 「평생교육법」 제31조제2항 및 제4항에 따른 학력·학위가 인정되는 평생교육시설

　　마. 다른 법률에 따라 설치된 각급 학교(국방·치안 등의 사유로 정보공시가 어렵다고 대통령령으로 정하는 학교는 제외한다)

　　바. 그 밖에 대통령령으로 정하는 교육관련 시설

5. 공중교통수단

법 제2조(정의)

이 법에서 사용하는 용어의 뜻은 다음과 같다.

5. "공중교통수단"이란 불특정다수인이 이용하는 다음 각 목의 어느 하나에 해당하는 시설을 말한다.

　　가. 「도시철도법」 제2조 제2호에 따른 도시철도의 운행에 사용되는 도시철도차량

　　나. 「철도산업발전기본법」 제3조 제4호에 따른 철도차량 중 동력차·객차(「철도사업법」 제2조 제5호에 따른 전용철도에 사용되는 경우는 제외한다)

　　다. 「여객자동차 운수사업법 시행령」 제3조 제1호 라목에 따른 노선 여객자동차 운송사업에 사용되는 승합자동차

　　라. 「해운법」 제2조 제1호의2의 여객선

　　마. 「항공사업법」 제2조 제7호에 따른 항공운송사업에 사용되는 항공기

가. 불특정다수인의 이용

기본적으로 '불특정다수인'이 이용하는 것이어야 한다. 불특정다수인의 의미에 대해서는 분명히 규정된 바 없으나, 공중교통수단이라는 점에서 '불특정' 또는 '다수인'으로 널리 보아 불특정된 사람들이라면 소수의 인원이라도, 특정되어 있더라도 다수의 사람들이라면 불특정 다수인에 해당한다. 가 내지 마목의 경우 일반적으로 불특정 또는 다수인이 이용하는 교통수단이다.

공중교통수단은 공중이용시설과 달리 시행령에서 구체적인 별도 규정을 두지 않았다. 따라서 법에 명시된 개별 법령에 따라 적용 여부가 판단된다.

나. 해당 교통수단

1) 도시철도법상 도시철도차량

> ▌**도시철도법 제2조(정의)**
> 이 법에서 사용하는 용어의 뜻은 다음과 같다.
> 2. "도시철도"란 도시교통의 원활한 소통을 위하여 도시교통권역에서 건설·운영하는 철도·모노레일·노면전차·선형유도전동기·자기부상열차등 궤도에 의한 교통시설 및 교통수단을 말한다.

2) 철도산업발전기본법상 철도차량 중 동력차·객차

철도산업발전기본법상 철도차량은 포함되나, 철도사업법상 전용철도에 사용되는 동력차·객차는 제외된다. 전용철도[37]란 공공의 이용과 관계없이, 개인이나 특정 법인의 필요에 의해 사용되는 것으로 일반적인 여객수송이 불가능하기 때문에 제외되는 것이 당연하다.

---

37) 애초에 건설 주체가 수요자인 철도를 말한다.

> **▌ 철도산업발전기본법 제3조(정의)**
>
> 이 법에서 사용하는 용어의 정의는 다음 각호와 같다.
>
> 4. "철도차량"이라 함은 선로를 운행할 목적으로 제작된 동력차·객차·화차 및 특수차를 말한다.
>
> **▌ 철도사업법 제2조(정의)**
>
> 5. "전용철도"란 다른 사람의 수요에 따른 영업을 목적으로 하지 아니하고 자신의 수요에 따라 특수 목적을 수행하기 위하여 설치하거나 운영하는 철도를 말한다.

3) 여객자동차운수사업법상 노선여객자동차운송사업에 사용되는 승합자동차

> 여객자동차 운수사업법 시행령 제3조(여객자동차운송사업의 종류)[38][39]
> 법 제3조 제2항에 따라 같은 조 제1항 제1호 및 제2호에 따른 노선 여객자동차운송사업과 구역 여객자동차운송사업은 다음 각 호와 같이 세분한다.
> 1. 노선 여객자동차운송사업
>   라. 시외버스운송사업: 운행계통을 정하고 국토교통부령으로 정하는 자동차를 사용하여 여객을 운송하는 사업으로서 가목부터 다목까지의 사업에 속하지 아니하는 사업. 이 경우 국토교통부령이 정하는 바에 따라 고속형·직행형 및 일반형 등으로 그 운행형태를 구분한다.[40]

---

38) 기업이 위탁운영하는 통근버스의 경우 시외버스가 아닐 뿐더러 법문에서 요구하는 이용 대상의 '불특정성'도 충족되지 않으므로 공중교통수단에 해당되지 않는 이상 본 법률의 적용이 없다고 보인다.

39) 여객자동차 운수사업법 시행령 제3조 제1호 라목은 오직 '시외버스 운송사업'만을 적용대상으로 하고 있다. 이에 따르면 노선 버스의 경우 시내버스, 농어촌버스, 마을버스는 본법의 적용대상에서 제외된다(이근우, 중대재해기업처벌법안의 법리적 검토, 2021).

40) 본 법률의 적용대상으로 '시외버스'만을 규정한 불균형이 있다는 점은 법안심사과정에서도 논의된 바 있다(법제사법소위 제383회 1차 회의록 중 송기헌 의원과 법무부차관의 문답 부분).

4) 해운법상 여객선

> **▮ 해운법 제2조(정의)**
>
> 1의2. "여객선"이란 「선박안전법」 제2조 제10호에 따른 선박으로서 해양수산부령으로 정하는 선박을 말한다.
>
> 선박안전법 제2조(정의)
> 10. "여객선"이라 함은 13인 이상의 여객을 운송할 수 있는 선박을 말한다.
>
> 해운법 시행규칙 제1조의2(여객선)
> 「해운법」(이하 "법"이라 한다) 제2조 제1호의2에서 "해양수산부령으로 정하는 선박"이란 다음 각 호의 구분에 따른 선박을 말한다.
> 1. 여객 전용 여객선: 여객만을 운송하는 선박
> 2. 여객 및 화물 겸용 여객선: 여객 외에 화물을 함께 운송할 수 있는 선박으로서 다음 각 목과 같이 구분되는 선박
>   가. 일반카페리 여객선: 폐위(閉圍)된 차량구역에 차량을 육상교통 등에 이용되는 상태로 적재 · 운송할 수 있는 선박으로서 시속 25노트 미만으로 항행하는 여객선
>   나. 쾌속카페리 여객선: 폐위된 차량구역에 차량을 육상교통 등에 이용되는 상태로 적재 · 운송할 수 있는 선박으로서 시속 25노트 이상으로 항행하는 여객선
>   다. 차도선(車渡船)형 여객선: 차량을 육상교통 등에 이용되는 상태로 적재 · 운송할 수 있는 선박으로 차량구역이 폐위되지 아니한 여객선

5) 항공사업법상 항공운송사업에 사용되는 항공기

> **▮ 항공사업법 제2조(정의)**
>
> 7. "항공운송사업"이란 국내항공운송사업, 국제항공운송사업 및 소형항공운송사업을 말한다.
> 9. "국내항공운송사업"이란 타인의 수요에 맞추어 항공기를 사용하여 유상으로 여객이나 화물을 운송하는 사업으로서 국토교통부령으로 정하는 일정 규모 이상[41]의 항공기를 이용하여 다음 각 목의 어느 하나에 해당하는 운항을 하는 사업을 말한다.
>   가. 국내 정기편 운항: 국내공항과 국내공항 사이에 일정한 노선을 정하고 정기

적인 운항계획에 따라 운항하는 항공기 운항

    나. 국내 부정기편 운항: 국내에서 이루어지는 가목 외의 항공기 운항

11. "국제항공운송사업"이란 타인의 수요에 맞추어 항공기를 사용하여 유상으로 여객이나 화물을 운송하는 사업으로서 국토교통부령으로 정하는 일정 규모 이상[42]의 항공기를 이용하여 다음 각 목의 어느 하나에 해당하는 운항을 하는 사업을 말한다.

    가. 국제 정기편 운항: 국내공항과 외국공항 사이 또는 외국공항과 외국공항 사이에 일정한 노선을 정하고 정기적인 운항계획에 따라 운항하는 항공기 운항

    나. 국제 부정기편 운항: 국내공항과 외국공항 사이 또는 외국공항과 외국공항 사이에 이루어지는 가목 외의 항공기 운항

13. "소형항공운송사업"이란 타인의 수요에 맞추어 항공기를 사용하여 유상으로 여객이나 화물을 운송하는 사업으로서 국내항공운송사업 및 국제항공운송사업 외의 항공운송사업을 말한다.

6. 제조물

법 제2조(정의)

이 법에서 사용하는 용어의 뜻은 다음과 같다.

6. "제조물"이란 제조되거나 가공된 동산(다른 동산이나 부동산의 일부를 구성하는 경우를 포함한다)을 말한다.

제조물의 경우 '제조되거나 가공된 동산(다른 동산이나 부동산의 일부를 구성하는 경우를 포함한다)을 말한다'고 규정되어 있고 이는 제조물책임법상 규정

---

41) 항공사업법 시행규칙 제2조(국내항공운송사업 및 국제항공운송사업용 항공기의 규모)「항공사업법」(이하 "법"이라 한다) 제2조 제9호 각 목 외의 부분 및 같은 조 제11호 각 목 외의 부분에서 "국토교통부령으로 정하는 일정 규모 이상의 항공기"란 각각 다음 각 호의 요건을 모두 갖춘 항공기를 말한다.
  1. 여객을 운송하기 위한 사업의 경우 승객의 좌석 수가 51석 이상일 것
  2. 화물을 운송하기 위한 사업의 경우 최대이륙중량이 2만5천킬로그램을 초과할 것
  3. 조종실과 객실 또는 화물칸이 분리된 구조일 것
42) 국내의 경우와 동일

과 완전히 동일하다.

7. 종사자

법 제2조(정의)
이 법에서 사용하는 용어의 뜻은 다음과 같다.
7. "종사자"란 다음 각 목의 어느 하나에 해당하는 자를 말한다.
　가. 「근로기준법」상의 근로자
　나. 도급, 용역, 위탁 등 계약의 형식에 관계없이 그 사업의 수행을 위하여 대가
　　　를 목적으로 노무를 제공하는 자
　다. 사업이 여러 차례의 도급에 따라 행하여지는 경우에는 각 단계의 수급인 및
　　　수급인과 가목 또는 나목의 관계가 있는 자

가. 근로기준법상 근로자

▌ 근로기준법 제2조(정의)
① 이 법에서 사용하는 용어의 뜻은 다음과 같다.
1. "근로자"란 직업의 종류와 관계없이 임금을 목적으로 사업이나 사업장에 근로를
　 제공하는 사람을 말한다.

　근로기준법상 근로자는 임금을 목적으로 사업(사업장)에 근로를 제공하는 자를 말한다. 즉, '직업의 종류와 관계없이 임금을 목적으로 사업이나 사업장에 근로를 제공하는 자'를 말하고, 근로관계가 있는지 여부는 근로관계의 실질에 있어 근로자가 사업 또는 사업장에 임금을 목적으로 종속적인 관계에서 사용자에게 근로를 제공하였는지 여부에 따라 판단되고 있다.[43]

---

43) 대법원 1994. 12. 9. 선고 94다22859 판결

○ 대법원 1994. 12. 9. 선고 94다22859 판결 [배당이의][공1995.1.15.(984),448]

【판시사항】

근로기준법상의 근로자에 해당하는지 여부의 판단기준

【판결요지】

근로기준법상의 근로자에 해당하는지 여부를 판단함에 있어서는 그 계약의 형식이 민법상의 고용계약인지 또는 도급계약인지에 관계없이 그 실질에 있어 근로자가 사업 또는 사업장에 임금을 목적으로 종속적인 관계에서 사용자에게 근로를 제공하였는지 여부에 따라 판단하여야 할 것이고, 위에서 말하는 종속적인 관계가 있는지 여부를 판단함에 있어서는, 업무의 내용이 사용자에 의하여 정하여지고 취업규칙 또는 복무(인사)규정 등의 적용을 받으며 업무수행과정에 있어서도 사용자로부터 구체적, 개별적인 지휘·감독을 받는지 여부, 사용자에 의하여 근무시간과 근무장소가 지정되고 이에 구속을 받는지 여부, 근로자 스스로가 제3자를 고용하여 업무를 대행케 하는 등 업무의 대체성 유무, 비품, 원자재나 작업도구 등의 소유관계, 보수의 성격이 근로 자체의 대상적 성격이 있는지 여부와 기본급이나 고정급이 정하여져 있는지 여부 및 근로소득세의 원천징수 여부 등 보수에 관한 사항, 근로제공관계의 계속성과 사용자에의 전속성의 유무와 정도, 사회보장제도에 관한 법령 등 다른 법령에 의하여 근로자로서의 지위를 인정받는지 여부, 양 당사자의 경제·사회적 조건 등을 종합적으로 고려하여 판단하여야 할 것이다.

공무원도 임금을 목적으로 근로를 제공하는 사람으로서 근로기준법상 근로자임은 당연하므로 중대재해처벌법 제2조 제7호 가목의 종사자에 해당한다. 고용노동부도 같은 의견이다.[44][45]

---

44) 고용노동부, 중대재해처벌법 해설, 2021, 18
45) 공무원의 근로기본권 중 일부가 제한된다고 하여 근로자성 자체가 부정된다고 보기 어렵다. 헌법 제33조 제2항은 "공무원인 근로자"라고 명시하고 있는바 공무원의 근로자성은 인정된다고 보아야 한다.

나. 대가를 목적으로 노무를 제공하는 자 및 관계수급인의 근로자

> ▎ **산업안전보건법 제2조(정의)**
>
> 이 법에서 사용하는 용어의 뜻은 다음과 같다.
>
> 3. "근로자"란 「근로기준법」 제2조 제1항 제1호에 따른 근로자를 말한다.
>
> 4. "사업주"란 근로자를 사용하여 사업을 하는 자를 말한다.

1) 개정 산업안전보건법은 '산업재해'의 정의 규정에서 '노무를 제공하는 자'라는 개념을 도입하여 그 보호대상을 기존의 '근로기준법상 근로자'에 비해 그 외연을 확장한 바 있다.[46] 노동 현장에서 근로관계의 인정여부가 불확실한 경우가 많다는 현실을 고려하여 보호대상자를 널리 인정하기 위해 개정된 것이다.

본 법률상 종사자는 ① 근로기준법상 근로자를 비롯하여(제2조 제7호 가목), ② '계약의 형식에 관계없이'라는 문구를 사용함으로써 산업안전보건법상의 '노무를 제공하는 자', 특수형태근로종사자 및 배달종사자[47]를 포함함은 물론(제2조 제7호 나목), ③ 산업안전보건법상의 관계수급인[48]의 개념까지 포섭하여(제2조 제7호 다목) 사실상 현장에서 노무를 제공하는 자 모두를 본 법률의 적용대상으로 하고자 하는 취지로 이해된다. 고용노동부는 소속 근로자만이 아닌 사업 또는 사업장의 종사자 전체를 보호대상으로 한다는 입장이다.[49]

본 법률은 산업안전보건법 등과 달리 형사처벌의 대상자를 경영책임자까지 확대하고 있다는 점에서 이와 같이 종사자의 범위를 확장하는 것은 큰 의

---

46) 산업재해를 획기적으로 줄이고 안전하고 건강하게 일할 수 있는 여건을 조성하기 위하여 이 법의 보호대상을 다양한 고용형태의 노무제공자가 포함될 수 있도록 넓히고 … / 최근 변화된 노동력 사용실태에 맞게 법의 보호대상을 넓히려는 입법취지를 명확히 하기 위하여 … (2019. 1. 15. 전부개정 산업안전보건법 개정이유 중 일부)

47) 제78조(배달종사자에 대한 안전조치) 「이동통신단말장치 유통구조 개선에 관한 법률」 제2조 제4호에 따른 이동통신단말장치로 물건의 수거·배달 등을 중개하는 자는 그 중개를 통하여 「자동차관리법」 제3조 제1항 제5호에 따른 이륜자동차로 물건을 수거·배달 등을 하는 사람의 산업재해 예방을 위하여 필요한 안전조치 및 보건조치를 하여야 한다.

48) 산업안전보건법 제2조 9. '관계수급인'이란 도급이 여러 단계에 걸쳐 체결된 경우에 각 단계별로 도급받은 사업주 전부를 말한다.

49) 고용노동부, 중대재해처벌법 시행령 제정안 주요내용 설명자료, 2021, 5

미가 있다. 예를 들어 건설업의 경우 각 하수급업체(협력업체)의 근로자 사망시 과거에는 산업안전보건법만 적용되었고, 이에 따라 원청의 경영책임자가 그 사망에 대한 형사책임을 지는 예는 찾을 수 없었다.

위와 같은 경우 본 법률이 당연히 적용될 것이고, 이에 따라 원청의 경영책임자가 직접 형사책임에 직면할 수밖에 없으므로 향후 원청은 사업장 등에서의 안전의무 이행에 관심을 둘 수밖에 없다.

한편, 산업안전보건법상으로는 사업주 또는 도급사업주가 안전조치 및 보건조치를 미이행하여 사망의 결과가 발생한 경우 사업주 또는 도급사업주가 형사처벌의 대상이 되려면, 사상의 결과는 '근로자'에게 발생하여야 한다. 산업안전보건법은 '근로자'를 사망에 이르게 한 자에 대한 형사처벌을 예정하고 있기 때문이다.[50)]

2) 본 법률의 '종사자'는 계약의 형식과 관계가 없으므로 ① '종사자'는 계약의 형식과 관계없이 사업의 수행을 위해 대가를 목적으로 노무를 제공하는 자이고(특수형태근로종사자인 경우에도 종사자에 당연 포함된다고 해석됨), 따라서 ② 사업주 또는 경영책임자등은 실질적으로 지배·운영·관리하는 사업 또는 사업장에서 '종사자'의 안전·보건상 유해 또는 위험을 방지하기 위하여 그 사업 또는 사업장의 특성 및 규모 등을 고려하여 각 호에 따른 조치를 하여야 하며, ③ 조치를 하지 않아 중대산업재해(사망자 1명 이상 발생 등)가 발생한 경우 ④ 사업주 또는 경영책임자등은 형사처벌 대상이 된다.

■ **산업안전보건법 제77조(특수형태근로종사자에 대한 안전조치 및 보건조치 등)**

① 계약의 형식에 관계없이 근로자와 유사하게 노무를 제공하여 업무상의 재해로부터 보호할 필요가 있음에도 근로기준법 등이 적용되지 아니하는 자로서 다음 각 호의 요건을 모두 충족하는 사람의 노무를 제공받는 자는 특수형태근로종사자의 산업재해 예방을 위하여 필요한 안전조치 및 보건조치를 하여야 한다.
1. 대통령령으로 정하는 직종에 종사할 것
2. 주로 하나의 사업에 노무를 상시적으로 제공하고 보수를 받아 생활할 것

---

50) 산업안전보건법 제167조(벌칙) ① 제38조 제1항부터 제3항까지, 제39조 제1항 또는 제63조를 위반하여 '근로자'를 사망에 이르게 한 자는 7년 이하의 징역 또는 1억원 이하의 벌금에 처한다.

3. 노무를 제공할 때 타인을 사용하지 아니할 것

산업안전보건법 시행령 제67조(특수형태근로종사자의 범위 등)

법 제77조 제1항 제1호에 따른 요건을 충족하는 사람은 다음 각 호의 어느 하나에 해당하는 사람으로 한다.

1. 보험을 모집하는 사람으로서 다음 각 목의 어느 하나에 해당하는 사람

　가. 「보험업법」 제83조 제1항 제1호에 따른 **보험설계사**

　나. 「우체국예금 · 보험에 관한 법률」에 따른 **우체국보험의 모집을 전업(專業)으로 하는 사람**

2. 「건설기계관리법」 제3조 제1항에 따라 **등록된 건설기계를 직접 운전하는 사람**

3. 「통계법」 제22조에 따라 통계청장이 고시하는 직업에 관한 표준분류(이하 "한국표준직업분류표"라 한다)의 세세분류에 따른 **학습지 교사**

4. 「체육시설의 설치 · 이용에 관한 법률」 제7조에 따라 직장체육시설로 설치된 골프장 또는 같은 법 제19조에 따라 체육시설업의 등록을 한 골프장에서 골프경기를 보조하는 **골프장 캐디**

5. 한국표준직업분류표의 세분류에 따른 **택배원**으로서 택배사업(소화물을 집화 · 수송 과정을 거쳐 배송하는 사업을 말한다)에서 집화 또는 배송 업무를 하는 사람

6. 한국표준직업분류표의 세분류에 따른 택배원으로서 고용노동부장관이 정하는 기준에 따라 주로 하나의 **퀵서비스업자**로부터 업무를 의뢰받아 배송 업무를 하는 사람

7. 「대부업 등의 등록 및 금융이용자 보호에 관한 법률」 제3조 제1항 단서에 따른 **대출모집인**

8. 「여신전문금융업법」 제14조의2제1항제2호에 따른 **신용카드회원 모집인**

9. 고용노동부장관이 정하는 기준에 따라 주로 하나의 대리운전업자로부터 업무를 의뢰받아 **대리운전 업무**를 하는 사람

10. 「방문판매 등에 관한 법률」 제2조제2호 또는 제8호의 방문판매원이나 후원방문판매원으로서 고용노동부장관이 정하는 기준에 따라 상시적으로 방문판매업무를 하는 사람

11. 한국표준직업분류표의 세세분류에 따른 대여 제품 방문점검원

12. 한국표준직업분류표의 세분류에 따른 가전제품 설치 및 수리원으로서 가전제품을 배송, 설치 및 시운전하여 작동상태를 확인하는 사람

13. 「화물자동차 운수사업법」에 따른 화물차주로서 다음 각 목의 어느 하나에 해당하는 사람

> 가. 「자동차관리법」 제3조제1항제4호의 특수자동차로 수출입 컨테이너를 운송하는 사람
> 나. 「자동차관리법」 제3조제1항제4호의 특수자동차로 시멘트를 운송하는 사람
> 다. 「자동차관리법」 제2조제1호 본문의 피견인자동차나 「자동차관리법」 제3조제1항제3호의 일반형 화물자동차로 철강재를 운송하는 사람
> 라. 「자동차관리법」 제3조제1항제3호의 일반형 화물자동차나 특수용도형 화물자동차로 「물류정책기본법」 제29조제1항 각 호의 위험물질을 운송하는 사람
> 14. 「소프트웨어 진흥법」에 따른 소프트웨어사업에서 노무를 제공하는 소프트웨어 기술자

8. 사업주

> **제2조(정의)**
> 이 법에서 사용하는 용어의 뜻은 다음과 같다.
> 8. "사업주"란 자신의 사업을 영위하는 자, 타인의 노무를 제공받아 사업을 하는 자를 말한다.

사업주 개념과 관련하여, 본 법률은 '자신의 사업을 영위하는 자, 타인의 노무를 제공받아 사업을 하는 자'로, 산업안전보건법은 단순히 '근로자를 사용하여 사업을 하는 자'로, 근로기준법은 사용자를 '사업주51) 또는 사업 경영 담당자,52) 그 밖에 근로자에 관한 사항에 대하여 사업주를 위하여 행위하는 자'53)로 각각 규정하고 있다.

---

51) 근로자를 사용하여 사업을 하는 자로, 자기 이름으로 사업을 하는 자를 말하고 주주 또는 소유자와 구별되는 개념이며 회사 등 법인사업의 경우 법인 그 자체가 사업주 그 자체를 의미한다(임종률, 노동법, 제16판, 42).

52) 사업경영 일반에 관하여 책임을 지는 자로서 사업주로부터 사업경영의 전부 또는 일부에 대하여 포괄적인 위임을 받고 대외적으로 사업을 대표하거나 대리하는 자를 말한다(대법원 2006. 5. 11. 선고 2005도8364 판결).

53) 근로자의 인사, 급여, 후생, 노무관리 등 근로조건의 결정 또는 업무상의 명령이나 지휘감독을 하는 등의 사항에 대하여 사업주로부터 일정한 권한과 책임을 부여받은 자를 말한다(위 대법원 2005도8364 판결).

즉, 본 법률은 단순히 노무를 제공받는 자에 해당하기만 하면 사업주에 해당된다고 보아 사업주 개념을 상당히 넓게 정의하고 있다.[54] 특수고용형태근로자도 노무를 제공하는 자이기 때문에, 해당 근로자의 노무를 제공받는 자는 본 법률상 사업주에 해당된다고 보인다.

■ 의정부지방법원 2016. 8. 25. 선고 2016노422 판결 [업무상과실치사·업무상 과실치상·산업안전보건법위반]

앞서 본 판례의 법리와 산업안전보건법 제5조 제1항 제2호에서 '쾌적한 작업환경을 조성하고 근로조건을 개선할 것'을 사업주의 의무로 정하고 있는 점 등 위 법의 전체적인 체계 등에 비추어 보면, 여기에서의 사업주는 원심이 설시한 바 대로 '사업장을 직접 지배·관리하면서 운영하는 사업주', 즉 사업장에서 이루어지는 작업의 전체적인 진행과정을 총괄하고 조율하며, 작업환경과 근로조건을 결정할 수 있는 능력이나 의무가 있는 사업주에 한한다고 할 것이다.

---

9. 경영책임자등

제2조(정의)

이 법에서 사용하는 용어의 뜻은 다음과 같다.

9. "경영책임자등"이란 다음 각 목의 어느 하나에 해당하는 자를 말한다.

　가. 사업을 대표하고 사업을 총괄하는 권한과 책임이 있는 사람 또는 이에 준하여 안전보건에 관한 업무를 담당하는 사람

　나. 중앙행정기관의 장, 지방자치단체의 장, 「지방공기업법」에 따른 지방공기업의 장, 「공공기관의 운영에 관한 법률」 제4조부터 제6조까지의 규정에 따라 지정된 공공기관의 장

---

54) 고용노동부 역시 본 법률에서 규정하는 사업주는 근로자를 사용하여 사업을 하는 자로 한정하고 있는 산업안전보건법에 따른 사업주보다 넓은 개념이라고 보고 있다(고용노동부, 중대재해처벌법 해설, 2021, 20).

가. 개념

경영책임자 개념의 경우, 기존 산업안전보건법상 안전보건관리책임자 개념과 달리 '사업을 대표하고 사업을 총괄하는 권한과 책임이 있는 자'임을 볼 때 현장소장 내지 안전보건관리책임자가 아닌 '대표이사' 또는 최소한 그 사업에 대해 대표성을 지닌 이사를 지칭한다고 보아야 한다. 이는 구체적인 입법 경위 내지 취지에 비추어 보았을 때에도 명백하다. '이에 준하여 안전보건에 관한 업무를 담당하는 사람'은 안전보건에 관한 업무를 담당한다고 볼 수 있는 정도의 권한과 지위를 가진 자로 해석된다.[55]

본 규정은 대표자 '또는' 이에 준하는 자로 규정되어 있어 대표이사나 그에 준하는 이사가 반드시 처벌대상이 되는 것은 아니라고 보인다. 이에 관해 법안심사 과정에서 '또는'으로 할지 '및'으로 할지에 대한 상당한 대립이 있었으나 '또는'으로 정리되었다.

이와 관련하여 고용노동부는 '또는은 선택적 관계를 규정한 것이 아니므로 대표이사의 권한을 위임받아 안전보건에 관한 업무를 담당하는 사람이 있더라도 대표이사의 책임이 면책되는 것은 아니고, 실질적으로 이 법상 안전 및 보건 확보의무를 이행할 책임이 있는 사람이 누구인지를 개별적으로 판단하여 최종적으로 적용될 것이다'라는 입장이나[56] 다소 받아들이기 어려운 해석이다. 실질적으로 안전 및 보건 확보의무를 이행할 책임이 있는 자가 대표이사가 아닌 대표이사에 준하는 자인 경우에는 대표이사의 책임이 면책되어야 한다. 이는 이하의 입법과정상의 논의에 비추어 당연하다. 물론 대표이사와 이에 준하는 자 모두에게 책임이 있다고 볼 경우에는 양자 모두 본 법률 위반으로 처벌대상이 될 수도 있다.

---

1) 그러니까 '또는'으로 이렇게 열어놔 줘야만 현재 현실 상황에 맞지 이런 식으로 해 놓으면 자칫 무슨 이쪽 파트 경영책임자, 이사 및 아무것도 모르는 총괄, 무슨 회장, 경영책임자 같이 묶어 가지고 공동책임을 무조건 지운다는 오심이, 오해가 있을 수 있다. 그래서 '또는'으로 열어 놓고 공범관계가 되면 묶어 버리는 거고, 안

---

55) 법무부는 안전보건에 관한 최종 책임자를 의미한다고 보고 있다(법제사법위원회 소위 제383회 3차 회의록 중 법무부차관 발언 부분, 15).
56) 고용노동부, 중대재해처벌법 시행령 제정안 주요내용 설명자료, 2021, 12

> 되면 최종 책임을 지우고 이렇게 열어 놔야…57)
>
> 2) … 그래서 대표이사가 항상 들어갔으면 좋겠다는 것이고 그래서 아까 송기헌 위원님 말씀대로 뒤의 의무를 먼저 보시고 그 의무가 '아, 이건 대표이사가 해야 되는 의무구나, 이런 의무는 필요하구나' 생각하시면 그것을 '및'으로 해 주시면 안 되겠냐 이거에요. '또는'이 아니라.58)

결국 당해 사건발생의 경위와 그 결과의 경중 등 개별적인 사정에 따라 피의자 또는 피고인이 '대표이사'가 될 것인지, 아니면 소위 '안전담당이사'가 될 것인지, 아니면 공범관계가 인정되어 양자 모두 대상이 될 것인지가 결정이 될 것으로 보인다.

다만 현장소장의 경우 기존 산업안전보건법상 '안전보건관리총괄책임자'로도 처벌이 가능했던 점, 위와 같은 처벌이 안전·보건에 관한 경각심을 제고하기에 부족하다는 점을 이유로 본 법률이 제정된 것임에 비추어, 여론의 집중을 받을 만한 대형사고 발생시 본 법률 적용에 의해 대표이사가 피의자 또는 피고인이 되는 것을 막기는 어려울 것으로 예상된다.

나. 사업을 대표하고 사업을 총괄하는 권한과 책임이 있는 사람

대내적 권한은 물론 대외적으로도 대표권이 있는 자를 말한다. 상법상 주식회사의 경우 등기된 대표이사를 의미할 것이나 등기부 기재와 같은 형식적 요건에 구애될 것이 아니라 사업을 대표할 실질적인 권한이 있는지 여부가 중요하다. 그러한 권한이 있어야 본 법률에 따른 의무를 이행할 수 있고 따라서 그 의무 위반시 책임을 물을 수 있기 때문이다.

고용노동부도 '대내적으로 사업 운영을 총괄·집행하고 대외적으로 해당 사업을 대표하는 사람으로 기업의 대표이사, 단체 등의 이사장, 기관장 등을 의미하며 직위의 형식적인 명칭에 구애되는 것이 아니라, 사업 운영에 대한 실질적인 권한과 책임이 부여된 사람'을 의미한다는 입장이다.59)

---

57) 법제사법위원회 소위 제383회 2차 회의록 중 김도읍 위원 발언 부분, 58
58) 법제사법위원회 소위 제383회 3차 회의록 중 박주민 의원 발언 부분, 16

다. 이에 준하여 안전보건에 관한 업무를 담당하는 사람

'이에 준하여 안전보건에 관한 업무를 담당하는 사람'이란 안전보건에 관한 업무를 대표하고 총괄하는 권한과 책임이 있는 자를 의미한다. CSO라는 최고 안전책임자가 그러한 역할을 할 수 있는데, 단순히 책임자라는 직위를 가진 것이 아니라 실질적으로 '안전보건 업무에 관한 한' 대표이사의 권한과 동일한 수준으로 예산 및 인력을 자율적으로 확보하고 활용할 수 있어야 한다.

고용노동부는 '안전보건 업무를 전담하는 최고책임자라 하더라도 사업 경영대표자등으로부터 사업 또는 사업장 전반의 안전·보건에 관한 조직, 인력, 예산에 관한 총괄 관리 및 최종 의사결정권을 위임받은 경우로 평가될 수 있는 경우가 아니라면 이에 해당하지 않는다'고 보면서,[60] '대표이사 등에 준하여 안전 및 보건에 관한 예산·조직·인력 등 안전보건체계 구축 등에 전적인 권한과 책임을 가지는 등 안전 및 보건 의무 이행에 최종적인 의사결정권을 가진 사람으로 안전보건담당 임원, 생산담당 대표 등을 예로 들 수 있으며 기업이 여러 사업장(공장, 건설현장 등)을 운영하는 경우, 단일 사업장의 안전 및 보건관리만을 책임지는 사람은 이 법의 경영책임자로 해석하기 어렵다'는 입장이다.[61] 이는 산업안전보건법과의 구별을 위한 당연한 해석이다.

위와 같은 자가 존재하는 경우 경영대표자등의 형사책임이 면제될 수 있는가의 문제는 '경영책임자등'에 대한 개념 설명 부분에서 전술한 바와 같다.

라. 중앙행정기관·지방자치단체·지방공기업·공공기관의 장

각 기관·지자체·단체의 장을 의미한다. 고용노동부는 '정부조직법에 따른 행정기관의 장'을 의미한다고 보면서 이에 해당하지 않는 법원과 같은 헌법기관의 경우에는 '사업을 대표하고 사업을 총괄하는 권한과 책임이 있는 사람'이 누구인지 여부에 따라 판단한다고 해석하고 있다.[62]

---

59) 고용노동부, 중대재해처벌법 시행령 제정안 주요내용 설명자료, 2021, 12
60) 고용노동부, 중대재해처벌법 해설, 2021, 22
61) 고용노동부, 중대재해처벌법 시행령 제정안 주요내용 설명자료, 2021, 12
62) 고용노동부, 중대재해처벌법 해설, 2021, 27

제2장 중대산업재해

제1절 적용범위

제3조 적용범위

> **법 제3조(적용범위)**
> 상시근로자가 5명 미만인 사업 또는 사업장의 사업주(개인사업주에 한정한다. 이하 같다) 또는 경영책임자등에게는 이 장의 규정을 적용하지 아니한다.

1. 상시근로자 수

1) 상시근로자수 산정방법에 대해서는 본 법률은 별도의 규정을 두고 있지 않다. 하위 법령에서 업종별 별도 기준을 제시하지 않는다면 근로기준법상 규정에 따라 판단될 여지가 높다.

> **■ 근로기준법 시행령 제7조의2(상시 사용하는 근로자수의 산정 방법)**
>
> ① 법 제11조 제3항에 따른 "상시 5인 이상의 근로자수"는 해당 사업 또는 사업장에서 법 적용 사유 발생일 전 1개월 동안 사용한 근로자의 연인원을 같은 기간 중의 가동 일수로 나누어 산정한다.

상시근로자수에는 파견근로자를 제외한 기간제, 단시간근로자, 일용직근로자, 아르바이트 등 고용형태를 불문 모두 산입되며,[63] 건설업의 경우 연인원 산출시

---

[63] 근로기준법 시행령 제7조의2 제4항
  제1항의 연인원에는 「파견근로자보호 등에 관한 법률」 제2조 제5호에 따른 파견근로자를 제외한 다음 각 호의 근로자 모두를 포함한다. <개정 2018. 6. 29.>

모든 건설공사 현장 전체를 하나의 사업으로 보고 각 현장에 투입된 근로자를 합산하여 근로자수를 산정할 수도 있으나,[64][65][66] 현장별로 판단될 여지도 있다. 이 부분에 대해서는 중대재해 사고 발생에서 건설업 분야의 사고가 차지하는 비중을 고려해 보았을 때 하위법령에서 개별적으로 규정될 필요가 있다.

○ **대법원 1987. 7. 21. 선고 87다카831 판결**

근로기준법상 '상시 5인 이상의 근로자를 사용하는 사업 또는 사업장'은 당시 근무하는 근로자의 수가 5인 이상인 사업 또는 사업장을 뜻하는 것이 아니라 사용하는 근로자의 수가 상시 5인 이상인 사업 또는 사업장을 뜻하는 것임이 법문의 문리상 명백하고 그 경우 <u>상시라 함은 상태라고 하는 의미로 해석하여야 할 것이므로 근로자의 수가 때때로 5인 미만이 되는 경우가 있어도 상태적으로 보아 5인 이상이 되는 경우에는 이에 해당한다</u> 할 것이고 이 경우 근로자라 함은 근로기준법 제14조에 규정된 근로자로서 당해 사업장에 계속 근무하는 근로자뿐만 아니라 그때그때의 필요에 의하여 사용하는 일용근로자를 포함한다고 보지 않을 수 없다.

▌ **고용노동부 질의회시 산안 68322-435, 2000. 5. 25.**

상시근로자라 함은 일정기간 내의 고용자 연인원수를 일정기간 내의 사업장 가동일수로 나누어 얻어지는 수를 의미하는 바, 건설업의 경우와 같이 상시근로자 수가 수시로 변하는 사업장의 경우 상시근로자수 산정을 위한 "일정기간 내"의 의미는 당해 사업장의 사업시작일부터 재해발생일까지로 보는 것이 타당함.

---

1. 해당 사업 또는 사업장에서 사용하는 통상 근로자, 「기간제 및 단시간근로자 보호 등에 관한 법률」 제2조 제1호에 따른 기간제근로자, 단시간근로자 등 고용형태를 불문하고 하나의 사업 또는 사업장에서 근로하는 모든 근로자
2. 해당 사업 또는 사업장에 동거하는 친족과 함께 제1호에 해당하는 근로자가 1명이라도 있으면 동거하는 친족인 근로자

64) 김재정, '상시근로자수 산정 방법', 전문건설신문, 2019, https://www.koscaj.com/news/articleView.html?idxno=206235
65) 건설업의 경우 근로기준법 시행령 부칙 제2조에서 상시근로자수 산정 방법에 관한 특례가 규정되어 있으나, 해당 부칙 규정은 '근로시간'에 관한 적용시의 특례여서 본 법률의 해당 규정에는 적용되지 않을 수 있다.
66) 개정법 부칙 제5조의2의 규정 관련하여, '법 제50조의 규정에 의한 근로시간 및 관련 규정(주당근로시간, 연장근로수당, 탄력근로제, 선택적 근로시간제)에 대하여만 적용됨을 유의' (근로기준과-877, 2008. 6. 30)

2) 상시근로자 5명 미만인 경우 본 법률 제2장의 적용을 배제한다는 조항은 근로기준법의 영향을 받은 것으로 보이며, 헌법재판소는 근로기준법의 전면적인 적용대상을 5인 이상의 근로자를 사용하는 사업장에 한정하고 있는 근로기준법 조항이 평등원칙에 위반되는지 여부에 대해 합헌결정을 한 바 있다. 본 법률의 경우에도 적용될 수 있는 결정으로 보인다.

2. 사업주

1) 본 법률 제2조는 사업주의 의미를 '자신의 사업을 영위하는 자, 타인의 노무를 제공받아 사업을 하는 자'라고 폭넓게 정의하여 법인인 사업주, 개인

---

67) 신인재, 산업안전보건법해설, 신판, 2020, 46－47
68) 해당 연도의 노무비율과 건설업 월 평균임금은 매년 노동부장관이 고시함
69) 총공사계약금액＝연간공사실적액

사업주 등이 모두 포괄되도록 하였다. 그런데 본조는 '상시근로자 5명 미만의 개인사업주'에게는 '제2장'의 규정을 적용하지 않는다고 규정하여 그 범위를 일부 제한하였다.

> 소상공인과 학교, 5인 미만 사업주 등은 법의 적용에서 배제하되 원청의 책임을 여전히 물을 수 있게 함으로써 영세소상공인 등에 대한 과도한 처벌은 없애고 법의 취지와 목적은 살렸습니다.[70)]

즉, '5인 미만의 개인사업주'가 본 법률의 적용이 전면 배제된 것이 아니라, 제2장 중대산업재해의 경우에만 배제된 것이다. 따라서 ① 법인사업주인 경우 및 ② 상시근로자수가 5명 이상인 개인사업주의 경우에는 본 법률이 전부 적용되고, ③ 상시근로자수가 5명 미만인 개인사업주는 본 법률 제2장의 적용만 배제된다.

> 1) 5인 미만 사업장이 중대산업재해에서 제외된 것을 두고 문제제기를 많이 합니다. 먼저 5인 미만 사업장이 중대산업재해에서 제외된 것을 정확하게 말씀드린다면 중대산업재해에서 제외된 것은 아닙니다. 단지 5인 미만 사업장의 사업주가 경영책임자로서의 처벌을 받지 않을 뿐입니다. 5인 미만 사업장의 사업주는 산업안전보건법으로 처벌을 받고 원청에 해당되는 경영책임자는 이 중대재해법의 처벌을 받게 됩니다. 그렇기 때문에 5인 미만 사업장이 이 중대재해법에서 완전히 적용이 배제된 것처럼 말씀들 하시는 것은 잘못된 주장입니다.
>
> 2) 그리고 5인 미만 사업장이 배제됐기 때문에 정부 지원에서 소외된다고 말씀들을 하십니다. 그것도 잘못된 주장입니다. 법을 보시면 제2장 중대산업재해 파트에 5인 미만 사업장의 사업주가 단지 빠지는 것으로 되어 있습니다. 정부 지원은 보칙에 규정되어 있고 그 규정은 모든 이 법 전체를 관통하고 있습니다. 그렇기 때문에 5인 미만의 사업장도 정부 지원에서 배제되는 것이 아니라는 것을 명확하게 말씀드립니다.[71)]

---

70) 제383회 국회 본회의 제2호 회의록 중 백혜련 의원 발언 부분, 43-44
71) 위 회의록 중 백혜련 의원 발언 부분, 44

2) 정의규정의 사업주 개념에서 전술한 바와 같이, 사업주는 현장과 작업 전체에 대한 지배를 전제로 하는 개념이고, 지배의 핵심은 통제권한의 보유인 바 이하의 판례를 참조하여 사업주의 의미를 조금 더 추론해 볼 수 있다.

▌의정부지방법원 2016. 8. 25. 선고 2016노422 판결 [업무상과실치사·업무상과실치상·산업안전보건법위반]

〈요지〉 산업안전보건법상 안전·보건조치의무를 부담하는 사업주는 '사업을 직접 지배·관리하면서 운영하는 사업주, 즉 사업장에서 이루어지는 작업의 전체적인 진행과정 총괄·조율하며 작업환경과 근로조건을 결정할 수 있는 능력·의무가 있는 사업주를 의미함

산업안전보건법 제23조는 사업주에 대하여 안전조치 의무를, 제24조는 사업주에 대하여 보건조치 의무를 각 부과하는 규정으로, 그 문언상의 차이에도 불구하고 산업안전보건법의 목적과 체계에 비추어 각 법 조항의 '사업주'는 동일한 의미로 해석함이 상당하다. 그리고 앞서 본 판례의 법리와 산업안전보건법 제5조 제1항 제2호에서 '쾌적한 작업환경을 조성하고 근로조건을 개선할 것'을 사업주의 의무로 정하고 있는 점 등 위 법의 전체적인 체계 등에 비추어 보면, **여기에서의 사업주는 원심이 설시한바 대로 '사업장을 직접 지배·관리하면서 운영하는 사업주', 즉 <u>사업장에서 이루어지는 작업의 전체적인 진행과정을 총괄하고 조율하며, 작업환경과 근로조건을 결정할 수 있는 능력이나 의무가 있는 사업주에 한한다</u>고 할 것이다.**

---

3. 사업 또는 사업장

본 법률은 '사업 또는 사업장'의 의미를 직접 규정하고 있지 않는데, 그 취지나 유사성 등에 비추어 산업안전보건법상 사업 또는 사업장의 의미에 대한 이하의 고용노동부 해석을 참조할 수 있다.

■ 고용노동부 질의회시 산재예방정책과-4065, 2012. 7. 30.

〈요지〉 하나의 사업장인지 여부는 업무의 성격에 따라 결정할 것으로 장소적, 물리적 동일성 여부만으로 결정할 것은 아님

주로 장소적 관념에 따라 결정해야 할 것으로 동일한 장소에 있으면 원칙적으로 분리하지 않고 하나의 사업장으로 보며, 장소적으로 분산되어 있는 경우에는 원칙적으로 별개의 사업장으로 보아야 할 것이나, 동일한 장소에 있더라도 현저하게 근로의 양태가 다른 부문이 있고 그러한 부문이 주된 부문과 비교하여 노무관리 등이 명확하게 구분되고, 주된 부문과 분리하여 취급함으로써 산업안전보건법이 보다 적절하게 운용될 수 있는 경우에는 그러한 부문을 독립된 사업장으로 보아야 하며, 장소적으로 분산되어 있더라도 출장소, 사업소, 지점 등이 업무처리 능력 등을 감안할 때 하나의 사업장이라고 말할 정도의 독립성이 없으면 직근 상위조직과 일괄하여 하나의 사업장으로 보아야 한다.

또한 산업재해보상보험법상 사업 또는 사업장의 의미에 대해서 '일정한 장소를 바탕으로 유기적으로 단일하게 조직되어 계속적으로 행하는 경제적 활동단위를 가리키는 것이다'라는 법원의 판시사항을 참조할 수 있다.

○ 대법원 2015. 3. 12. 선고 2012두5176 판결 [산재보험료부과처분취소소송등]

〈요지〉 사업 또는 사업장이란 일정한 장소를 바탕으로 유기적으로 단일하게 조직되어 계속적으로 행하는 경제적 활동 단위를 말함

1) 산업재해보상보험관계의 적용단위가 되는 구 산업재해보상보험법(2007. 4. 11. 법률 제8373호로 전부 개정되기 전의 것) 제5조 및 산업재해보상보험법 제6조 소정의 '사업 또는 사업장'이라 함은 일정한 장소를 바탕으로 유기적으로 단일하게 조직되어 계속적으로 행하는 경제적 활동단위를 가리키는 것이다. 따라서 장소적 분리 여부는 산업재해보상보험관계 적용단위로서의 독립한 '사업 또는 사업장'에 해당하는지를 판단하는 우선적인 기준이라 할 것이다.

2) 다만 사업에 수반되는 업무상 재해의 위험 정도에 따라 사업주 간 보험료 부담이 공평하여야 하는 산업재해보상보험제도 고유의 특수성과 법의 취지를 고려하면, 비록 장소적으로 분리된 복수의 경제적 활동단위가 존재한다고 하더라도 이를 동

일한 사업주가 운영하는 경우에는 각 조직의 규모, 업무의 내용 및 처리방식 등을 종합하여 각 단위별 경제활동의 내용이 보험가입자의 최종적 사업목적을 위하여 유기적으로 결합되어 있는지, 장소적 분리가 독립된 별개의 '사업 또는 사업장'을 두어야 할 업무상 필요성에서 기인한 것인지, 각 경제적 활동단위가 전체적으로 재해발생의 위험도를 공유한다고 볼 수 있는지 여부 등을 추가적으로 고려하여 독립한 '사업 또는 사업장'에 해당하는지 여부를 판단하여야 한다.

제2절 안전 및 보건 확보의무

제4조 사업주와 경영책임자등의 안전 및 보건 확보의무

제4조(사업주와 경영책임자등의 안전 및 보건 확보의무)

① 사업주 또는 경영책임자등은 사업주나 법인 또는 기관이 실질적으로 지배·운영·관리하는 사업 또는 사업장에서 종사자의 안전·보건상 유해 또는 위험을 방지하기 위하여 그 사업 또는 사업장의 특성 및 규모 등을 고려하여 다음 각 호에 따른 조치를 하여야 한다.

1. 재해예방에 필요한 인력 및 예산 등 안전보건관리체계의 구축 및 그 이행에 관한 조치
2. 재해 발생 시 재발방지 대책의 수립 및 그 이행에 관한 조치
3. 중앙행정기관·지방자치단체가 관계 법령에 따라 개선, 시정 등을 명한 사항의 이행에 관한 조치
4. 안전·보건 관계 법령에 따른 의무이행에 필요한 관리상의 조치

② 제1항 제1호·제4호의 조치에 관한 구체적인 사항은 대통령령으로 정한다.

1. 실질적으로 지배·운영·관리하는 사업 또는 사업장

가. 개념 정의

본 법률은 '실질적으로 지배·운영·관리하는 사업 또는 사업장'의 의미에 대해 구체적으로 규정하고 있지 않다. 그러나, 본 법률에 따라 경영책임자등에게 책임이 인정되는 범위는 위 장소에 국한되기 때문에 이에 대한 개념 정의는 매우 중요하다.

고용노동부는 '실질적으로 지배·운영·관리하는 책임이 있는 경우'란, '사업주가 해당 장소, 시설·설비 등에 대하여 소유권, 임차권 등 실질적인 지배관리권을 가지고 있어 해당 장소 등의 유해·위험요인을 인지·파악하여 유해·위험요인 제거 등을 통제할 수 있는 경우를 의미한다'라고 해석하며 특히

사업장뿐 아니라 사업장 밖이라도 사업주가 지정·제공하는 등 실질적으로 지배·관리하는 장소는 모두 포함된다고 하여 상당히 넓게 해석하는 입장이다.[72]

다만 기본적으로 지배·운영·관리는 '통제가능성'을 전제로 하는 개념인 바, 장소적 거리, 근무 인원의 규모, 통제 조직의 구성 여부, 근로 장소의 제공 여부, 위험요소의 제거가능성 등을 고려해 사안마다 개별적으로 판단될 수밖에 없다. 단 '통제가능성 여부만으로 안전·보건조치의무가 없는 것은 아니다'라는 이하의 대법원 판결도 고려할 만하다.

○ 대법원 2020. 4. 9. 선고 2016도14559 판결 [산업안전보건법위반]

〈요지〉 사업주가 고용한 근로자가 타인의 사업장에서 근로를 제공하는 경우 그 작업장은 사업주가 직접 관리·통제하고 있지 않는다는 사정만으로 사업주의 재해발생 방지의무가 없는 것은 아님

원심 판단

구 산업안전보건법(2019. 1. 15. 법률 제16272호로 전부 개정되기 전의 것, 이하 '법'이라고 한다)의 전체적인 체계 등에 비추어 볼 때, 법 제24조 제1항의 '사업주'는 '사업장을 직접 지배·관리하면서 운영하는 사업주', 즉 사업장에서 이루어지는 작업의 전체적인 진행과정을 총괄하고 조율하며, 작업환경과 근로조건을 결정할 수 있는 능력이나 의무가 있는 사업주에 한한다. 그런데 다음과 같은 사정들에 비추어 보면, 피고인 주식회사 C(이하 '피고인 C'라고 한다), 피고인 주식회사 D(이하 '피고인 D'이라고 하고, 피고인 C, 피고인 D을 통틀어 '피고인 회사들'이라고 한다)은 위와 같은 '사업주'에 해당하지 아니한다.

대법원 판단

1) 사업주가 고용한 근로자가 타인의 사업장에서 근로를 제공하는 경우 그 작업장을 사업주가 직접 관리·통제하고 있지 아니한다는 사정만으로 사업주의 재해발생 방지의무가 당연히 부정되는 것은 아니다. 타인의 사업장 내 작업장이 밀폐공간이어서 재해발생의 위험이 있다면 사업주는 당해 근로관계가 근로자파견관계에 해당한다는 등의 특별한 사정이 없는 한 법 제24조 제1항 제1호에 따라 근로자의 건

---

72) 고용노동부, 중대재해처벌법 시행령 제정안 주요내용 설명자료, 2021, 12

강장해를 예방하는 데 필요한 조치를 취할 의무가 있다. 따라서 사업주가 근로자의 건강장해를 예방하기 위하여 법 제24조 제1항에 규정된 조치를 취하지 아니한 채 타인의 사업장에서 작업을 하도록 지시하거나 그 보건조치가 취해지지 아니한 상태에서 위 작업이 이루어지고 있다는 사정을 알면서도 이를 방치하는 등 위 규정 위반행위가 사업주에 의하여 이루어졌다고 인정되는 경우에는 법 제66조의2, 제24조 제1항의 위반죄가 성립한다.

원심판결 이유와 적법하게 채택된 증거에 의하면, 이 사건에서 작업자들은 법 제24조 제1항에 따른 보건조치가 취해지지 않은 상태에서 작업을 하다가 이 사건 사고를 당하였음을 알 수 있고, 앞서 본 제1심이 들고 있는 사정들에 비추어 보면, 피고인 회사들이 소속 근로자들로 하여금 이 사건 4번 체임버 내에서 유지·보수하는 작업을 하도록 지시하였는데, 이 때 소속 근로자들이 E의 파주공장 내에 진입한 이후에는 현실적으로 그들의 작업에 직접적으로 관리·감독을 하는 등으로 관여를 하지는 않은 것으로 보이기는 한다.

2) 그러나 이러한 사정만으로 사업주인 피고인 회사들이 법 제24조 제1항에 따른 보건조치를 취할 의무가 없다고 할 수 없다. 이 사건 공소사실에서 적시된 산소농도 측정(규칙 제619조 제1호), 송기마스크 비치(규칙 제619조 제3호) 등의 조치는 피고인 회사들이 위 파주공장 내 밀폐된 작업장을 직접 관리·통제하지 않는다 하더라도 그와 관계없이 취할 수 있는 조치라고 볼 여지가 있다.

따라서 원심으로서는 피고인 A은 피고인 C의 파주CS지원팀장이고, 피고인 B은 피고인 D의 대표이사이므로, 위 피고인들이 피고인 회사들의 업무에 관하여 근로자의 건강장해를 예방하기 위하여 위와 같은 조치를 취하지 아니한 채 E의 작업장에서 작업을 하도록 지시하거나 그 보건조치가 취해지지 아니한 상태에서 위 작업이 이루어지고 있다는 사정을 알면서도 이를 방치하는 등 법 제24조 제1항을 위반하여 법 제71조, 제66조의2에 해당하는 행위를 하였는지 심리·판단하여야 할 것이다.

3) 그럼에도 이와 같은 사항을 제대로 살피지 아니한 채, 피고인 회사들이 법 제24조 제1항에서 정한 사업주에 해당하지 않는다고 보아 피고인들에게 법 제24조 제1항의 조치 의무가 없다고 본 원심의 판단에는 법 제24조 제1항의 사업주에 관한 법리를 오해하고 필요한 심리를 다하지 아니하여 판결에 영향을 미친 잘못이 있다. 이 점을 지적하는 검사의 상고이유 주장은 이유 있다.

나. 산업안전보건법상 유사 개념

1) 산업안전보건법은 도급인의 사업장 개념에 "도급인이 제공하거나 지정한 경우로서 도급인이 지배·관리하는 대통령령으로 정하는 장소"를 포함하였고,[73] 동법 시행령에서 해당 장소를 구체적으로 규정한 바 있는데,[74][75] 산

---

[73] 산업안전보건법 제10조(산업재해 발생건수 등의 공표) ② 고용노동부장관은 도급인의 사업장(도급인이 제공하거나 지정한 경우로서 도급인이 지배·관리하는 대통령령으로 정하는 장소를 포함한다. 이하 같다) 중 대통령령으로 정하는 사업장에서 관계수급인 근로자가 작업을 하는 경우에 도급인의 산업재해발생건수등에 관계수급인의 산업재해발생건수등을 포함하여 제1항에 따라 공표하여야 한다.

[74] 산업안전보건법 시행령 제11조(도급인이 지배·관리하는 장소) 법 제10조 제2항에서 "대통령령으로 정하는 장소"란 다음 각 호의 어느 하나에 해당하는 장소를 말한다.
　1. 토사(土砂)·구축물·인공구조물 등이 붕괴될 우려가 있는 장소
　2. 기계·기구 등이 넘어지거나 무너질 우려가 있는 장소
　3. 안전난간의 설치가 필요한 장소
　4. 비계(飛階) 또는 거푸집을 설치하거나 해체하는 장소
　5. 건설용 리프트를 운행하는 장소
　6. 지반(地盤)을 굴착하거나 발파작업을 하는 장소
　7. 엘리베이터홀 등 근로자가 추락할 위험이 있는 장소
　8. 석면이 붙어 있는 물질을 파쇄하거나 해체하는 작업을 하는 장소
　9. 공중 전선에 가까운 장소로서 시설물의 설치·해체·점검 및 수리 등의 작업을 할 때 감전의 위험이 있는 장소
　10. 물체가 떨어지거나 날아올 위험이 있는 장소
　11. 프레스 또는 전단기(剪斷機)를 사용하여 작업을 하는 장소
　12. 차량계(車輛系) 하역운반기계 또는 차량계 건설기계를 사용하여 작업하는 장소
　13. 전기 기계·기구를 사용하여 감전의 위험이 있는 작업을 하는 장소
　14.「철도산업발전기본법」제3조 제4호에 따른 철도차량(「도시철도법」에 따른 도시철도차량을 포함한다)에 의한 충돌 또는 협착의 위험이 있는 작업을 하는 장소
　15. 그 밖에 화재·폭발 등 사고발생 위험이 높은 장소로서 고용노동부령으로 정하는 장소
[75] 산업안전보건법 시행규칙 제6조(도급인의 안전·보건 조치 장소)「산업안전보건법 시행령」(이하 "영"이라 한다) 제11조 제15호에서 "고용노동부령으로 정하는 장소"란 다음 각 호의 어느 하나에 해당하는 장소를 말한다.
　1. 화재·폭발 우려가 있는 다음 각 목의 어느 하나에 해당하는 작업을 하는 장소
　　가. 선박 내부에서의 용접·용단작업
　　나. 안전보건규칙 제225조 제4호에 따른 인화성 액체를 취급·저장하는 설비 및 용기에서의 용접·용단작업
　　다. 안전보건규칙 제273조에 따른 특수화학설비에서의 용접·용단작업
　　라. 가연물(可燃物)이 있는 곳에서의 용접·용단 및 금속의 가열 등 화기를 사용하는 작업이나 연삭숫돌에 의한 건식연마작업 등 불꽃이 발생할 우려가 있는 작업
　2. 안전보건규칙 제132조에 따른 양중기(揚重機)에 의한 충돌 또는 협착(狹窄)의 위험이 있는 작업을 하는 장소
　3. 안전보건규칙 제420조 제7호에 따른 유기화합물 취급 특별장소

업안전보건법 시행령에서의 해당 장소는 본 법률상 '실질적으로 지배·운영·관리하는 장소'로 포섭될 가능성도 있다. 특히 건설업의 경우 공사현장 전체가 법인이 실질적으로 지배·운영·관리하는 장소에 해당될 것으로 생각된다.

2) 대법원은 구 산업안전보건법상 도급인이 사업주가 산업재해 예방을 위한 조치를 취해야 하는 '같은 장소에서 행하여지는 사업'의 의미에 대해 이하와 같이 판시한 바 있으나 이는 구 산업안전보건법상 조항에 대한 설시이므로 본 법률의 '실질적 지배' 개념에는 직접 원용하기는 어렵다. 다만 본 법률에서의 '실질적으로 지배·운영·관리'라는 개념에도 '시간적인 개념'이 고려될 것인지 여부에 대해서는 참고할 부분이 있다.

> ○ 대법원 2016. 3. 24. 선고 2015도8621 판결 [업무상과실치사·업무상과실치상·산업안전보건법위반]
>
> 1) 도급계약의 경우 원칙적으로 도급인에게는 수급인의 업무와 관련하여 사고방지에 필요한 안전조치를 취할 주의의무가 없으나, 법령에 의하여 도급인에게 수급인의 업무에 관하여 구체적인 관리·감독의무 등이 부여되어 있거나 도급인이 공사의 시공이나 개별 작업에 관하여 구체적으로 지시·감독하였다는 등의 특별한 사정이 있는 경우에는 도급인에게도 수급인의 업무와 관련하여 사고방지에 필요한 안전조치를 취할 주의의무가 있다.
>
> 2) 구 산업안전보건법(2013. 6. 12. 법률 제11882호로 개정되기 전의 것, 이하 같다) 제29조 제3항은 "제1항에 따른 사업주는 그의 수급인이 사용하는 근로자가 고용노동부령으로 정하는 산업재해 발생위험이 있는 장소에서 작업을 할 때에는 고용노동부령으로 정하는 산업재해 예방을 위한 조치를 하여야 한다."라고 규정하고 있는바, 여기서 말하는 '제1항에 따른 사업주'란 구 산업안전보건법 제29조 제1항에 규정된 '같은 장소에서 행하여지는 사업으로서 사업의 일부를 분리하여 도급을 주어 하는 사업 중 대통령령으로 정하는 사업의 사업주'를 의미한다.

---

4. 안전보건규칙 제574조 제1항 각 호에 따른 방사선 업무를 하는 장소
5. 안전보건규칙 제618조 제1호에 따른 밀폐공간
6. 안전보건규칙 별표 1에 따른 위험물질을 제조하거나 취급하는 장소
7. 안전보건규칙 별표 7에 따른 화학설비 및 그 부속설비에 대한 정비·보수 작업이 이루어지는 장소

3) 구 산업안전보건법 제29조 제1항은 사업의 일부를 도급한 발주자 또는 사업의 전부를 도급받아 그중 일부를 하도급에 의하여 행하는 수급인 등 사업의 전체적인 진행과정을 총괄하고 조율할 능력이나 의무가 있는 사업주에게 그가 관리하는 작업장에서 발생할 수 있는 산업재해를 예방하기 위한 조치를 하여야 할 의무를 규정한 조항으로, 구 산업안전보건법 제29조 제1항의 '같은 장소에서 행하여지는 사업'은 사업주와 그의 수급인이 같은 장소에서 작업을 하는 사업을 의미하고, 장소적 동일성 외에 시간적 동일성까지 필요하다고 볼 수 없다.

2. 사업주 또는 경영책임자등의 의무

　　본 법률에 따라 사업주 또는 경영책임자등이 지는 의무를 규정한 조항으로, 위반시 형사처벌이 예정된 이상 가장 핵심적인 조문이다. 이하에서 구체적으로 살펴본다. 관리상 조치 의무의 내용은 단순한 확인이 아닌 점검 결과를 보고받아 미이행된 사항이 이행될 수 있도록 필요한 조치를 취하는 것까지 포함된다고 보아야 한다.76)77)

　　이는 기업이 종사자의 안전보건을 확보하는 활동을 지속적으로 관리하는 구조를 스스로 갖추고, 사업주 또는 경영책임자등이 안전보건관계 법령에 따른 의무이행에 관심을 갖고 필요한 지원을 실시하도록 하는 효과 발생을 목적으로 한다.78)

---

76) 같은 견해로 고용노동부, 중대재해처벌법 시행령 제정안 주요내용 설명자료, 2021, 16
77) 중대재해처벌법이 제정된 입법취지를 고려할 때, 경영책임자의 의무를 단순히 '보고'를 받는 것만으로 충분하다고 보기 어렵고, 지속적으로 안전보건 확보가 될 수 있도록 체계를 만들고 유지될 수 있도록 관리할 의무가 있다고 보아야 한다(시행령에 대한 규제영향분석서 9쪽 참조).
78) 시행령에 대한 규제영향분석서 2쪽 참조

가. 제1호

▌ 령 제4조(안전보건관리체계의 구축 및 이행 조치)

법 제4조 제1항 제1호에 따른 조치의 구체적인 사항은 다음 각 호와 같다.

1. 사업 또는 사업장의 안전·보건에 관한 목표와 경영방침을 설정할 것

2. 「산업안전보건법」 제17조부터 제19조까지 및 제22조에 따라 두어야 하는 인력이 총 3명 이상이고 다음 각 목의 어느 하나에 해당하는 사업 또는 사업장인 경우에는 안전·보건에 관한 업무를 총괄·관리하는 전담 조직을 둘 것. 이 경우 나목에 해당하지 않던 건설사업자가 나목에 해당하게 된 경우에는 공시한 연도의 다음 연도 1월 1일까지 해당 조직을 두어야 한다.

   가. 상시근로자수가 500명 이상인 사업 또는 사업장

   나. 「건설산업기본법」 제8조 및 같은 법 시행령 별표 1에 따른 토목건축공사업에 대해 같은 법 제23조에 따라 평가하여 공시된 시공능력의 순위가 상위 200위 이내인 건설사업자

3. 사업 또는 사업장의 특성에 따른 유해·위험요인을 확인하여 개선하는 업무절차를 마련하고, 해당 업무절차에 따라 유해·위험요인의 확인 및 개선이 이루어지는지를 반기 1회 이상 점검한 후 필요한 조치를 할 것. 다만, 「산업안전보건법」 제36조에 따른 위험성평가를 하는 절차를 마련하고, 그 절차에 따라 위험성 평가를 직접 실시하거나 실시하도록 하여 실시 결과를 보고받은 경우에는 해당 업무절차에 따라 유해·위험요인의 확인 및 개선에 대한 점검을 한 것으로 본다.

4. 다음 각 목의 사항을 이행하는 데 필요한 예산을 편성하고 그 편성된 용도에 맞게 집행하도록 할 것

   가. 재해 예방을 위해 필요한 안전·보건에 관한 인력, 시설 및 장비의 구비

   나. 제3호에서 정한 유해·위험요인의 개선

다. 그 밖에 안전보건관리체계 구축 등을 위해 필요한 사항으로서 고용노동부장
    관이 정하여 고시하는 사항

5. 「산업안전보건법」 제15조, 제16조 및 제62조에 따른 안전보건관리책임자, 관리
    감독자 및 안전보건총괄책임자(이하 이 조에서 "안전보건관리책임자등"이라 한
    다)가 같은 조에서 규정한 각각의 업무를 각 사업장에서 충실히 수행할 수 있도
    록 다음 각 목의 조치를 할 것

    가. 안전보건관리책임자등에게 해당 업무 수행에 필요한 권한과 예산을 줄 것
    나. 안전보건관리책임자등이 해당 업무를 충실하게 수행하는지를 평가하는 기
        준을 마련하고, 그 기준에 따라 반기 1회 이상 평가·관리할 것

6. 「산업안전보건법」 제17조부터 제19조까지 및 제22조에 따라 정해진 수 이상의
    안전관리자, 보건관리자, 안전보건관리담당자 및 산업보건의를 배치할 것. 다만,
    다른 법령에서 해당 인력의 배치에 대해 달리 정하고 있는 경우에는 그에 따르
    고, 배치해야 할 인력이 다른 업무를 겸직하는 경우에는 고용노동부장관이 정하
    여 고시하는 기준에 따라 안전·보건에 관한 업무 수행시간을 보장해야 한다.

7. 사업 또는 사업장의 안전·보건에 관한 사항에 대해 종사자의 의견을 듣는 절차
    를 마련하고, 그 절차에 따라 의견을 들어 재해 예방에 필요하다고 인정하는 경
    우에는 그에 대한 개선방안을 마련하여 이행하는지를 반기 1회 이상 점검한 후
    필요한 조치를 할 것. 다만, 「산업안전보건법」 제24조에 따른 산업안전보건위원
    회 및 같은 법 제64조·제75조에 따른 안전 및 보건에 관한 협의체에서 사업
    또는 사업장의 안전·보건에 관하여 논의하거나 심의·의결한 경우에는 해당 종
    사자의 의견을 들은 것으로 본다.

8. 사업 또는 사업장에 중대산업재해가 발생하거나 발생할 급박한 위험이 있을 경
    우를 대비하여 다음 각 목의 조치에 관한 매뉴얼을 마련하고, 해당 매뉴얼에 따
    라 조치하는지를 반기 1회 이상 점검할 것

    가. 작업 중지, 근로자 대피, 위험요인 제거 등 대응조치
    나. 중대산업재해를 입은 사람에 대한 구호조치
    다. 추가 피해방지를 위한 조치

9. 제3자에게 업무의 도급, 용역, 위탁 등을 하는 경우에는 종사자의 안전·보건을
    확보하기 위해 다음 각 목의 기준과 절차를 마련하고, 그 기준과 절차에 따라
    도급, 용역, 위탁 등이 이루어지는지를 반기 1회 이상 점검할 것

    가. 도급, 용역, 위탁 등을 받는 자의 산업재해 예방을 위한 조치 능력과 기술에
        관한 평가기준·절차

나. 도급, 용역, 위탁 등을 받는 자의 안전·보건을 위한 관리비용에 관한 기준
다. 건설업 및 조선업의 경우 도급, 용역, 위탁 등을 받는 자의 안전·보건을 위한 공사기간 또는 건조기간에 관한 기준

1) 원칙

가) 사업주 또는 경영책임자가 지는 의무의 내용은 직접적인 안전조치를 취해야 하는 의무가 아니라, 체계에 따른 관리와 감독을 해야 하는 의무를 말한다. 사업주 또는 경영책임자가 현장에 나가 근로자에 대해 직접적인 안전조치(예를 들면 안전모를 써라, 안전고리를 체결해라 등등)를 취한다는 것은 현실적으로 불가능하여 기대가능성 자체가 없기 때문이다. 이는 본 법률에 따라 경영책임자등이 지는 의무를 규정한 제3조의 제목이 산업안전보건법의 안전 '조치'가 아닌 안전 '확보'의무로 되어 있는 점을 보더라도 그러하다.

고용노동부는 '안전보건관리체계의 구축 및 이행이란 근로자를 비롯한 모든 일하는 사람의 안전과 건강을 보호하기 위해 기업 스스로 유해하거나 위험한 요인을 파악하여 제거·대체 및 통제 방안을 마련·이행하며, 이를 지속적으로 개선하는 일련의 활동을 의미한다'고 해석하고 있다.[79]

1) '아파트 건설현장에서는 안전모를 착용시켜야 하는데, CEO가 일일이 그 건설근로자들이 안전모를 착용하고 있는지를 확인할 수는 없지 않습니까? 그런 의무를 부과할 수는 없지요. 그러나 안전모 구입, 지도·감독하는 안전요원, 안전교육시간 이런 것을 확보하고 있는지에 대한 관리 책임은 있지요. 거기에 준하는 책임을 묻는 거지요. 예산 편성이 됐느냐, 인건비 예산이 됐느냐에 대한 문제는 부여하자는 거지요. 그런 차원입니다.[80]

2) 지난번에도 말씀드렸지만 직접적으로 안전조치를 해야 될 의무를 대표이사가 지는 건 아닙니다. 그러면 직접적으로 그 의무를 부과하는 사람은 현장소장이라고 예를 들면, 그에 해당하는 사람은 현재 산안법에 의해서 처벌하는 것이지요 … 그러

---

79) 고용노동부, 중대재해처벌법 해설, 2021, 41

려면 그 대표이사한테 직접 어떤 의무를 부과할 수밖에 없습니다. 그런데 그 안전조치를 직접 취할 의무를 대표한테 부과할 수는 없는 것이고 결국 대표이사한테는 그 안전조치가 제대로 이루어질 수 있도록 관리·감독할 의무를 부과할 수밖에 없거든요.[81]

나) 시행령은 크게 ① 안전·보건에 관한 목표와 경영방침, ② 일정 규모 이상시 안전·보건 업무 총괄·관리 전담 조직, ③ 유해·위험요인 확인 및 개선절차, ④ 이를 위한 예산 편성 및 집행, ⑤ 안전보건관리책임자에 대한 권한 부여 및 예산 지급, 관리 등, ⑥ 안전관리자 등 배치, ⑦ 종사자의견청취 절차 구비[82], ⑧ 위험발생시 매뉴얼 구비 및 점검, ⑨ 제3자에 대한 도급 등의 경우 별도 절차 및 점검 등 의무를 규정하고 있다.

위 시행령상 의무규정은 그 규정의 구체성 등으로 미루어 볼 때 열거적 규정으로 볼 수밖에 없고, 따라서 단순히 '종사자의 안전·보건상 유해 또는 위험을 방지하기 위한 조치'를 하지 않았다는 이유만으로는 본 법령 위반이라 판단할 수 없다.

고용노동부는 '모든 기업, 기관은 사업 또는 사업장의 규모, 특성 등에 따른 각기 다른 유해·위험요인을 가지고 있고 인력 및 재정 사정 등도 다르므로 유해·위험 요인을 통제하는 구체적 수단, 방법을 일률적으로 정하기 어려우며 기업 여건에 맞게 자율적인 판단이 이루어져야 한다'고 해석하고 있으나,[83] 이는 본 규정 위반이 형사처벌로 이어진다는 점에 비추어 타당하지 않다. 특성에 따른 각기 다른 요인을 가지는바 일률적으로 정하기 어렵다는 점은 당연하나, 구성요건에 해당하는 이상 명확성의 원칙이 더 중요하다. 각 유해·위험요인별 최소한의 기준을 제시할 수 있어야만 본 법령에 대한 계속되는 불명확성·포괄성에 대한 비판을 면할 수 있을 것이다.

---

80) 법제사법위원회 소위 제383회 1차 회의록 중 법무부차관 발언 부분, 17
81) 법제사법위원회 소위 제383회 4차 회의록 중 법원행정처장 발언 부분, 6
82) 의견청취 절차와 관련한 구체적인 규정은 없기 때문에 절차나 방식 등에 제한은 없다고 보아야 한다. 고용노동부도 같은 입장이며, 다만 산업안전보건법에 따른 산업안전보건위원회, 안전 및 보건 협의체를 통한 논의 및 심의·의결로 갈음할 수 있다고 본다(중대재해처벌법 시행령 제정안 주요내용 설명자료 6쪽 참조).
83) 고용노동부, 중대재해처벌법 해설, 2021, 43

다) 관련하여 올해 개정된 산업안전보건법에 따라 상시근로자 500명 이상을 사용하는 회사 또는 시공능력[84] 1,000위 이내의 건설회사의 대표이사는 회사의 안전 및 보건에 관한 계획을 수립하여 이사회에 보고하고 승인을 받아야 하는데,[85] 본 법률에 따른 체계의 구축과 관련하여 위 계획에 대한 고용노동부의 가이드라인을 참조할 만하다.

안전보건계획 수립·이행 절차

안전보건계획 수립·이행절차에 관한 고용노동부 가이드라인 중 일부[86]

라) 본 법령과 직접적인 관련은 없지만, ○○중공업 크레인간 충돌 사건에 대한 최근 대법원 판결은 주목할 필요가 있다.

특히 원심은 '산안법령 및 규칙에 규정된 조치의무가 아닌 경우에는 그 위반을 이유로 산업안전보건법위반이라 판단할 수 없다'는 기존 법리에 따라 "작업계획서에 크레인 간 중첩작업으로 인한 간섭 내지 충돌을 방지하기 위한 구체적인 조치방법이나 크레인의 전도 낙하위험 등을 예방할 수 있는 안전대책을 포함하여 작성하지 않은 점에 대하여 구 산업안전보건법 시행규칙 등에는 '중량물'이나 '중량물 취급작업'의 정의나 기준에 관한 규정이 없다. 크레인 간 충돌로 인해 크레인 자체가 전도되거나 낙하하는 경우의 위험을

---

84) 건설산업기본법에 따라 종합건설사업자의 경우 대한건설협회가, 전문건설업의 경우 대한전문건설협회가 각 홈페이지에 게재하고 있다.
85) 산업안전보건법 제14조(이사회 보고 및 승인 등), 동법 시행령 제13조(이사회 보고·승인 대상회사 등)
86) 고용노동부, 대표이사의 안전·보건계획 수립 가이드, 2021

방지하기 위한 안전대책까지 포함하여 작업계획서를 작성해야 한다는 명시적인 규정이 없고, '중량물 취급작업'의 의미도 명백하지 않다"고 판시하여 산업안전보건법상 의무를 위반한 것이라고 평가하지 않았다.

그런데 대법원은 '이 사건 산업현장은 수많은 근로자가 동시에 투입되고, 다수의 대형 장비가 수시로 이동 작업을 수행하며 육중한 철골 구조물이 블록을 형성하여 선체에 조립되는 공정이 필수적이어서 대형 크레인이 상시적으로 이용되고, 사업장 내 크레인 간 충돌 사고를 포함하여 과거 여러 차례 다양한 산업재해가 발생한 전력이 있는 대규모 조선소이다. 이러한 사업장의 특성을 토대로 구 산업안전보건법과 구 시행규칙 및 개별 안전보건규칙에서 정한 의무의 내용과 취지 등을 살펴보면, 사업주인 피고인 3 회사와 피고인 1에게는 해당 규정에 따라 크레인 간 충돌로 인한 산업안전사고 예방에 합리적으로 필요한 정도의 안전조치 의무가 부과되어 있다고 해석된다'고 판단하여 유죄 취지로 파기환송하였다.[87]

○ 대법원 2021. 9. 30. 선고 2020도3996 판결 [업무상과실치사·업무상과실치상·산업안전보건법위반] 〈대형 조선소 작업 현장에서 크레인끼리 충돌하여 근로자들이 사망 및 부상당한 사건〉 [공2021하,2153]

【판시사항】

[1] 구 산업안전보건법에서 정한 안전·보건조치 의무를 위반하였는지 판단하는 방법

[2] 대규모 조선소 작업 현장에서 크레인 간 충돌 사고로 여러 명의 근로자들이 사망하거나 부상당하여 사업주인 갑 주식회사와 협력업체 대표 을이 구 산업안전보건법 위반으로 기소된 사안에서, 갑 회사 등에게는 구 산업안전보건법 제23조 등 규정에 따라 크레인 간 충돌로 인한 산업안전사고 예방에 합리적으로 필요한 정도의 안전조치 의무가 부과되어 있다고 해석되는데, 갑 회사 등은 작업계획서에 충돌 사고를 방지할 수 있는 구체적인 조치를 포함시키지 않는 등 그 의무를 다하지 아니하였다고 보아, 이와 달리 공소사실을 무죄로 판단한 원심판결에 구 산업안전보건법 제23조에서 정한 사업주의 안전조치 의무 등에 관한 법리오해의 위법이 있다고 한 사례

---

87) 다만 법령에서 정한 의무가 아니어도 준수해야 한다는 것과 같이 기존 법리에 반하는 판시를 한 것이 아니라, 기존의 산업안전보건규칙상 다른 규정을 근거로 그 의무의 범위를 확대하여 포함시킨 것으로 이해된다.

【판결요지】

[1] 구 산업안전보건법(2019. 1. 15. 법률 제16272호로 개정되기 전의 것, 이하 '구 산업안전보건법'이라 한다)에서 정한 안전·보건조치 의무를 위반하였는지 여부는 구 산업안전보건법 및 같은 법 시행규칙에 근거한 '산업안전보건기준에 관한 규칙'(이하 '안전보건규칙'이라 한다)의 개별 조항에서 정한 의무의 내용과 해당 산업현장의 특성 등을 토대로 산업안전보건법의 입법 목적, 관련 규정이 사업주에게 안전·보건조치를 부과한 구체적인 취지, 사업장의 규모와 해당 사업장에서 이루어지는 작업의 성격 및 이에 내재되어 있거나 합리적으로 예상되는 안전·보건상 위험의 내용, 산업재해의 발생 빈도, 안전·보건조치에 필요한 기술 수준 등을 구체적으로 살펴 규범목적에 부합하도록 객관적으로 판단하여야 한다. 나아가 해당 안전보건규칙과 관련한 일정한 조치가 있었다고 하더라도 해당 산업현장의 구체적 실태에 비추어 예상 가능한 산업재해를 예방할 수 있을 정도의 실질적인 안전조치에 이르지 못할 경우에는 안전보건규칙을 준수하였다고 볼 수 없다. 특히 해당 산업현장에서 동종의 산업재해가 이미 발생하였던 경우에는 사업주가 충분한 보완대책을 강구함으로써 산업재해의 재발 방지를 위해 안전보건규칙에서 정하는 각종 예방 조치를 성실히 이행하였는지 엄격하게 판단하여야 한다.

[2] 대규모 조선소 작업 현장에서 크레인 간 충돌 사고로 여러 명의 근로자들이 사망하거나 부상당하여 사업주인 갑 주식회사와 협력업체 대표 을이 구 산업안전보건법(2019. 1. 15. 법률 제16272호로 개정되기 전의 것, 이하 '구 산업안전보건법'이라 한다) 위반으로 기소된 사안에서, 위 현장은 수많은 근로자가 동시에 투입되고, 대형 크레인이 상시적으로 이용되며, 사업장 내 크레인 간 충돌 사고를 포함하여 과거 여러 차례 다양한 산업재해가 발생한 전력이 있는 대규모 조선소인 점, 구 산업안전보건법과 구 산업안전보건법 시행규칙(2017. 10. 17. 고용노동부령 제197호로 개정되기 전의 것) 및 구 산업안전보건기준에 관한 규칙(2017. 12. 28. 고용노동부령 제206호로 개정되기 전의 것)의 개별 조항에서는 사업주로 하여금 기계, 기구, 중량물 취급, 그 밖의 설비 혹은 불량한 작업방법으로 인한 위험의 예방에 필요한 조치를 할 의무를 부과하고 있고, 크레인 등 양중기에 의한 충돌 등 위험이 있는 작업을 하는 장소에서는 그 위험을 방지하기 위하여 필요한 조치를 취할 의무가 있음을 특별히 명시하고 있는 점 등을 종합하면, 갑 회사 등에게는 구 산업안전보건법 제23조 등 규정에 따라 크레인 간 충돌로 인한 산업안전사고 예방에 합리적으로 필요한 정도의 안전조치 의무가 부과되어 있다고 해석되는데, 갑 회사 등은 작업계획서에 충돌 사고를 방지할 수 있는 구체적인 조치를 포함시키지 않

는 등 그 의무를 다하지 아니하였다고 보아, 이와 달리 공소사실을 무죄로 판단한 원심판결에 구 산업안전보건법 제23조에서 정한 사업주의 안전조치 의무 등에 관한 법리오해의 위법이 있다고 한 사례.

【주 문】

원심판결 중 피고인 1과 피고인 3 주식회사에 대한 부분을 파기하고, 이 부분 사건을 창원지방법원에 환송한다. 피고인 2에 대한 이 사건 공소를 기각한다.

【이 유】

상고이유를 판단한다.

1. 검사의 피고인 1과 피고인 3 주식회사(이하 '피고인 3 회사'라고만 한다)에 대한 상고이유에 관하여

　가. 구 산업안전보건법(2019. 1. 15. 법률 제16272호로 전부 개정되기 전의 것, 이하 '구 산업안전보건법'이라고 한다)은 산업안전·보건에 관한 기준을 확립하고 그 책임의 소재를 명확하게 하여 산업재해를 예방하고 쾌적한 작업환경을 조성함으로써 근로자의 안전과 보건을 유지·증진함을 목적으로 한다(제1조). 사업주는 산업안전보건법과 그에 따른 명령으로 정하는 산업재해 예방을 위한 기준을 지킴으로써 근로자의 안전과 건강을 유지·증진시켜야 할 의무가 있다(제5조 제1항 제1호).

　사업주는 사업을 할 때 기계·기구, 그 밖의 설비에 의한 위험 등을 예방하기 위하여 필요한 조치를 하여야 하고, 중량물 취급 등 작업을 할 때 불량한 작업방법 등으로 인하여 발생하는 위험을 방지하기 위하여 필요한 조치를 하여야 하며, 작업 중 물체가 떨어지거나 날아올 위험이 있는 장소에는 그 위험을 방지하기 위하여 필요한 조치를 하여야 한다(제23조 제1항, 제2항, 제3항). 또한 같은 장소에서 행하여지는 사업으로서 사업의 일부를 분리하여 도급으로 하는 사업 중 일정한 사업주 등(이하 '도급 사업주'라고 한다)은 그의 수급인이 사용하는 근로자가 추락 또는 낙하 위험이 있는 장소 등 고용노동부령으로 정하는 산업재해 발생위험이 있는 장소에서 작업을 할 때에는 안전·보건시설의 설치 등 고용노동부령으로 정하는 산업재해 예방을 위한 조치를 하여야 한다(제29조 제3항).

　구 산업안전보건법에서 정한 안전·보건조치 의무를 위반하였는지 여부는 구 산업안전보건법 및 같은 법 시행규칙에 근거한 「산업안전보건기준에 관한 규칙」(이하 '안전보건규칙'이라 한다)의 개별 조항에서 정한 의무의 내용과 해당 산업현

장의 특성 등을 토대로 산업안전보건법의 입법 목적, 관련 규정이 사업주에게 안전·보건조치를 부과한 구체적인 취지, 사업장의 규모와 해당 사업장에서 이루어지는 작업의 성격 및 이에 내재되어 있거나 합리적으로 예상되는 안전·보건상 위험의 내용, 산업재해의 발생 빈도, 안전·보건조치에 필요한 기술 수준 등을 구체적으로 살펴 규범목적에 부합하도록 객관적으로 판단하여야 한다. 나아가 해당 안전보건규칙과 관련한 일정한 조치가 있었다고 하더라도 해당 산업현장의 구체적 실태에 비추어 예상 가능한 산업재해를 예방할 수 있을 정도의 실질적인 안전조치에 이르지 못할 경우에는 안전보건규칙을 준수하였다고 볼 수 없다. 특히 해당 산업현장에서 동종의 산업재해가 이미 발생하였던 경우에는 사업주가 충분한 보완대책을 강구함으로써 산업재해의 재발 방지를 위해 안전보건규칙에서 정하는 각종 예방 조치를 성실히 이행하였는지 엄격하게 판단하여야 한다.

나. 원심은 다음과 같은 이유를 들어 피고인 1과 피고인 3 회사에 대한 아래 공소사실을 무죄로 판단하였다.

1) 작업계획서에 크레인 간 중첩작업으로 인한 간섭 내지 충돌을 방지하기 위한 구체적인 조치방법이나 크레인의 전도 낙하위험 등을 예방할 수 있는 안전대책을 포함하여 작성하지 않은 점(피고인들)

구 산업안전보건법 시행규칙(2017. 10. 17. 고용노동부령 제197호로 개정되기 전의 것, 이하 '구 시행규칙'이라 한다) 등에는 '중량물'이나 '중량물 취급작업'의 정의나 기준에 관한 규정이 없다. 크레인 간 충돌로 인해 크레인 자체가 전도되거나 낙하하는 경우의 위험을 방지하기 위한 안전대책까지 포함하여 작업계획서를 작성해야 한다는 명시적인 규정이 없고, '중량물 취급작업'의 의미도 명백하지 않다.

2) 관리감독자이자 작업지휘자인 공소외 1(피고인 3 회사 현장반장) 및 공소외 2(공소외 3 회사 현장반장)가 다른 업무수행을 위해 현장을 이탈하여 작업지휘 등의 업무를 수행하지 아니하게 한 점(피고인들)

피고인 3 회사와 공소외 3 회사 모두 현장반장을 관리감독자 및 작업지휘자로 지정하여 작업을 지휘하는 등의 업무를 수행하게 하였고, 그 관리감독자가 일부 업무를 수행하였으나, 현실적인 업무 부담으로 이 사건 사고 시점에 작업지휘가 이루어지지 않은 것으로 보인다. 따라서 피고인 3 회사의 조선소장이던 피고인 2와 공소외 3 회사 대표자인 피고인 1이 공소외 1, 공소외 2

로 하여금 이 사건 당시 현장을 이탈하여 작업지휘 등 업무를 수행하지 못하게 하였다고 단정하기 어렵고, 이를 구 산업안전보건기준에 관한 규칙(2017. 12. 28. 고용노동부령 제206호로 개정되기 전의 것, 이하 '구 안전보건규칙'이라 한다) 제39조 제1항, 제35조 제1항 및 [별표 2] 제3항에 정해진 의무를 위반한 것이라고 평가하기 어렵다.

3) 크레인 간 중첩작업에 의한 충돌 예방을 위한 신호방법을 제대로 정하지 않은 점(피고인들)

구 안전보건규칙 제40조에 의하더라도 '일정한' 신호방법을 정해야 한다는 것일 뿐, 크레인 중첩작업 시 별도의 신호방법을 마련해야 한다는 구체적인 규정은 없다. 따라서 크레인신호규정에 의한 일반적인 신호방법 및 골리앗 크레인 신호수와 지브형 크레인 운전수 간에 무전 연락이 가능했던 점을 제외하고 크레인 중첩작업 시의 위험을 방지하기 위한 신호조정 방법이 별도로 정해져 있지 않았어도 이는 구 안전보건규칙에 정해진 의무를 위반한 것이라고 평가하기 어렵다.

4) 크레인 간 중첩작업에 따른 충돌 등으로 인하여 물체가 떨어지거나 날아올 위험이 있는 마틴링게 P모듈 메인데크 동편 well bay 부근에 출입금지구역 설정 등의 조치를 하지 않은 점(피고인들), 위와 같은 조치를 피고인 3 회사에 요청하지 않고, 피고인 3 회사에서 설치한 간이화장실 및 흡연 장소를 방치한 점(피고인 1)

구 안전보건규칙 제14조 제2항에 의하더라도 출입금지구역의 설치 반경 내지 범위에 관한 구체적인 기준이 정해져 있지 않고, 이 사건과 같이 크레인 메인지브 자체가 권상(권상) 중이던 물건 등과 함께 낙하하는 경우 그 낙하 반경 및 출입 금지가 필요한 범위가 명백하지 않다. 출입금지구역의 설정 여부는 크레인 간 충돌 방지를 위한 안전대책의 일환으로 고려할 수 있을 뿐, 그것이 구 안전보건규칙 제14조 제2항에 정해진 의무를 위반한 것이라고 평가하기는 어렵다.

5) 골리앗 크레인이 작업 도중 2회에 걸쳐 재시작하였으나 그 과정에서 별도의 신호수 배치나 작업방법을 정하지 않은 점(피고인 3 회사)

골리앗 크레인은 엘리베이터 운반 작업을 위해 주행하는 과정에서 상부 트롤리를 옮기기 위해 두 차례에 걸쳐 정지한 것으로서 이는 일련의 연속적인 작업 과정일 뿐이므로, 크레인이 정지된 후 다시 작업을 시작하는 것을 '재시작'으로 보아 구 안전보건규칙 제89조에 따라 별도의 신호수 배치나 작업방법을 정해야 한다고 볼 근거가 없다.

다. 원심판결 이유를 앞서 본 법리에 비추어 살펴본다.

1) 앞서 나. 중 제2), 5)항에서 본 이 부분 원심판결 이유를 관련 법리와 기록에 비추어 살펴보면, 이 부분 원심의 판단에 논리와 경험의 법칙을 위반하여 자유심증주의의 한계를 벗어나거나 구 산업안전보건법 제23조, 제29조 제3항 및 구 안전보건규칙의 관련 규정에서 정한 안전보건조치 및 산업재해예방조치 의무 위반에 따른 산업안전보건법 위반죄의 성립에 관한 법리를 오해한 잘못이 없다.

2) 그러나 앞서 나. 중 제1), 3), 4)항에서 본 원심의 판단은 다음과 같은 이유로 수긍할 수 없다.

이 사건 산업현장은 수많은 근로자가 동시에 투입되고, 다수의 대형 장비가 수시로 이동 작업을 수행하며 육중한 철골 구조물이 블록을 형성하여 선체에 조립되는 공정이 필수적이어서 대형 크레인이 상시적으로 이용되고, 사업장 내 크레인 간 충돌 사고를 포함하여 과거 여러 차례 다양한 산업재해가 발생한 전력이 있는 대규모 조선소이다. 이러한 사업장의 특성을 토대로 구 산업안전보건법과 구 시행규칙 및 개별 안전보건규칙에서 정한 의무의 내용과 취지 등을 살펴보면, 사업주인 피고인 3 회사와 피고인 1에게는 해당 규정에 따라 크레인 간 충돌로 인한 산업안전사고 예방에 합리적으로 필요한 정도의 안전조치 의무가 부과되어 있다고 해석된다.

즉, 구 산업안전보건법 제23조 제1항, 제2항은 사업주로 하여금 기계, 기구, 중량물 취급, 그 밖의 설비 혹은 불량한 작업방법으로 인한 위험의 예방에 필요한 조치를 할 의무를 부과하고 있다. 구 산업안전보건법 제23조 제3항, 제29조 제3항, 구 시행규칙 제30조 제4항에서는 크레인 등 양중기에 의한 충돌 등 위험이 있는 작업을 하는 장소에서는 그 위험을 방지하기 위하여 필요한 조치를 취할 의무가 있음을 특별히 명시하고 있다. 이 사건 사고 2개월 전 거제조선소 8안벽에서 골리앗 크레인이 크롤러 크레인 보조 붐을 충돌하는 사고가 발생하는 등 이 사건 산업현장에서는 이미 크레인 간 충돌 사고가 수차례 발생한 바 있다. 그렇다면 수범자인 사업주로서는 합리적으로 필요한 범위 내의 안전조치를 보강함으로써 크레인 간 충돌에 따른 대형 안전사고의 발생을 예방할 의무가 요구된다고 볼 수 있다.

이 사건 공소가 제기된 구 안전보건규칙의 해당 조항 중 아래의 각 조항 역시 사업주인 피고인 3 회사와 피고인 1에게 그와 관련한 구체적인 안전조치 의무가 부과된 것으로 볼 수 있는 근거가 된다.

가) 구 안전보건규칙 제38조 제1항 제11호 및 [별표 4]

구 안전보건규칙 제38조 제1항 제11호 및 [별표 4] 제11항에 따르면, 사업주는 '중량물의 취급 작업'을 하는 경우 근로자의 위험을 방지하기 위하여 '추락위험, 낙하위험, 전도위험, 협착위험, 붕괴위험'을 예방할 수 있는 안전대책을 포함한 작업계획서를 작성하고 그 계획에 따라 작업을 하도록 하여야 한다. 이는 크레인 등을 이용한 중량물 취급 작업 중 발생할 수 있는 위 각종 사고의 위험을 예방할 수 있는 안전대책에 관한 규정으로서, 위 규정에서는 이와 같은 위험을 방지하기 위하여 해당 작업, 작업장의 상태 등을 사전 조사하고 그 결과를 토대로 작업계획서를 작성하며 그 계획에 따라 작업을 하도록 규정하고 있다. 위와 같은 규정의 내용에 더하여 앞서 본 이 사건 산업현장의 특성을 종합하여 보면, 피고인 3 회사와 피고인 1에 대하여는 중량물의 취급을 위해 다수의 크레인을 동시에 투입하여 중첩작업을 함에 따른 크레인 간 충돌 사고를 방지할 수 있는 구체적인 조치까지 작업계획서에 포함하여 작성하고 그 계획에 따라 작업을 하도록 할 의무가 부과되어 있었던 것으로 볼 수 있다.

그럼에도 피고인 3 회사와 피고인 1은 이 사건 당시 작성한 작업계획서에 크레인 간 충돌 위험을 방지하기 위한 구체적인 안전조치를 포함하지 아니하였다.

나) 구 안전보건규칙 제40조 제1항 제1호

구 안전보건규칙 제40조 제1항 제1호는, 사업주는 크레인 등 양중기를 사용하는 작업을 하는 경우 발생할 수 있는 위험을 방지할 수 있도록 일정한 신호방법을 정하여 신호하도록 명시하고 있다. 앞서 본 관련 규정의 내용 및 취지에 비추어 보면, 양중기 이용 작업과 관련하여 구 안전보건규칙이 발생 가능한 것으로 예정한 안전사고 중에는 다수 크레인의 중첩작업에 따른 크레인 충돌 사고도 포함된 것으로 볼 수 있다. 또한 앞서 본 이 사건 산업현장의 특성 및 이 사건과 유사한 안전사고 전력에 비추어 보면, 위 규정이 정한 일정한 신호방법에는 크레인 중첩작업에 따른 충돌 사고 방지를 위한 것도 포함되어 있다고 볼 수 있다. 이에 해당하는 것으로는, 크레인별로 신호수를 분산 배치하고 신호수들의 신호방법을 정하여 둘 뿐만 아니라 통합신호수를 두어 통합신호수를 통하여 각 신호수들이 신호대로 이행하였음을 확인한 후 작업하도록 하거나 신호수가 신호한 후에 상대방 크레인의 안전조치 이행을 확인하고 나서 다음 작업 단계로 이동하도록 하는 신호방법을 명시하는 등의 조치가 포함될 수 있다. 이와 달리 크레인의 단독 작업에 따르는 일정한 신호방법을 정하는 것만으로는 합리적으로 필요한 안전조치 의무를 이행한 것으로 볼 수 없고, 이 사건 사고 이후 피고인 3 회사가 취한 보완조치를 보더라도 그와 같은 안전조치를 요구하는 것이 이 사건 산업현장의 특성상 불합리하거나 무리한 의무의 부과라고 볼 수 없다.

그럼에도 피고인들은 '크레인신호규정에 의한 일반적인 신호방법' 및 '골리앗 크레인의 신호수와 지브 크레인 운전수 간에 무전 연락이 가능했던 점'을 제외하고는 크레인 중첩작업의 위험을 방지하기 위한 신호조정 방법을 별도로 정하지 아니하였다.

다) 구 안전보건규칙 제14조 제2항

구 안전보건규칙 제14조 제2항은 물체가 떨어지거나 날아올 위험이 있는 경우, 위험을 방지하기 위하여 출입금지구역의 설정 등 필요한 조치를 하여야 할 의무가 있다고 규정하고 있다. 여기서 '위험을 방지하기 위하여 필요한 조치'는 개별 사업장의 규모, 이루어지는 구체적인 작업 내용, 작업에 사용되는 물체의 제원 등을 고려하여 작업장별로 구체적·개별적으로 정해지는 것이므로, 위 규정에서 출입금지구역의 설치 반경이나 범위를 구체적인 수치로 제시하거나 위험 방지 조치를 개별적으로 열거하지 않았다는 사정만으로 사업주에게 해당 의무가 부과되지 아니하였다고 단정할 것은 아니다. 오히려 관련 규정의 내용과 취지 및 이 사건 산업현장의 특성 등을 종합하여 보면, 이 규정은 이 사건 크레인 중첩작업 당시 사업주가 취하였어야 할 안전조치와 관련하여 구체적인 일정한 의무를 부과하는 근거가 된다고 볼 수 있다.

즉, 사업주가 앞서 본 구 안전보건규칙 제38조 제1항 제11호 [별표 4]에 따른 작업계획서 작성 의무 및 구 안전보건규칙 제40조 제1항 제1호에 따른 신호방법을 정하여 신호할 의무 등과 같이 크레인 간 중첩작업으로 인한 대형 사고의 위험 방지를 위하여 사업주에게 마땅히 요구되고 기대되는 직접적인 안전조치를 취하지 않은 경우라면, 그에 따른 위험의 발생을 방지하기 위한 최소한의 조치로라도 구 안전보건규칙 제14조 제2 항에 따른 출입금지구역 설정 등 보완적 조치 의무가 구체적으로 발생·부과되는 것으로 볼 수 있다.

따라서 피고인 3 회사와 피고인 1은 위 규정에 따라 이 사건 골리앗 크레인과 이 사건 지브 크레인의 각 단독 작업으로 인하여 물체의 낙하 위험이 있는 구역뿐만 아니라 크레인 간 중첩작업으로 인하여 충돌 및 물체의 낙하 위험 있는 구역에 해당하는 P모듈 상부의 일정 구역에 대하여는 일정한 시간 동안이라도 출입 금지 등 위험을 방지하기 위한 조치를 취할 구체적인 의무가 있었다고 할 수 있다. 그럼에도 위 피고인들은 이에 관한 어떠한 조치도 취하지 아니하였다.

그럼에도 원심은 피고인 1과 피고인 3 회사에 대한 위 나. 중 제1), 3), 4)항 기재 공소사실을 무죄로 판단하였다. 이 부분의 원심판결에는 구 산업안전보건법 제23조에서 정한 사업주의 안전조치 의무 및 같은 법 제29조에서 정한 도급 사업주의 산업재해예방조치 의무에 관한 법리를 오해하여 판결에 영향을 미친 위법이 있다.

라. 그러므로 피고인 3 회사와 피고인 1에 대한 이 부분 검사의 상고이유 주장은, '피고인 3 회사의 현장반장 및 공소외 3 회사의 현장반장이 다른 업무수행을 위해 현장을 이탈하여 작업지휘 등의 업무를 수행하지 아니하게 하였다.'는 위 피고인들에 대한 공소사실[위 나. 중 제2)항] 및 '골리앗 크레인이 작업 도중 2회에 걸쳐 재시작 하였으나 그 과정에서 별도의 신호수 배치나 작업방법을 정하지 아니하였다.'는 피고인 3 회사에 대한 공소사실[위 나. 중 제5)항]에 해당하는 무죄 부분을 제외한 나머지 부분에 한하여 이유 있다.

2. 피고인 1의 상고이유에 관하여

원심은 그 판시와 같은 이유로 피고인 1에 대한 공소사실 중 업무상과실치사상 부분을 유죄로 판단하였다. 원심판결 이유를 관련 법리와 적법하게 채택된 증거에 비추어 살펴보면, 원심의 판단에 논리와 경험의 법칙을 위반하여 자유심증주의의 한계를 벗어나거나 업무상과실치사상죄의 성립에 관한 법리를 오해한 잘못이 없다.

마) 고용노동부는 산업재해 예방을 위한 안전보건관리체계에 대한 가이드라인[88]을 발표하면서 안전보건관리체계는 이하의 7가지 핵심요소를 고려할

것을 제시하였다. 기본적으로 시행령에 규정된 내용들과 크게 다르지 않으나, 의무로 규정된 내용들을 어떻게 실현할 것인지에 관한 구체적 방법이 예시되어 있어 기업들이 참고할 가치가 있다.

경영자 리더십	경영자가 '안전보건경영'에 대한 확고한 리더십을 가질 것	안전보건에 대한 의지를 밝히고, 목표를 정할 것
		안전보건에 필요한 자원(인력·시설·장비)을 배정할 것
		구성원의 권한과 책임을 정하고 참여를 독려할 것
근로자의 참여	모든 구성원이 '안전보건'에 대한 의견을 자유롭게 제시할 수 있을 것	안전보건관리 전반에 관한 정보를 공개할 것
		모든 구성원이 참여할 수 있는 절차를 마련할 것
		자유롭게 의견을 제시할 수 있는 문화를 조성할 것
위험요인 파악	작업환경에 내재되어 있는 위험요인을 찾아낼 것	위험요인에 따른 정보를 수집하고 정리할 것
		산업재해 및 아차사고를 조사할 것
		위험기계·기구·설비 등을 파악할 것
		유해인자를 파악할 것
		위험장소 및 작업형태별 위험요인을 파악할 것
위험요인 제거·대체 및 통제	위험요인을 제거·대체하거나 통제할 수 있는 방안을 마련할 것	위험요인별 위험성을 평가할 것
		위험요인별 제거·대체 및 통제방안을 검토할 것
		종합적인 대책을 수립하고 이행할 것
		교육훈련을 실시할 것
비상조치 계획 수립	급박히 발생한 위험에 대응할 수 있는 절차를 마련할 것	위험요인을 바탕으로 시나리오를 작성할 것
		재해발생 시나리오별 조치계획을 수립할 것
		조치계획에 따라 주기적으로 훈련할 것
도급·용역·위탁	사업장 내 모든 구성원의	산업재해 예방 능력을 갖춘 사업주를 선정할 것
		안전보건관리체계 구축·운영 시 사업장 내 모든 구

88) 고용노동부, 산업재해 예방을 위한 안전보건관리체계 가이드북, 2021, 7-13

시 안전보건 확보	안전보건을 확보할 것	성원이 보호받을 수 있도록 할 것
평가 및 개선	안전보건관리체계를 정기적으로 평가하고 개선할 것	안전보건 목표를 설정하고 관리할 것
		안전보건관리체계가 제대로 운영되는지 점검할 것
		발굴된 문제점을 주기적으로 검토하고 개선할 것

2) 안전·보건에 관한 목표·경영방침을 설정(령 제4조 제1호)

어떠한 목표와 경영방침을 얘기하는 것이지 다수 추상적으로 규정되어 있으나, 경영방침 수립의 경우 고용노동부는 이하의 내용을 제시한 바[89] 이를 참고하여 수립하면 충분하다고 판단된다. 다만 이에 관한 평가기준이나 협의 절차 등을 별도의 내부 규정으로 제정하고 준수 및 이행 여부를 확인하는 절차 등을 마련할 필요가 있다.

▌ **안전·보건에 관한 목표와 경영방침 수립시 고려할 사항**
- 사업 또는 사업장의 유해·위험 요인 등 특성과 조직 규모에 적합한 것으로 수립하여야 함
- 달성 가능한 내용으로서 측정 가능하거나 성과평가가 가능한 것으로 수립하여야 함
- 안전·보건에 관한 목표와 경영방침 간에는 일관성이 있어야 함
- 종사자 및 이해관계자 등이 공감할 수 있어야 하며, 종사자와의 협의를 통해 수립하는 것이 바람직하며 종사자가 인식하고 함께 노력하여야 함
- 목표를 수정할 필요가 생겼을 때는 필요에 따라 목표를 수정하여 추진하는 것이 합리적임

---

3) 전담조직 구성(령 제4조 제2호)

안전·보건에 관한 업무를 총괄·관리하는 전담 조직이란 '중대재해처벌 법령 및 안전·보건 관계 법령에 따른 종사자의 안전·보건상 유해·위험 방지 정책의 수립이나 안전·보건 전문인력의 배치, 안전·보건 관련 예산의

---

89) 고용노동부, 중대재해처벌법 해설, 2021, 46

편성 및 집행관리 등 법령상 필요한 조치의 이행이 이루어지도록 하는 등 사업 또는 사업장의 안전 및 보관 확보의무의 이행을 총괄·관리하는 조직'을 말한다.[90]

'조직'인 인상 2인 이상의 인적 구성이 필요하며, '전담'인 이상 타 업무와의 겸직 등은 불가하므로 별도의 인력으로 구성하여야 한다. 가능하다면 안전담당과 보건담당을 구별하여 구성하는 것도 바람직하다고 판단된다.

이러한 전담조직은 모든 사업에 두어야 하는 것이 아니고, ① 사업주나 법인 또는 기관이 개별 사업장에 두어야 하는 안전관리자·보건관리자·안전보건관리담당자, 산업보건의의 수[91]를 합산하여 총 3명 이상인 사업 또는 사업장이고, ② 상시근로자수가 500명 이상인 사업 또는 사업장 또는 건설산업기본법상 토목건축공사업에 대해 시공능력의 순위가 200위 이내인 건설사업자인 경우 전담조직을 두어야 한다.

4) 위험성 평가(령 제4조 제3호)

산업안전보건법 제36조에 따른 위험성평가 절차를 의미한다. 결국 같은 조 제4항에 따라 '사업장 위험성평가에 관한 지침(고용노동부 제2020−53호 고시[92])' 및 이에 관한 추가 이행조치를 한 경우 본 법령상 의무는 준수한 것으로 보아야 한다.[93]

> ▌ **산업안전보건법 제36조(위험성평가의 실시)**
>
> ① 사업주는 건설물, 기계·기구·설비, 원재료, 가스, 증기, 분진, 근로자의 작업행동 또는 그 밖의 업무로 인한 유해·위험 요인을 찾아내어 부상 및 질병으로 이어질 수 있는 위험성의 크기가 허용 가능한 범위인지를 평가하여야 하고, 그 결과에 따라 이 법과 이 법에 따른 명령에 따른 조치를 하여야 하며, 근로자에 대한 위험 또는 건강장해를 방지하기 위하여 필요한 경우에는 추가적인 조치를 하여야 한다.

---

90) 고용노동부, 중대재해처벌법 해설, 2021, 48
91) 따라서 산업안전보건법에 따라 위와 같은 자를 배치하여야 할 의무가 없는 업종인 금융 및 보험업, 사회복지 서비스업, 정보서비스업 등은 전담조직 구성의 의무가 없다(같은 견해로 중대재해처벌법 해설, 고용노동부, 2021, 50).
92) 별도 부록으로 첨부

② 사업주는 제1항에 따른 평가 시 고용노동부장관이 정하여 고시하는 바에 따라 해당 작업장의 근로자를 참여시켜야 한다.

③ 사업주는 제1항에 따른 평가의 결과와 조치사항을 고용노동부령으로 정하는 바에 따라 기록하여 보존하여야 한다.

④ 제1항에 따른 평가의 방법, 절차 및 시기, 그 밖에 필요한 사항은 고용노동부장관이 정하여 고시한다.

나. 제2호 및 제3호

제2호는 재해가 발생한 이후 사후적인 조치의무로서 대책수립 및 이행에 관한 조치의무를, 제3호는 행정주체의 개선·시정명령의 이행에 관한 조치의무를 규정하고 있고, 시행령은 이를 특별히 구체화 하고 있지 않다.

제1호에 따라 안전보건관리체계를 구축하고 성실히 이행하였음에도 재해가 발생하였다면, 이미 구축한 안전보건관리체계에 문제는 없는지 여부 및 그 이행이 제대로 이루어졌는지 등에 대한 재평가를 하고, 이에 따른 재발방지 대책의 수립과 그 이행에 관한 조치가 이루어져야 한다. 행정주체의 구체적 개선·시정 명령이 있는 경우에는 그 이행을 완료하는 경우 문제될 것이 없다.

다. 제4호

법 제4조(사업주와 경영책임자등의 안전 및 보건 확보의무)

① 사업주 또는 경영책임자등은 사업주나 법인 또는 기관이 실질적으로 지배·운영·관리하는 사업 또는 사업장에서 종사자의 안전·보건상 유해 또는 위험을 방지하기 위하여 그 사업 또는 사업장의 특성 및 규모 등을 고려하여 다음 각 호에 따른 조치를 하여야 한다.

4. 안전·보건 관계 법령에 따른 의무이행에 필요한 관리상의 조치

---

93) 같은 입장에서 고용노동부, 중대재해처벌법 해설, 2021, 63

■ 령 제5조(안전·보건 관계 법령에 따른 의무이행에 필요한 관리상의 조치)

① 법 제4조 제1항 제4호에서 "안전·보건 관계 법령"이란 해당 사업 또는 사업장에 적용되는 것으로서 종사자의 안전·보건을 확보하는 데 관련되는 법령을 말한다.

② 법 제4조 제1항 제4호에 따른 조치에 관한 구체적인 사항은 다음 각 호와 같다.

1. 안전·보건 관계 법령에 따른 의무를 이행했는지를 반기 1회 이상 점검(해당 안전·보건 관계 법령에 따라 중앙행정기관의 장이 지정한 기관 등에 위탁하여 점검하는 경우를 포함한다. 이하 이 호에서 같다)하고, 직접 점검하지 않은 경우에는 점검이 끝난 후 지체 없이 점검 결과를 보고받을 것

2. 제1호에 따른 점검 또는 보고 결과 안전·보건 관계 법령에 따른 의무가 이행되지 않은 사실이 확인되는 경우에는 인력을 배치하거나 예산을 추가로 편성·집행하도록 하는 등 해당 의무 이행에 필요한 조치를 할 것

3. 안전·보건 관계 법령에 따라 의무적으로 실시해야 하는 유해·위험한 작업에 관한 안전·보건에 관한 교육이 실시되었는지를 반기 1회 이상 점검하고, 직접 점검하지 않은 경우에는 점검이 끝난 후 지체 없이 점검 결과를 보고받을 것

4. 제3호에 따른 점검 또는 보고 결과 실시되지 않은 교육에 대해서는 지체 없이 그 이행의 지시, 예산의 확보 등 교육 실시에 필요한 조치를 할 것

제4호의 경우 '안전·보건 관계 법령에 따른 의무이행에 필요한 관리상의 조치'라고 하고 있는데, '안전·보건 관계법령'의 범위가 다소 포괄적으로 규정되어 있다. 이는 산업안전보건법이 산업안전보건기준에 관한 규칙을 통해 비교적 상세히 조치의무의 내용을 정하고 있는 것과 비교하면 더욱 그러하다. 산업안전보건법을 기본으로 하되, 당해 사업주 또는 경영책임자가 운영하는 사업과 관련한 안전 및 보건 관계법령으로 축소하여 해석한다고 하더라도 큰 차이가 없다고 생각되나,[94] 법안심사 중 이하와 같은 지적은 수긍할 만하다.

---

94) 고용노동부도 '산업안전보건법을 기본으로 하되 해당 사업 또는 사업장에 적용되는 종사자의 안전·보건에 관계되는 법령'으로 해석하고 있다(중대재해처벌법 시행령 제정안 주요내용 설명자료 8면 참조).

1) 그러니까 거기에서 나오는 의무의 내용이 지금 사실은 굉장히 추상적이란 말이에요. 제가 말한 건 다섯 가지가 있는데 한 가지를 이행을 안 했다고 치자고, 그 지시를. 그런데 그 사고의 결과와는 직접적 관계가 있다고 보기도 어렵다면 그러면 그 경우에 책임을 또 그냥 물을 수밖에 없잖아요. 모든 의무를 다 이행하지 않으면 당연히 그건 책임을 져야지요.

2) 그런데 의무 이행이 있는데 여러 가지 지금 많은 의무가, 1222가지 이렇게 얘기하는데 어쨌거나 그중에 사업주의 의무가 있을 텐데 여러 가지 의무 중에 한두 개는, 뭐 대체로 다 했는데 한두 개는 안할 수가 있잖아. 그런데 그 밑에 지시를 받은 사람이 어쨌거나 주의 의무를 다하지 않아서 결국 중대재해가 발생할 때 그러면 이 책임을 물을 수 있느냐 이거지.[95]

라. 시행령 제13조 조치 등의 이행사항에 관한 서면의 보관[96]

▌ 령 제13조(조치 등의 이행사항에 관한 서면의 보관)
사업주 또는 경영책임자등(「소상공인기본법」 제2조에 따른 소상공인은 제외한다)은 제4조, 제5조 및 제8조부터 제11조까지의 규정에 따른 조치 등의 이행에 관한 사항을 서면(「전자문서 및 전자거래 기본법」 제2조제1호에 따른 전자문서를 포함한다)으로 작성하여 그 조치 등을 이행한 날부터 5년간 보관해야 한다.

1) 조치 등의 이행에 관한 사항

사업주 또는 경영책임자등은 ① 안전보건관리체계의 구축 및 이행 조치에 관한 사항, ② 안전·보건 관계 법령의 의무 이행에 필요한 관리상의 조치 등에 관한 사항, ③ 원료·제조물 관련 안전보건관리체계의 구축 및 이행 조치에 관한 사항, ④ 원료·제조물 관련 안전·보건 관계 법령에 따른 의무이행

---

95) 법제사법위원회 소위 제383회 4차 회의록 중 유상범 의원 발언 부분, 4
96) 법령상 각 이행조치에 대한 서면보관의무를 규정한 시행령상 규정으로, 이하 반복되는 부분에서는 별도 서술을 생략하였다.

에 필요한 관리상의 조치에 관한 사항, ⑤ 공중이용시설·공중교통수단 관련 안전·보건 관계 법령에 따른 의무이행에 필요한 관리상의 조치에 관한 사항, ⑥ 공중이용시설·공중교통수단 관련 안전보건관리체계 구축 및 이행에 관한 조치에 관한 사항을 서면으로 작성하여 보관하여야 한다.

다만 소상공인은 서면 보관의 의무가 없다. 소상공인 판단 기준에 관하여는 부록으로 첨부하였다.

2) 서면으로 5년 보관

조치 등을 이행한 날 기준으로 5년간 보관해야 한다. 전자문서 형태로의 보관도 인정하였으므로 보관에 어려움은 없으나 전자문서 역시 보관 방법에 따라 유실 또는 훼손의 가능성이 있으므로 별도의 이중 보관 절차를 갖는 것이 바람직하다.

고용노동부는 전자문서로 보관하는 경우에는 전자문서의 최종 결재를 사업주 또는 경영책임자등이 직접 하여야 한다고 해석하고 있으므로,[97] 해당 사고별 이행조치에 관한 최종 결재와 보관 및 봉인하기 위한 마지막 확인을 경영책임자등이 하면 문제가 없다.

---

97) 고용노동부, 중대재해처벌법 해설, 2021, 110

제5조 도급, 용역, 위탁 등 관계에서의 안전 및 보건 확보의무

> **법 제5조(도급, 용역, 위탁 등 관계에서의 안전 및 보건 확보의무)**
> 사업주 또는 경영책임자등은 사업주나 법인 또는 기관이 제3자에게 도급, 용역, 위탁 등을 행한 경우에는 제3자의 종사자에게 중대산업재해가 발생하지 아니하도록 제4조의 조치를 하여야 한다. 다만, 사업주나 법인 또는 기관이 그 시설, 장비, 장소 등에 대하여 실질적으로 지배·운영·관리하는 책임이 있는 경우에 한정한다.

1. 도급, 용역, 위탁 등

가. 범위

산업안전보건법 제2조 제6호는 '도급이란 명칭에 관계없이 물건의 제조·건설·수리 또는 서비스의 제공, 그 밖의 업무를 타인에게 맡기는 계약을 말한다'고 규정하고 있는데,[98][99] 이는 본 법률에서의 '제3자에 대한 도급, 용역, 위탁 등'의 해석에 참고할 만하다. 다만 '등'의 범위에 '임대, 발주'의 경우에도 포함되는지 여부가 문제될 수 있는데, 이는 법안심사 논의 중 삭제로 정리된 점에 비추어 임대와 발주가 '등'에 포함된다고 보기는 어렵다. 다만 형식적인 발주자라고 할지라도 실질적으로 해당 사업 또는 사업장에 대한 실질적인 지배나 운영 및 관리를 실시하였다면 본 법률이 적용될 여지가 있다.

고용노동부도 같은 견지에서, '발주는 민법상 도급의 일종으로 발주자는 종사자가 직접 노무를 제공하는 사업 또는 사업장에 대한 실질적인 지배·관리·운영을 하는 자가 아닌 주문자에 해당하는 것이 일반적이고, 따라서 발주자는 건설공사 기간 동안 해당 공사 또는 시설·장비·장소 등에 대하여 실질

---

98) 건설산업기본법도 이를 유사하게 규정하고 있음. 건설산업기본법 제2조(정의) 11. "도급"이란 원도급, 하도급, 위탁 등 명칭에 관계없이 건설공사를 완성할 것을 약정하고, 상대방이 그 공사의 결과에 대하여 대가를 지급할 것을 약정하는 계약을 말한다.
99) 도급인의 업무에 해당한다면 사업목적과 직접적 관련성이 있는 경우뿐만 아니라 직접적으로 관련이 없는 경우에도 포함된다(고용노동부, 도급시 산업재해예방 운영지침, 2020, 12).

적으로 지배·운영·관리하였다고 볼 만한 사정이 없는 한 해당 건설공사 현장의 종사자에 대하여 도급인으로 본 법률 제4조 또는 제5조에 따른 책임을 부담하지 않는 경우가 일반적이다'라고 해석하고 있다.[100]

법원행정처차장 : 그러니까 제가요 이것은 좀 신중하게 검토를 해야 된다고 말씀을 드리지만 반대한다는 건 아닙니다. 지금 판례는 이런 직접적인 의무 부과 조항이 없는 상태에서 나온 판례이기 때문에 지금 판례에서 안 되기 때문에 이런 조항을 두면 안 된다는 것은 말이 안 되고요. 아까도 말씀드렸듯이 이것을 안 두면 이 법을 만들 필요가 없다고 봅니다, 저는. 그냥 산업안전보호법에 특례를 두고 처벌 규정을 올리면 되지, 이게 저는 핵심이라고 보기 때문에 이것은 들어갈 수는 있다. 그런데 이것을 지금 안처럼 이렇게 아무 조건이나 제한 없이 두면 결국은 안전·보건 의무를 부과하는 대상자가 너무 과도하게 확대될 수 있다.

예를 들자면 식당에서 벽이 떨어져 가지고 그것 공사 시켰는데 그 사람이 사다리에서 떨어져 죽었다 이 경우도 중대재해로 처벌하게 되는 결과가 되거든요. 이런 것은 좀 막아야 되지 않겠냐. 그리고 박주민 의원님 안에서는 임대, 용역, 도급 이렇게 되어 있는데 임대나 용역까지 넣는 것은 또 좀 문제가 있을 수 있다.

따라서 범위를 약간 제한하고 조건을 가해서 그렇게 둔다면 당연히 둬야 될 조문이라고 저는 생각합니다.[101]

소위원장 백혜련 : 그러면 '도급, 용역, 위탁 등 계약의 형식에 관계없이 그 사업의 수행을 위해 대가를 목적으로 노무를 제공하는 자', 정리하겠습니다. 됐고요. 그다음에 10호의 발주에 대해서 그때 제외하자는 의견이 있었고 또 삭제 여부에 대해서 더 고민이 필요하다 이런 의견이 있었습니다.

박주민 위원 : 제가 그때 의견을 말씀드렸었는데요, 발주를 삭제하는 부분에 대해서 '만약에 발주를 삭제하면 발주를 하고 나서 공기를 부당하게 단축시키거나 이런 부분에 있어서는 어떻게 할 거냐. 그런 부분이 사실 산업재해를 일으키는 대표적인 요인 중의 하나인데'라고 말씀을 드렸고요. 당시 그래서 차관님께서는 '발주라는 개념을 통해서 그렇게 공기 단축이나 이런 것들을 하는 경우를 별도의 처벌규정으로 두면 안 되겠느냐'라는 의견까지 주셨습니다.

저는 뭐 발주라는 개념을 그냥 살려 뒀으면 제일 좋겠고 그게 안 된다면 그때 고용노동부차관님께서 말씀하신 대로 발주 등의 행위를 하면서 뭐 부당하게 공기 단

---

100) 고용노동부, 중대재해처벌법 해설, 2021, 108
101) 법제사법위원회 소위 제383회 1차 회의록 18

축을 요구한다든지 이런 경우를 처벌하는 규정을 뒀으면 좋겠다라는……

고용노동부차관 : 제 의견 다시 말씀을 드리면, 발주를 포함할 경우에는 용어의 정의부터 경영책임자 등의 의무까지 동일하게 들어가는데 그렇게 되면 사실은 발주자가 시공책임자하고 동일한 의무를 지게 되는 그런 결과가 됩니다. 그렇기 때문에 별도의 규정으로 두면 좋겠는데, 지금 현재 아까 말씀드린 개정 산안법에서는 발주자의 책임에서 '공사기간 단축하여서는 아니된다'인데 지금은 벌금 규정으로 두고 있습니다.

지금 **건설안전특별법 제정안을 국토위에서 논의 중**인데 그 경우에는 요건이 조금 다른지는 모르겠는데 사망을 일으킨 경우에 7년 이하 뭐 이런 식으로 되어 있습니다.

그래서 문안을 말씀드리면 별도 규정으로 두고 '건설공사 발주자는 정당한 사유 없이 설계도서 등에 따라 산정된 공사기간을 단축하여서는 아니 된다' 하는 것을 1항으로 하고 2항은 '제1항을 위반하여 중대산업재해에 이르게 한 사업주 또는 경영책임자 등은 다음 각호의 구분에 따라 처벌한다'라고 해서 1호는 사망의 경우, 가목의 경우 7년 이하 징역 또는 1억원 이하 벌금, 2호는 나목의 경우인데, 나 또는 다목이겠지요, 5년 이하의 징역 또는 5000만원 이하의 벌금 정도가 어떤지 해서 저희들이 초안은 그렇게 만들어 봤습니다.

유상범 위원 : 그러니까 이 부분은 지난번에 충분하게 논의가 됐었고 다만 발주자에게 이와 같은 특별한 책임 가중을 하는 것이 산업 관계에서 보면 지나치다라는 입장이었고, 적절치 않다는 게 중론이었고. 아마 정부위원들 입장도 다 동의했었지요, 그때? 그래서 이것은 그대로 정리하는 것으로 가는 게 맞을 것 같습니다.

박주민 위원 : 그런데 발주의 경우에 발주처의 공기 단축이라든지 이런 부분을 하지 못하도록 하는 산안법 규정이나 이런 게 있습니다. 그래서……

유상범 위원 : 그러면 산안법 규정으로 가도 되는 거지요, 그거는[102]

발주자의 경우 산업안전보건법상 이하와 같이 산업재해 예방 조치 의무, 안전보건조정자 배치 의무, 공사기간 단축 및 공법변경 금지 의무 등 별도의 의무 규정이 있으며, 현재 논의 중인 건설안전특별법에도 별도의 규정이 있다. 자세한 내용은 다음과 같다. 건설안전특별법의 경우 추후 부록으로 간략

---

102) 법제사법위원회 소위 제383회 5차 회의록 55-57

히 설명하고자 한다.

▌ 산업안전보건법 제67조(건설공사발주자의 산업재해 예방 조치)

① 대통령령으로 정하는 건설공사의 **건설공사발주자**는 산업재해 예방을 위하여 건설공사의 계획, 설계 및 시공 단계에서 다음 각 호의 구분에 따른 조치를 하여야 한다.

　1. 건설공사 계획단계: 해당 건설공사에서 중점적으로 관리하여야 할 유해·위험요인과 이의 감소방안을 포함한 기본안전보건대장을 작성할 것

　2. 건설공사 설계단계: 제1호에 따른 기본안전보건대장을 설계자에게 제공하고, 설계자로 하여금 유해·위험요인의 감소방안을 포함한 설계안전보건대장을 작성하게 하고 이를 확인할 것

　3. 건설공사 시공단계: 건설공사발주자로부터 건설공사를 최초로 도급받은 수급인에게 제2호에 따른 설계안전보건대장을 제공하고, 그 수급인에게 이를 반영하여 안전한 작업을 위한 공사안전보건대장을 작성하게 하고 그 이행 여부를 확인할 것

② 제1항에 따른 **건설공사발주자**는 대통령령으로 정하는 안전보건 분야의 전문가에게 같은 항 각 호에 따른 대장에 기재된 내용의 적정성 등을 확인받아야 한다. 〈신설 2021. 5. 18.〉

③ 제1항에 따른 **건설공사발주자**는 설계자 및 건설공사를 최초로 도급받은 수급인이 건설현장의 안전을 우선적으로 고려하여 설계·시공 업무를 수행할 수 있도록 적정한 비용과 기간을 계상·설정하여야 한다. 〈신설 2021. 5. 18.〉

④ 제1항 각 호에 따른 대장에 포함되어야 할 구체적인 내용은 고용노동부령으로 정한다. 〈개정 2021. 5. 18.〉

제68조(안전보건조정자)

① 2개 이상의 건설공사를 도급한 **건설공사발주자**는 그 2개 이상의 건설공사가 같은 장소에서 행해지는 경우에 작업의 혼재로 인하여 발생할 수 있는 산업재해를 예방하기 위하여 건설공사 현장에 안전보건조정자를 두어야 한다.

② 제1항에 따라 안전보건조정자를 두어야 하는 건설공사의 금액, 안전보건조정자의 자격·업무, 선임방법, 그 밖에 필요한 사항은 대통령령으로 정한다.

제69조(공사기간 단축 및 공법변경 금지)

① **건설공사발주자 또는 건설공사도급인**(건설공사발주자로부터 해당 건설공사를

최초로 도급받은 수급인 또는 건설공사의 시공을 주도하여 총괄·관리하는 자를 말한다. 이하 이 절에서 같다)은 설계도서 등에 따라 산정된 공사기간을 단축해서는 아니 된다.

② **건설공사발주자 또는 건설공사도급인**은 공사비를 줄이기 위하여 위험성이 있는 공법을 사용하거나 정당한 사유 없이 정해진 공법을 변경해서는 아니 된다.

제70조(건설공사 기간의 연장)

① **건설공사발주자**는 다음 각 호의 어느 하나에 해당하는 사유로 건설공사가 지연되어 해당 건설공사도급인이 산업재해 예방을 위하여 공사기간의 연장을 요청하는 경우에는 특별한 사유가 없으면 공사기간을 연장하여야 한다.

   1. 태풍·홍수 등 악천후, 전쟁·사변, 지진, 화재, 전염병, 폭동, 그 밖에 계약당사자가 통제할 수 없는 사태의 발생 등 불가항력의 사유가 있는 경우

   2. **건설공사발주자**에게 책임이 있는 사유로 착공이 지연되거나 시공이 중단된 경우

② 건설공사의 관계수급인은 제1항제1호에 해당하는 사유 또는 건설공사도급인에게 책임이 있는 사유로 착공이 지연되거나 시공이 중단되어 해당 건설공사가 지연된 경우에 산업재해 예방을 위하여 건설공사도급인에게 공사기간의 연장을 요청할 수 있다. 이 경우 건설공사도급인은 특별한 사유가 없으면 공사기간을 연장하거나 건설공사발주자에게 그 기간의 연장을 요청하여야 한다.

③ 제1항 및 제2항에 따른 건설공사 기간의 연장 요청 절차, 그 밖에 필요한 사항은 고용노동부령으로 정한다.

제71조(설계변경의 요청)

① **건설공사도급인**은 해당 건설공사 중에 대통령령으로 정하는 가설구조물의 붕괴 등으로 산업재해가 발생할 위험이 있다고 판단되면 건축·토목 분야의 전문가 등 대통령령으로 정하는 전문가의 의견을 들어 건설공사발주자에게 해당 건설공사의 설계변경을 요청할 수 있다. 다만, 건설공사발주자가 설계를 포함하여 발주한 경우는 그러하지 아니하다.

② 제42조제4항 후단에 따라 고용노동부장관으로부터 공사중지 또는 유해위험방지계획서의 변경 명령을 받은 건설공사도급인은 설계변경이 필요한 경우 건설공사발주자에게 설계변경을 요청할 수 있다.

③ 건설공사의 관계수급인은 건설공사 중에 제1항에 따른 가설구조물의 붕괴 등으로 산업재해가 발생할 위험이 있다고 판단되면 제1항에 따른 전문가의 의견을

들어 건설공사도급인에게 해당 건설공사의 설계변경을 요청할 수 있다. 이 경우 건설공사도급인은 그 요청받은 내용이 기술적으로 적용이 불가능한 명백한 경우가 아니면 이를 반영하여 해당 건설공사의 설계를 변경하거나 건설공사발주자에게 설계변경을 요청하여야 한다.

④ 제1항부터 제3항까지의 규정에 따라 설계변경 요청을 받은 건설공사발주자는 그 요청받은 내용이 기술적으로 적용이 불가능한 명백한 경우가 아니면 이를 반영하여 설계를 변경하여야 한다.

⑤ 제1항부터 제3항까지의 규정에 따른 설계변경의 요청 절차·방법, 그 밖에 필요한 사항은 고용노동부령으로 정한다. 이 경우 미리 국토교통부장관과 협의하여야 한다.

제72조(건설공사 등의 산업안전보건관리비 계상 등)

① **건설공사발주자**가 도급계약을 체결하거나 건설공사의 시공을 주도하여 총괄·관리하는 자(건설공사발주자로부터 건설공사를 최초로 도급받은 수급인은 제외한다)가 건설공사 사업 계획을 수립할 때에는 고용노동부장관이 정하여 고시하는 바에 따라 산업재해 예방을 위하여 사용하는 비용(이하 "산업안전보건관리비"라 한다)을 도급금액 또는 사업비에 계상(計上)하여야 한다. 〈개정 2020. 6. 9.〉

② 고용노동부장관은 산업안전보건관리비의 효율적인 사용을 위하여 다음 각 호의 사항을 정할 수 있다.
  1. 사업의 규모별·종류별 계상 기준
  2. 건설공사의 진척 정도에 따른 사용비율 등 기준
  3. 그 밖에 산업안전보건관리비의 사용에 필요한 사항

③ **건설공사도급인**은 산업안전보건관리비를 제2항에서 정하는 바에 따라 사용하고 고용노동부령으로 정하는 바에 따라 그 사용명세서를 작성하여 보존하여야 한다. 〈개정 2020. 6. 9.〉

④ 선박의 건조 또는 수리를 최초로 도급받은 수급인은 사업 계획을 수립할 때에는 고용노동부장관이 정하여 고시하는 바에 따라 산업안전보건관리비를 사업비에 계상하여야 한다.

⑤ **건설공사도급인** 또는 제4항에 따른 선박의 건조 또는 수리를 최초로 도급받은 수급인은 산업안전보건관리비를 산업재해 예방 외의 목적으로 사용해서는 아니 된다. 〈개정 2020. 6. 9.〉

제73조(건설공사의 산업재해 예방 지도)

① 대통령령으로 정하는 **건설공사도급인**은 해당 건설공사를 하는 동안에 제74조에 따라 지정받은 전문기관(이하 "건설재해예방전문지도기관"이라 한다)에서 건설 산업재해 예방을 위한 지도를 받아야 한다.

② 건설재해예방전문지도기관의 지도업무의 내용, 지도대상 분야, 지도의 수행방법, 그 밖에 필요한 사항은 대통령령으로 정한다.

제73조(건설공사의 산업재해 예방 지도) - <개정 2021. 8. 17.> [시행일: 2022. 8. 18.]

① 대통령령으로 정하는 건설공사의 **건설공사발주자** 또는 **건설공사도급인**(건설공사발주자로부터 건설공사를 최초로 도급받은 수급인은 제외한다)은 해당 건설공사를 착공하려는 경우 제74조에 따라 지정받은 전문기관(이하 "건설재해예방전문지도기관"이라 한다)과 건설 산업재해 예방을 위한 지도계약을 체결하여야 한다. 〈개정 2021. 8. 17.〉

② 건설재해예방전문지도기관은 **건설공사도급인**에게 산업재해 예방을 위한 지도를 실시하여야 하고, 건설공사도급인은 지도에 따라 적절한 조치를 하여야 한다. 〈신설 2021. 8. 17.〉

③ 건설재해예방전문지도기관의 지도업무의 내용, 지도대상 분야, 지도의 수행방법, 그 밖에 필요한 사항은 대통령령으로 정한다.

나. 산업안전보건법상 조치와의 비교

1) 도급인의 안전·보호조치와 관련하여, 산업안전보건법과 비교하면 이하의 표와 같다.

법률	중대재해처벌법 제5조	산업안전보건법 제63조
	도급·용역·위탁 등 관계에서의 안전 및 보건 확보의무	도급인의 안전조치 및 보건조치
주체	사업주 또는 경영책임자등	도급인
행위	사업주나 법인 또는 기관이 제3자에게 도급, 용역, 위탁 등을 행한	관계수급인 근로자가 도급인의 사업장에서 작업을 하는 경우

	경우	
객체	제3자의 종사자	자신의 근로자와 관계수급인 근로자
목적	중대산업재해 예방	산업재해 예방
조치	제4조의 조치	안전 및 보건 시설의 설치 등 필요한 안전조치 및 보건조치
제한	사업주나 법인 또는 기관이 그 시설, 장비, 장소 등에 대하여 실질적으로 지배·운영·관리하는 책임이 있는 경우에 한정	보호구 착용의 지시 등 관계수급인 근로자의 작업행동에 관한 직접적인 조치는 제외 ※ 단 이는 도급인이 관계수급인 근로자에게 보호구 착용을 지시할 수 없다거나, 불안전한 작업행동에 대하여 시정을 요구하여서는 안 된다는 취지는 아님[103]
구체적 조치 의무	제4조(사업주와 경영책임자등의 안전 및 보건 확보의무)	제62조(안전보건총괄책임자) 제64조(도급에 따른 산업재해 예방조치) 제65조(도급인의 안전 및 보건에 관한 정보 제공 등) 제66조(도급인의 관계수급인에 대한 시정조치)

2) 결론적으로 계약의 형식은 관계없으나, 해당 법률관계가 '도급, 용역, 위탁 등'에 포함되는지 여부는 개별 사건의 법률관계에 따라 판단될 것으로 보인다. 예를 들어 제조물의 하자보수업무가 도급에 해당하는지 여부에 대해 고용노동부는 '보증기간 내인 경우 제조물에 대한 하자보수는 제조자 자신의 업무이나, 보증기간 이후 또는 사용자의 귀책으로 인하여 보수를 맡기는 경우라면 산업안전보건법상 도급으로 볼 수 있다'고 보고 있다.

> **▌ 하자보수(A/S)가 도급에 해당하는지 여부[104]**
> ○ 통상적인 제품이 갖추어야 할 상품 자체의 품질이나 성능결함으로 인한 하자를 보증기간 내에 수리하는 것은 제조물에 대한 하자보수(A/S)로서 제조자 자신의

---

103) 앞 고용노동부 운영지침, 21

업무이나,

○ 보증기간이 지났거나 사용자 귀책으로 발생한 고장으로 인하여 보수를 맡기는 경우라면 산업안전보건법상 도급으로 볼 수 있음

※ 제조물에 대한 하자보수 업무가 제조자의 업무라 하더라도, 제조자 소속 근로자 등이 제품 사용 사업장에서 하자보수 작업 중 해당 사업장의 유해·위험요인으로 인하여 사고가 발생할 경우 제품 사용 사업주는 안전조치 의무 위반 등으로 책임을 질 수 있음

2. 제3자의 종사자

종사자라는 개념은 본 법률 제2조 제7호에서 이미 규정하고 있으므로, 제3자의 종사자란 제3자와의 관계에서 근로기준법상 근로자, 계약의 형태를 불문하고 제3자에게 근로를 제공하는 자 및 사업이 여러 차례의 도급에 따라 행하여지는 경우에는 각 단계의 수급인 및 수급인과 근로기준법상 근로자 관계 또는 계약 형태를 불문하고 근로를 제공하는 자를 의미한다.

산업안전보건법은 관계수급인을 '도급이 여러 단계에 걸쳐 체결된 경우 각 단계별로 도급받은 사업주 전부'로 규정하고 도급인은 '관계수급인의 (모든) 근로자'에게 안전·보건조치의무를 부담한다고 규정하고 있는 점도 참고할 만하다.105)

3. 실질적으로 지배·운영·관리하는 책임

가. 범위

1) '실질적'이라는 문언 자체의 추상성으로 인해 향후 상당한 다툼이 있을 것으로 보이나, 기본적으로 사업주나 법인 또는 그 기관이 현장입출입 또는

---

104) 앞 고용노동부 운영지침, 13
105) 산업안전보건법 제63조(도급인의 안전조치 및 보건조치)

근로·작업의 통제, 지휘체계, 관리감독책임자의 소속이나 임명권 등 해당 장소와 인력에 대한 통제권한이 있는지 여부를 기준으로 우선 판단할 수 있다. 고용노동부도 같은 견지에서 '중대산업재해 발생 원인을 살펴 해당 시설이나 장비 그리고 장소에 관한 소유권, 임차권, 그 밖에 사실상의 지배력을 가지고 있어 위험에 대한 제어 능력이 있다고 볼 수 있는 경우'로 해석하고 있어 결국 인력이나 장비, 예산에 관한 실질적인 지휘·통제·결정권한이나 제어 능력의 존부로 판단될 것으로 보인다. 물론 실질적 지배 여부는 개별적 사안마다 달리 판단될 수밖에 없으므로, 향후 법원의 해석에 따라 어느 정도의 기준이 제시될 것이다.

고용노동부는 '사업주가 해당 장소, 시설·설비 등에 대하여 소유권, 임차권 등 실질적인 지배관리권을 가지고 있어 해당 장소 등의 유해·위험요인을 인지·파악하여 유해·위험요인 제거 등을 통제할 수 있는 경우를 의미하고, 특히 사업장뿐 아니라 사업장 밖이라도 사업주가 지정·제공하는 등 실질적으로 지배·관리하는 장소는 모두 포함된다'고 보면서, 수급인이 작업장소나 시설, 설비 등을 직접 소유하거나 도급인이 아닌 제3자로부터 임차하여 사용하는 경우에는 도급인 등이 실질적으로 지배·운영·관리하는 범위에 해당되지 않는다는 입장이다. 다만 계약 형식상 임대차일 뿐 실질적인 도급계약인 경우에는 당연히 위 범위에 해당된다.[106)]

2) 이하의 판례는 사업주인 C의 소속 근로자가 A의 지시에 따라 F의 작업장인 채석장에 가서 사토반출 및 하역작업을 하다가 급작스러운 암사면의 붕괴로 사망한 사건을 다루고 있다. 구 산업안전보건법상의 판례로, 구 산업안전보건법상 사업주는 '자신이 운영하는 사업장'에서 소속 근로자에 대한 안전조치의무를 부담하므로 사업주의 현장소장이 사업주의 사업장이 아닌 장소에까지 소속근로자에 대한 안전조치의무가 있는지 여부가 쟁점이었다.

법원은 'F의 사업장은 C가 지배할 수 있는 범위 내의 사업장에는 해당할 수 없다'고 판시하면서 해당 공소사실에 대한 무죄를 선고하였다. 법원이 지배할 수 있는 범위 내인지를 판단하기 위한 사실관계를 참고할 필요가 있다.

---

106) 고용노동부, 중대재해처벌법 시행령 제정안 주요내용 설명자료, 2021, 13

○ 대구지방법원 2010. 6. 11. 선고 2010노585 판결 [산업안전보건법위반]107)

가. 인정사실

1) 원심이 적법하게 조사·채택한 증거들에 의하면, C주식회사(이하 C)는 2007.
10. 1.경 대구지하철 2호선 D공구 건설공사의 시공업체인 주식회사 I(이하 I)로부
터 위 지하철 건설공사 중 토공 및 가시설 공사를 하도급 받았고, 피고인은 C의
현장소장인 사실, C은 2008. 5. 24.경부터 'J'라는 상호로 사업자등록을 한 K로부
터 그 소유의 15톤 덤프트럭 2대를 운전기사와 함께 1일 280,000원에 임차한 사
실, 주식회사 F는 경산시장으로부터 경산시 OO필지 산림에 대하여 1994. 8. 10.
부터 2009. 12. 31.까지 토석채취허가를 받아 채석작업을 하던 중 2008. 12. 9.
경산시장으로부터 위 채석장 중 토석채취가 끝난 부분에 대한 복구 승인을 받고,
I과 사이에 위 지하철 건설공사 현장에서 발생하는 사토를 위 채석장으로 반입하
여 채석장을 복구하기로 협의한 사실,

2) 이에 C은 2009. 4. 16.부터 위 지하철 건설공사 구간인 M정거장에서 발생한 사
토를 위 채석장으로 반출하기 시작하였고, F는 C으로부터 사토를 반입받아 위 채
석장 복구 작업을 한 사실, C이 K으로부터 15톤 덤프트럭과 함께 임차한 운전기사
G은 위 M정거장에서 C의 근로자들이 사토를 15톤 덤프트럭에 상차하여 주면
6.2km 정도 떨어진 F의 채석장까지 이를 운반하여 하역하는 작업만을 수행하였을
뿐 그 외 아무런 업무를 담당하지 않았고, C 소속 근로자 H은 F의 채석장에서 G이
15톤 덤프트럭으로 사토를 15톤 덤프트럭으로 사토를 하역하는 작업을 사진 촬영
하는 일을 한 사실, F는 이 사건 사토 하역작업과 관련하여 위 채석장 내 사토장
위치 지정, 사토장 운행통로의 지정 및 설치, 적치된 사토의 정리 등을 담당한 사
실, G은 2009. 5. 2. 경 F의 채석장에서 F가 지정한 사토장에 15톤 덤프트럭으로
운반해 온 사토를 하역한 후 위 덤프트럭을 운전하여 F가 가설한 도로를 따라 되돌
아가던 중 갑자기 가설도로 측면의 채석장 암사면이 붕괴되는 바람에 위 덤프트럭
과 함께 매몰되어 사망하였고, 근처에서 사진 촬영을 하던 H도 위 사고로 상해를
입은 사실, G은 2009. 1. 말경 J 사업자인 K에게 고용되어 그로부터 일당을 지급
받아온 사실을 인정할 수 있다.

나. 판단

1) 위 인정사실에 의하면, 이 사건 장소인 위 채석장은 F의 사업장일 뿐만 아니라,
이 사건 사토반출 및 하역작업 또한 채석작업이 완료된 위 채석장의 복구를 위하
여 이루어진 것으로 F가 위 채석장 내 사토장의 위치 지정, 운행통로의 지정 및 설

치, 적치된 사토의 정리 등의 업무를 주도적으로 처리하였으므로, 위 채석장은 I의 하청업체로서 사고 당시 위 M정거장에서 발생한 사토를 반출하여 위 채석장에 운반하여 하역하는 작업을 수행하던 C가 지배할 수 있는 범위 내의 사업장에는 해당하지 않는다고 봄이 상당하다.

2) 따라서 C와 그 현장소장인 피고인은 위 채석장에서 (구) 산업안전보건법 제23조 제1항이 규정하는 안전상의 조치의무를 부담한다고 할 수 없으므로 이 사건 공소사실은 범죄의 증명이 없는 경우에 해당함에도 원심은 이를 유죄로 인정하였으니 원심판결에는 사실을 오인하여 판결에 영향을 미친 위법이 있다.

3) 고용노동부는 개정 산업안전보건법상의 '지배·관리'의 의미에 대하여, 도급인은 도급인의 사업장 전체는 물론 도급인이 제공·지정한 경우로서 지배·관리하는 21개의 위험장소에서 관계수급인 근로자에 대한 안전·보건조치의무를 부담하는바, 어느 장소가 이하의 ①~③ 요건을 모두 충족한다면 해당 장소는 '도급인이 제공·지정한 장소로서 도급인이 지배·관리하는 장소'로 볼 수 있다는 가이드라인을 제시한 바 있다. 본 법률의 해석에 있어서도 참고할 만한 기준이 될 것이다. 다만 본 법률상의 '실질적으로 지배·운영·관리하는 장소'란 산업안전보건법상의 21개 위험장소에 한정되지 않는 개념임에 유의하여야 한다. 고용노동부도 같은 입장이다.[108]

〈도급인이 제공·지정한 장소로서 도급인이 지배·관리하는 장소〉[109]
① 도급인이 수급인에게 작업장소(시설·설비 등 포함)를 제공 또는 지정할 것
② 도급인이 지배·관리하는 장소일 것(도급인이 해당 장소의 유해·위험요인을 인지하고 이를 관리·개선하는 등 통제할 수 있음을 의미)
③ 해당 장소가 산업재해 발생위험이 있는 21개 장소에 해당할 것[110]

---

107) 대법원 2010. 10. 28. 선고 2010도8696 상고기각 판결로 확정
108) 고용노동부, 중대재해처벌법 해설, 2021, 109
109) 앞 고용노동부 운영지침, 22
110) 산업안전보건법 시행령 제11조, 동법 시행규칙 제6조 참조

나. 산업안전보건법과의 차이

본 법률은 도급인이 취해야 하는 조치의무의 범위를 '실질적으로 지배·운영·관리하는 책임이 있는 경우'로 제한하였다. 반면 산업안전보건법은 '보호구착용의 지시 등 관계수급인 근로자의 작업행동에 관한 직접적인 조치'를 제외하고 있어 상호 차이가 있다.

중대재해처벌법은 시설, 장비, 장소 등에 대한 실질적 지배·운영·관리라고만 규정할 뿐 산업안전보건법과 달리 장소적 제한을 두지 않고 있어 중대재해처벌법의 의무범위가 더 넓은 것으로 판단된다'는 견해가 있으나,[111] 본 법률의 징벌적 성격이나 형의 무거움, 처벌대상의 확대 등을 고려할 경우 산업안전보건법에서 규정하고 있는 범위(도급인의 사업장 전체는 물론 도급인이 제공·지정한 경우로서 지배·관리하는 21개의 위험장소) 이상으로 넓게 해석되어서는 안 된다고 본다. 이는 발주자와 도급인의 관계, 도급인과 다수의 수급인(하수급인 포함) 간의 관계가 매우 복잡하고 다수의 당사자가 출현하고 있는 현실을 고려하면 더욱 그러하다.

다. 사내하도급의 경우

사업주가 자신의 근로자를 타인의 사업장에서 근로를 제공케 한 경우(소위 사내하도급)에도 사업주의 안전·보건조치의무가 있는지에 대하여, 대법원은 '직접 관리·통제하고 있지 아니하더라도 사업주의 재해발생 방지의무가 당연히 부정되지 않는다'고 보았다.

수급사업주에 의해 직접 관리·통제되지 않은 도급사업주의 사업장에서 일하는 사내하도급 근로자들에 대해서도 수급사업주가 이들 근로자의 근로계약상의 사업주로서 안전·보건조치의무가 있다고 본 것이다. 결국 사내하도급 근로자들에 대해서는 도급사업주에게도 안전·보건조치의무가 있음은 당연하고, 수급사업주에게도 해당 근로자들에 대한 안전·보건조치의무가 있게 된다.[112]

---

111) 법무법인 화우, 중대재해의 처벌 등에 관한 법률 해설, 2021, 20
112) 동지 : 심재진, 도급사업주 사업장에서의 수급사업주의 안전보건조치의무, 월간 노동리뷰,

○ 대법원 2020. 4. 9. 선고 2016도14559 판결 [산업안전보건법위반]

산업안전보건법상 사업주의 의무는 근로자를 사용하여 사업을 행하는 사업주가 부담하여야 하는 재해방지의무로서 사업주와 근로자 사이에 실질적인 고용관계가 성립하는 경우에 적용되고, 사업주가 고용한 근로자가 타인의 사업장에서 근로를 제공하는 경우 그 작업장을 사업주가 직접 관리 · 통제하고 있지 아니하다는 사정만으로 사업주의 재해발생 방지의무가 당연히 부정되는 것은 아니다. 타인의 사업장 내 작업장이 밀폐공간이어서 재해발생의 위험이 있다면 사업주는 당해 근로관계가 근로자파견관계에 해당한다는 등의 특별한 사정이 없는 한 산업안전보건법에 따라 근로자의 건강장해를 예방하는 데 필요한 조치를 취할 의무가 있다.

라. 중층적 도급관계의 경우

하도급이 수차례 이루어진 경우, 소위 중층적 도급관계에 있어서 누가 도급인으로서 책임을 져야 하는지 문제될 수 있다. 이에 대해 대법원은 구 산업안전보건법위반 사안에서 '도급사업주는 원사업주만을 의미한다'고 판시하였다.

또한 중층적 도급관계에서 구 산업안전보건법 제29조(도급사업에 있어서의 안전 · 보건조치)에 따른 산업재해예방조치의무가 있는 사업주의 범위에 도급인으로부터 일정 업무를 하도급받고 이를 다시 재하도급한 하수급인이 포함되는지 여부에 대해 이하의 판결을 근거로 하수급인은 포함되지 않는다고 보는 견해가 있다.[113] 구 산업안전보건법[114]에 대한 판결이긴 하나 개정 산업안전보건법 적용하에서도 원청 - 하수급인 - 재하수급인의 구조에서 하수급인은 안전조치를 할 의무 있는 자가 아니므로 산업안전보건법위반으로 기소되지 않는 사례가 많다. 본 법률에 있어서도 이와 같은 업무 구조에서 하수급인은 형사처벌의 대상이 되지 않을 가능성이 높다.

2020, 87-91
113) 정진우, 도급 시의 안전 · 보건조치(2), 산업보건 3월호, 35
114) 2006. 3. 24. 법률 제7920호로 개정되기 전의 것

○ 대법원 2005. 10. 28. 선고 2005도4802 판결 [산업안전보건법위반]

〈요지〉 사업의 발주자 또는 수급인이 동일한 장소에서 행하여지는 작업 중 일부를 도급에 의하여 행하는 경우 하수급인은 산업안전보건법상 안전·보건조치의무가 없음

2. 피고인 2, 피고인 6 주식회사의 상고이유에 대하여

가. 상고이유 제1, 2점에 대하여

1) 원심은, 피고인 6 주식회사가 발주자로부터 이 사건 건물신축공사 전부를 도급받아 피고인 7 주식회사 등 10여 개 업체에 하도급을 주는 방식으로 공사를 진행하였다고 전제한 다음, 피고인 6 주식회사의 현장소장인 피고인 2는 이 사건 건물신축공사의 안전보건총괄책임자로서 하청업체의 시공과정의 문제점을 확인하고 붕괴 위험이 있는 곳에서는 작업을 하지 못하도록 하는 등의 조치를 취할 의무가 있음에도 이를 제대로 이행하지 아니하여 이 사건 사고의 원인을 제공하였다고 판단하였다. 나아가 원심은, 그 판시와 같이 피고인 6 주식회사가 공사현장에 다수의 직원을 배치하여 안전보건업무 등을 맡게 하고 인부를 직접 고용하여 안전시설의 설치 등의 작업을 하였다는 등의 사정을 근거로, 피고인 6 주식회사는 이 사건에 적용되는 구 산업안전보건법(2006. 3. 24. 법률 제7920호로 개정되기 전의 것. 이하 같다) 제29조 제2항에 규정된 '동일한 장소에서 행하여지는 사업의 일부를 도급에 의하여 행하는 사업의 사업주'에 해당하고, 피고인 2는 같은 법 제71조에 규정된 '행위자'에 해당한다고 판단하였다.

원심이 적법하게 채용한 증거들을 원심의 판결이유와 위 법리의 취지에 비추어 살펴보면, 위와 같은 원심의 사실인정과 법적 평가는 정당한 것으로 수긍할 수 있고, 거기에 상고이유에서 주장하는 바와 같이 논리와 경험법칙에 위배하여 사실을 인정하거나 관련 법리를 오해하여 판결 결과에 영향을 미친 위법이 없다.

2) 산업안전보건법 제29조 제2항 및 제1항은 도급사업에 있어서 안전보건조치에 관한 규정이고, 같은 법 제18조 제1항은 안전보건총괄책임자에 관한 규정인데, 양자는 모두 그 규범의 수범자를 "동일한 장소에서 행하여지는 사업의 일부를 도급에 의하여 행하는 사업으로서 대통령령이 정하는 사업의 사업주"라는 동일한 용어로 규정하고 있는 점, 산업안전보건법 제29조 제1항은, 1996. 12. 31. 법률 제5248호로 개정되기 전에는, 그 규범의 수범자를 "제18조의 규정에 의하여 안전보

건총괄책임자를 두어야 할 사업주"라고 규정하고 있었고,

그에 따라 제18조와 제29조의 사업주의 의미는 동일하게 해석할 수밖에 없었던 점, 위 법률개정으로 산업안전보건법 제29조가 제18조의 규정을 그대로 인용하는 형식은 없어졌으나, 이는 제18조가 적용되는 사업 중에서 건설업의 경우 규모에 관계없이 제29조를 확대적용하기 위한 입법기술상의 필요에 의한 것으로 보이고, 법개정을 전후하여 제29조 제2항의 해석을 달리할 사정은 없는 점, 산업안전보건법 제29조의 사업주의 구체적 범위를 규정하고 있는 구 산업안전보건법 시행령 (2009. 7. 30. 대통령령 제21653호로 개정되기 전의 것. 이하 같다) 제26조 제2항은 법 제18조 제1항의 사업주에 관한 규정인 구 산업안전보건법 시행령 제23조를 준용하고 있는 점 등에 비추어 보면,

산업안전보건법 제29조 제2항의 사업주와 같은 법 제18조 제1항의 사업주는 동일한 의미로 볼 수 있고, 한편 산업안전보건법 제18조 제1항에서 규정하는 안전보건 총괄책임자의 지정 업무는 사업의 일부를 도급한 발주자 또는 사업의 전부를 도급받아 그 중 일부를 하도급에 의하여 행하는 수급인 등 사업의 전체적인 진행과정을 총괄하고 조율할 능력이나 의무가 있는 사업주에게 해당하는 사항이라고 할 수 있으므로, <u>사업의 발주자 또는 수급인이 동일한 장소에서 행하여지는 사업의 일부를 도급에 의하여 행하는 경우에 그 수급인으로부터 사업의 일부를 하도급 받은 하수급인은 산업안전보건법 제29조 제2항에 의하여 산업재해예방조치를 취하여야 할 사업주에 해당하지 아니한다고 봄이 상당하다.</u>

'건물관리를 위탁한 경우 도급인의 책임 여부'에 대한 이하의 고용노동부 질의회신은 중층적 도급 관계에서 도급인이 누구인지에 대해 판단할 필요가 있는 경우 참고할 만하다.

빌딩관리 중층적 하도급 관계에서 도급인 판단 여부('20. 2. 26)
○○소재 ○○스퀘어 빌딩 관리업체인 D업체 소속 근로자가 당직 순찰 중 지하2층 개구부 내부 드라이에어리어에서 지하7층 바닥으로 추락하여 사망사고 관련

| • 빌딩 소유주는 사모펀드(부동산 매입형 펀드, 집합투자업자), 관리는 A신탁회사*로서 | |

건물 종합관리업무(재산 인수/인계 관련 업무, 부동산 관리업무, 임대마케팅 및 임대관리업무, 주차장 관리업무 등) 일체를 B사에 위탁 • B사는 A사로부터 건물 종합관리업무 일체를 위탁받아 부동산 임대차 관리 및 마케팅 업무를 수행, 이중 시설·미화·보안·건물 유지보수 업무 일체를 C사에 위탁 • C사는 건물 관리업무 일체를 위탁받아 보안·미화 업무를 수행하고, 건물 관리업무 중 위탁받은 시설·방재업무는 D사에 재위탁한 중층적 하도급 관계	소유주 : 사모펀드 관리자 : A신탁회사 ↓ 위탁[종합관리업무 일체] B사 : 부동산 임대차 관리 및 마케팅 업무 수행 ↓ 재위탁[수탁업무 중 시설·미화·보안·건물 유지보수 업무 일체] C사 : 보안·미화 업무 수행 ↓ 재위탁[수탁업무 중 시설·방재 업무 일체] D사 - 시설·방재 업무 수행

질의 내용

중층적 하도급 관계에서 D업체 소속 근로자가 사업주의 안전조치 위반으로 사망한 경우 산업안전보건법 제63조(도급인의 안전조치 및 보건조치)상 도급인 책임 주체를 A,B,C 중 어느 업체로 보아야 하는지?

회신 내용

도급이란 일의 완성 또는 대가의 지급여부와 관계없이 '업무를 타인에게 맡기는 계약'으로 도급 자체만으로는 처벌대상이 아님

「산업안전보건법」에서는 도급인, 수급인, 관계수급인에게 각각의 의무를 부여하고, 도급인의 책임범위를 ①도급인의 사업장내의 모든 장소, ②도급인이 제공하거나 지정한 경우로서 도급인이 지배·관리하는 추락 등 21개 위험장소로 대폭 강화하였음

질의내용상 A사는 부동산업 등의 사업 목적으로 구입한 빌딩 관리를 전문관리업체 B사에 위탁한 경우이며 빌딩의 가치유지나 제고를 통해 수익을 창출하는 경우라면 동 빌딩 관리는 A사 본연의 사업수행을 위해 직·간접적으로 관련성이 있으므로 A사를 산업안전보건법상 도급인 책임주체로 볼 수 있음

귀 질의와 같이 도급사인 A사가 별도의 장소(사업장 밖)에 있는 경우 그 장소가 도
급인이 제공·지정한 경우로서 지배·관리하는 법령상 규정하는 위험장소에 해당
한다면 A사는 도급인으로서 책임을 짐
* 도급인의 지배·관리하에 있는지 여부는 관계자 조사 등 수사를 통해 확인해야
할 사항(안전시설의 책임주체, 이행 가능성, 범죄성립 요건 등 종합 검토)
만일, A사가 지배·관리를 하지 않고 B사가 ① 독립적으로 업무를 추진하고, ② 안
전시설 등의 설치·관리업무도 B사에 귀속된다면 B사가 도급인으로서 산업안전보
건법상 규정 의무의 이행책임이 있음(이 경우 C사는 수급인, D사는 관계 수급인에
해당됨)

마. 컨소시엄(공동수급체)의 경우

컨소시엄을 구성하여 공사가 진행되는 경우, 통상 주간사(지분비율이 가장
높은 구성원)의 직원이 현장소장으로 부임하여 안전보건관리총괄책임자가 되
고 있는데 이러한 경우의 구 산업안전보건법 제29조 위반 책임에 대하여는
각 도급인 사업주의 감독가능성, 지휘관계 등이 인정되기 어렵다면 주간사가
아닌 구성원(법인)에 대해서는 처벌이 어렵다는 견해가 있다.[115]

위 견해는 일응 타당하나, 위 사유 외에도 공구분할에 따른 분담이행방식이
어서 별도의 공구별 안전관리책임자를 두고 있는지, 공동수급약정서상 안전
보건관리책임이 어떻게 분배되어 있는지 여부 등도 고려되어야 할 것이다. 따
라서 전술한 바와 같이 현장에 대한 통제권한이 누구에게 있는지 등 각 구성
원별로 사업주로서의 책임을 인정할 수 있는 요건을 적극적으로 검토할 필요
가 있다.

○ 대법원 2010. 9. 9. 선고 2008도7834 판결 [산업안전보건법위반·업무상과실치사]

〈요지〉 안전보건총괄관리자의 산업안전보건법위반이 인정된다고 하여 곧바로 양
벌규정에 따라 법인의 책임이 인정되는 것은 아님

---

115) 앞 정진우, 35-36

3. 피고인 4 주식회사에 대한 직권판단

1) 상고이유에 대한 판단에 앞서 직권으로 살피건대, 원심은 종업원인 피고인 3이 피고인 4 주식회사의 업무에 관하여 위험방지를 위하여 필요한 조치를 취하지 아니하여 구법 제68조 제1호, 제29조 제2항 위반행위를 하였다는 이유로 구법 제71조의 양벌규정에 따라 그 법인인 피고인 4 주식회사를 유죄로 인정한 제1심판결을 그대로 유지하였다.

2) 그러나 형벌의 자기책임원칙에 비추어 보면, 위반행위가 발생한 그 업무와 관련하여 법인이 상당한 주의 또는 관리감독 의무를 게을리한 때에 한하여 위 양벌규정이 적용된다고 봄이 상당하며, 구체적인 사안에서 법인이 상당한 주의 또는 관리감독 의무를 게을리하였는지 여부는 당해 위반행위와 관련된 모든 사정 즉, 당해 법률의 입법 취지, 처벌조항 위반으로 예상되는 법익 침해의 정도, 그 위반행위에 관하여 양벌규정을 마련한 취지 등은 물론 위반행위의 구체적인 모습과 그로 인하여 실제 야기된 피해 또는 결과의 정도, 법인의 영업 규모 및 행위자에 대한 감독가능성 또는 구체적인 지휘감독 관계, 법인이 위반행위 방지를 위하여 실제 행한 조치 등을 전체적으로 종합하여 판단하여야 한다(대법원 2010. 2. 25. 선고 2009도5824 판결 등 참조).

3) 따라서 구법 제71조의 양벌규정에 기하여 피고인 4 주식회사의 책임을 추궁하기 위해서는 피고인 4 주식회사의 직원수 등 그 규모와 직원들에 대한 지휘감독 관계, 평소 피고인 4 주식회사가 위험방지를 위하여 필요한 조치를 취하거나 시설을 설치하도록 관리, 감독하였는지 여부, 피고인 4 주식회사가 피고인 3의 위반행위를 예상하여 이를 방지하기 위한 상당한 주의를 기울이거나 관리감독을 철저히 할 필요가 있었는지, 그러한 필요가 있다면 피고인 4 주식회사가 그와 같은 의무를 충실히 이행하였는지 여부 등을 심리 · 판단할 필요가 있다고 할 것이다.

4) 그럼에도 불구하고 원심은 피고인 3의 행위가 구법 위반죄에 해당한다는 이유만으로 피고인 4 주식회사의 주의의무 내용이나 그 위반 여부에 관하여 나아가 살피지 아니하고 위 양벌규정에 따라 피고인 4 주식회사를 처벌하고 말았으니, 원심판결에는 구법상 양벌규정의 사업주 책임에 관한 법리를 오해하거나 심리를 다하지 아니한 잘못이 있고, 이는 판결 결과에 영향을 미쳤음이 분명하다.

제6조 중대산업재해 사업주와 경영책임자 등의 처벌

> **제6조 중대산업재해 사업주와 경영책임자 등의 처벌**
>
> ① 제4조 또는 제5조를 위반하여 제2조 제2호 가목의 중대산업재해에 이르게 한 사업주 또는 경영책임자등은 1년 이상의 징역 또는 10억원 이하의 벌금에 처한다. 이 경우 징역과 벌금을 병과할 수 있다.
> ② 제4조 또는 제5조를 위반하여 제2조 제2호 나목 또는 다목의 중대산업재해에 이르게 한 사업주 또는 경영책임자등은 7년 이하의 징역 또는 1억원 이하의 벌금에 처한다.
> ③ 제1항 또는 제2항의 죄를 저지른 자는 각 항에서 정한 형의 2분의 1까지 가중한다.

1. 안전 및 보건확보 의무 위반

가. 의무 위반

사업주와 경영책임자가 안전 및 보건확보의무를 이행하지 않아 중대산업재해가 발생한 경우 사업주 또는 경영책임자는 본 법률에 따른 형사처벌의 대상이 된다. 그러나 이는 '안전 및 보건확보 의무'와 관련한 예산의 확보, 전담조직 확보 등의 체계와 관련된 의무 위반인 경우에 해당하는 것이지, 사업주와 경영책임자가 안전 및 보건확보에 관한 업무지시를 했는데 하위 직급자 또는 현장소장이 이를 이행하지 아니한 경우와 같이 구체적인 업무지시에 따른 위반인 경우에는 사업주와 경영책임자가 형사처벌의 대상이 될 가능성은 낮다.[116]

---

[116] 사상의 결과와 관계 없이, 안전조치의무위반 자체가 법 위반으로 규정되어 있는 경우에는 당연히 안전조치의무를 하지 않았다는 사실 자체만으로 범죄가 성립한다.
대법원 2008. 8. 11. 선고 2007도7987 판결 : 구 산업안전보건법이 제68조 제1호, 제71조에서 제29조 제2항을 위반한 행위를 처벌하는 것은 산업재해의 결과 발생에 대한 책임을 물으려는 것이 아니라 사업주 등이 구 산업안전보건법 제29조 제2항 등에 정한 필요한 조치를 이행하지 아니한 것에 대한 책임을 물으려는 것으로 보이고, 따라서 피고인이 위와 같이

유상범 위원 : … 한번 차장님께 물어볼게요. 사업자가 의무에 관련된 지시는 했어
요. 밑에 안전 관리 담당자가 지시는 받았는데 그걸 이행을 안 했어. 중대재해 결과
가 발생했습니다. 이 경우에 그러면 사업자한테 책임을 물을 수 있나요?

법원행정처차장: 그런 케이스라면 경영책임자 책임을 묻기는 어렵지 않을까 …117)

다만 본 법률의 취지상 지시 이후에도 지속적인 관리와 감시를 통해 확인
할 것 역시 사업주 및 경영책임자의 안전 및 보건조치 의무에 포함된다고 볼
수 있으므로, 관리와 감시를 통해 수차례 보완할 것을 지시하는 등의 사정
없이 단순히 하위 직급자가 지시를 불이행했다는 이유 그 자체만으로는 면책
된다고 보기 어렵다.

나. 사례

이하의 판례들에서는 다소 내용이 길더라도 요약 없이 사실관계를 수록하
였다. 사업주의 책임이 인정되는지와 관련한 '사실관계'가 중요하기 때문이다.

○ **대법원 2007. 3. 29. 선고 2006도8874 판결 [산업안전보건법위반]**

1) 위 규정들을 종합하여 보면, 사업주에 대한 법 제67조 제1호, 제23조 제1항 위
반죄는 사업주가 자신이 운영하는 사업장에서 법 제23조 제1항에 규정된 안전상의
위험성이 있는 작업을 규칙이 정하고 있는 바에 따른 안전조치를 취하지 않은 채
하도록 지시하거나, <u>그 안전조치가 취해지지 않은 상태에서 위 작업이 이루어지고
있다는 사실을 알면서도 이를 방치하는 등 그 위반행위가 사업주에 의하여 이루어
졌다고 인정되는 경우에 한하여 성립하는 것</u>이지, 단지 사업주의 사업장에서 위와
같은 위험성이 있는 작업이 필요한 안전조치가 취해지지 않고 이루어졌다는 사실
만으로 성립하는 것은 아니라고 할 것이다.

관계 법령상의 필요한 조치를 이행하지 아니하였다면 그 자체로 구 산업안전보건법 제67조
제1호, 제71조 위반죄가 성립한다고 할 것이다.
117) 법제사법위원회 소위 제383회 4차 회의록 중 송기헌 위원과 법무부차관, 법원행정처차장간
문답 부분, 3-4

2) 원심은 채택한 증거에 의하여, 피고인으로서는 공장장 공소외인이 피고인 운영의 자동차정비공장에서 평소 폭발의 위험성 때문에 의뢰를 받더라도 작업을 거절해 오던 연료탱크의 용접작업을 **피고인이 자리를 비운 사이에 임의로 의뢰받은 다음, 폭발이나 화재의 예방을 위하여 필요한 안전조치를 취하지 아니한 채 그 용접작업을 실시하리라고 전혀 예상할 수 없었기에, 피고인에게 법 제23조 제1항에 규정된 안전조치의무를 다하지 아니한 책임을 물을 수 없다**는 이유로, 피고인에 대한 법 제67조 제1호, 제23조 제1항 위반의 점에 대하여 무죄로 판단하였는바, 이는 결국 법 제67조 제1호, 제23조 제1항 위반죄는 그 위반행위가 사업주에 의하여 이루어진 경우에만 성립한다는 전제하에 위와 같은 공소외인의 위반행위가 있었다 하여 피고인에게 법 제67조 제1호, 제23조 제1항 위반행위가 있었다고 볼 수 없다는 취지이므로, 원심의 위와 같은 판단은 앞서 본 법리에 비추어 정당하고, 거기에 법 제23조 제1항의 사업주가 예방, 방지하여야 할 위험에 관한 법리를 오해한 위법이 있다고 할 수 없다.

○ **대법원 2011. 9. 29. 선고 2009도12515 판결 [산업안전보건법위반·업무상과실치사]**

1) 이러한 규정들을 종합하여 보면, 사업주에 대한 구 법 제66조의2, 제23조 제3항 위반죄는 사업주가 자신이 운영하는 사업장에서 구 법 제23조 제3항에 규정된 안전상의 위험성이 있는 작업을 규칙이 정하고 있는 바에 따른 안전조치를 취하지 않은 채 하도록 지시하거나, 그 안전조치가 취해지지 않은 상태에서 위 작업이 이루어지고 있다는 사실을 알면서도 이를 방치하는 등 그 위반행위가 사업주에 의하여 이루어졌다고 인정되는 경우에 한하여 성립하는 것이지, 단지 사업주의 사업장에서 위와 같은 위험성이 있는 작업이 필요한 안전조치가 취해지지 않고 이루어졌다는 사실만으로 성립하는 것은 아니라고 할 것이다(대법원 2007. 3. 29. 선고 2006도8874 판결, 대법원 2008. 8. 11. 선고 2007도7987 판결 등 참조).

그러나 사업주가 사업장에서 안전조치가 취해지지 않은 상태에서의 작업이 이루어지고 있고 향후 그러한 작업이 계속될 것이라는 사정을 미필적으로 인식하고서도 이를 그대로 방치하고, 이로 인하여 사업장에서 안전조치가 취해지지 않은 채로 작업이 이루어졌다면 사업주가 그러한 작업을 개별적·체적으로 지시하지 않았더라

도 위 죄는 성립하며(대법원 2010. 11. 25. 선고 2009도11906 판결 등 참조), 위와 같은 법리는 동일한 장소에서 행하여지는 사업의 일부를 도급에 의하여 행하는 사업의 사업주에 있어서 그의 수급인이 사용하는 근로자가 구 법 제29조 제2항에 규정된 산업재해 발생위험이 있는 장소에서 작업을 하는 경우인 구 법 제68조 제1호(2007. 5. 17. 법률 제8475호로 개정되어 2008. 1. 1. 시행되기 전의 것, 이하 같다), 제29조 제2항 위반죄에서도 마찬가지로 적용된다.

2) 그러나 원심판결 중 피고인 3, 피고인 ○○건설에 대한 원심의 판단은 다음과 같은 이유에서 이를 그대로 수긍하기 어렵다.

원심의 채택 증거에 의하면, 피고인 3은 피해자에게 안전고리가 부착된 안전대 등 보호장비를 지급함은 물론, 피해자를 비롯한 근로자들을 상대로 평소 안전대를 착용하고 안전고리를 안전난간에 연결한 상태에서 작업을 하도록 정기적으로 교육함과 아울러 안전요원이 현장에서 이를 통제·독려하고 있었음을 알 수 있고, 한편 기록에 의하더라도 이 사건 사고 당시 이 사건 낙하방지물 설치공사와 관련하여 수급인 소속 작업팀장 공소외 2가 원래 예정된 설치공정과 달리 피해자에게 건물 외부에 위치한 낙하물방지망 위로 나오라는 지시를 하였다는 사정 또는 그 지시를 받은 피해자가 안전고리를 안전난간에 연결하지 아니한 채 건물 외부의 낙하물방지망 위로 나와서 작업을 하리라는 사정을 피고인 3이 알았거나 알 수 있었다고 볼 만한 자료는 찾아볼 수 없다.

그렇다면 원심이, 위와 같이 안전조치가 취해지지 않은 상태에서 수급인 소속 근로자들의 낙하방지물 설치작업이 이루어지고 있고 향후 그러한 작업이 계속될 것이라는 사정을 피고인 3이 미필적으로나마 인식하고서도 이를 그대로 방치하는 등 관련 법령이 정하는 안전상의 조치를 취하지 아니한 행위자에 해당한다고 볼 수 있는지에 관하여 심리·판단하지 아니한 채, 단지 그 판시와 같은 이유만으로 피고인 3 및 그의 위와 같은 안전조치의무위반죄가 성립함을 전제로 하는 피고인 ○○건설에 대한 공소사실을 모두 유죄로 인정한 제1심판결을 그대로 유지한 데에는, 구 법 제29조 제2항 소정의 안전조치의무에 관한 법리 등을 오해하고 필요한 심리를 다하지 아니하여 판결에 영향을 미친 위법이 있다고 할 것이다. 이를 지적하는 피고인 3, ○○건설의 상고이유는 이유 있다.

---

118) 대법원 2016. 12. 29. 선고 2016도16409 상고기각 판결로 확정

■ 울산지방법원 2016. 9. 23. 선고 2015노1451 판결 [업무상과실치사·업무상과실치상·산업안전보건법위반][118]

나) 드릴쉽 족장 붕괴 사건에 관하여

살피건대, 원심 및 당심에서 적법하게 채택하여 조사한 증거들을 종합하여 인정되는 아래와 같은 사정들에 비추어 보면, 검사가 제출한 증거만으로는 피고인 R가 이 사건 드릴쉽에서 족장을 세로로 세워 제조 당시의 용도가 아닌 작업발판의 지지물로 사용한 다음 작업발판의 최대적재하중을 정하지 아니한 채, 작업발판에 최대적재하중(1톤)을 초과하여 6톤 상당의 족장과 기자재 등을 적재하도록 지시하였다거나, **위와 같은 작업이 이루어지는 것을 미필적으로나마 인식하면서 이를 방치하였다고 보기 어렵고**, 달리 이를 인정할 만한 증거가 없다. 따라서 피고인 R의 이 부분 사실오인 및 법리오해 주장은 이유 있다.

① S 조선사업본부는 약 320만㎡의 부지에 직영 직원과 협력업체 직원 등 약 28,000명(직영 인력 약 10,560명, 협력업체 인력 약 17,242명)이 상시 작업을 하고 있는 방대한 규모의 조직이다.

② 피고인은 이 사건 이전에도 S 조선사업본부에 근무하기는 하였으나, 조선사업본부장으로서 본부 전체 안전보건총괄책임자의 역할을 하게 된 것은 2014. 3. 3.부터인데, 이 사건 사고는 피고인이 조선사업 본부장이 되고 불과 한 달도 채 지나지 않아 발생하였다.

③ 이 사건 사고 당시 사고 드릴쉽에는 S이 설치한 족장 플랫폼으로서 안전 하중 검사를 받은 족장 플랫폼이 선미와 선수 1/3 부위에 각 1개씩 설치되어 있었다. 그럼에도 불구하고 수급 업체인 주식회사 D의 근로자들이 작업 효율 등을 이유로 족장 플랫폼을 사용하지 아니하고, 본래의 용법과 달리 족장을 세로로 세워 지지대를 만들고 그 지지대 위에 다시 여러 개의 족장을 연결한 임시 작업발판을 마련하여 사용한 것이다.

④ D의 근로자들은 위와 같이 안전이 보장되지 않은 임시 작업발판을 만들어 사용하였을 뿐만 아니라, 위 임시 작업발판에 한꺼번에 지나치게 많은 양(6톤 상당)의 족장 등 기자재를 올려 크레인을 통해 육상으로 반출하고자 하였다.

⑤ 본 건에 있어서 주식회사 D 측에서는 S 측에 선수 쪽에 안전이 보장된 족장 플랫폼을 설치해달라고 요구하지도 아니하였다.

⑥ 사정이 위와 같다면 이 사건 사고가 발생한 데에는 수급 업체인 주식회사 D 소속 근로자들의 작업 능률만을 위한 중대하고도 고의적인 산업안전보건법상의 안전

조치의무위반이 주된 원인이 되었다고 보인다.

⑦ LPG 선박 화재 사건, 안벽 신호수 추락 사건 등과 달리 드릴쉽 족장 붕괴 사건과 관련하여서는 s측 실무자 등의 과실은 밝혀진 바가 없고, 기소조차 되지 아니하였다.

⑧ 이 사건은 선수 쪽에 헬기데크가 있는 드릴쉽에서 족장 등 기자재를 육상으로 반출할 때 생길 수 있는 사고인데(드릴쉽이 아니라면 크레인이 선수의 갑판 자체에 접근 가능하므로 선수에 별도의 작업발판을 설치할 필요가 없다), 드릴쉽은 S 조선사업본부에서 1년에 10척 이내로 만들고 있는 선박의 종류이고, 이 사건 사고와 관련된 공정인 족장 및 기자재를 모두 지상으로 반출하는 작업은 드릴쉽당 1회씩만 이루어지는 점 등에 비추어 보면, **조선사업 본부장인 피고인에게 이와 같은 구체적이고 특수한 작업공정에서 발생할지 모르는 사고 위험과 관련된 인식을 요구하기는 어렵다**고 판단된다.

⑨ 이상의 사정을 종합하면 피고인 R는 주식회사 D 소속 근로자들이 족장을 세로로 세워 제조 당시의 용도가 아닌 작업발판의 지지물로 사용하도록 지시하지 아니하였음은 물론이고 미필적으로나마 알고도 방치하였다고 보이지도 않는바, 그렇다면 그 논리적인 귀결로 위 족장을 작업발판의 지지물로 사용하여 만든 임시 작업대의 최대적재하중을 정하지 아니하였는지 여부, 그 임시작업대 위에 최대적재하중을 상당히 초과하여 족장 등 기자재가 적재되었는지 여부에 관하여는 당연히 인식할 수 없었을 것으로 보인다.[119]

○ **대법원 2006. 4. 28. 선고 2005도3700 판결 [산업안전보건법위반·업무상과실치사]**

1. 산업안전보건법 위반의 점에 관하여

나. 한편 산업안전보건법의 입법목적과 같은 법 제67조 제1호, 제23조 제1항의 각 규정 내용 등에 비추어 보면, 사업주가 같은 법 제23조 제1항 각 호의 위험 예방을 위하여 필요한 조치를 취하지 아니하는 경우에는 이로 인하여 실제로 재해가 발생하였는지 여부에 관계없이 같은 법 제67조 제1호에 의한 산업안전보건법 위반죄가 성립한다고 보아야 할 것인바, 기록에 의하면, 피고인 2 주식회사는 한국전력 주식회사(이하 "한국전력")로부터 양평지점 신축사옥에 대한 전기공사를 도급받았고, 그 공사 중 지하변전실 내 전기수배전반 패널 제조, 설치공사는 공소외 1 주식회사

---

[119] 울산지방법원 2016. 9. 23. 선고 2015노1451 판결. 대법원 2016. 12. 29. 선고 2016도16409 상고기각 판결로 확정

가 따로 도급받은 사실,

피해자는 공소외 1 주식회사 소속 생산부장 겸 공장장으로서 사고 당일 같은 회사 소속 설계부장 공소외 2와 함께 공소외 1 주식회사가 도급받아 제작·설치한 지하변전실 내 전기수배전반 안에 설치된 배선용 차단기 2개를 적정용량의 것으로 교체하는 작업을 하였고, 피고인 1 등은 지하변전실에서 전기계량기 설치작업을 하였는데, 피고인 1은 공사를 모두 마무리한 후 한국전력 본사에서 파견된 전기공사 감독관인 공소외 3 과장의 지시로 같은 날 11:40경 피해자, 공소외 2 등과 함께 모두 지하변전실을 나왔고, 11:45경에는 공소외 3의 지시로 1차 전기를 투입하여 전기공사 이상 유무를 점검받은 다음 공소외 3과 함께 지하변전실에 내려가 작업자가 남아 있는지 확인하고 11:50경 1층으로 올라왔는데, 당시 공소외 3 과장은 피고인 1에게 지하변전실 출입을 금지시키라고 지시한 사실, 피고인 1, 공소외 3 과장 등은 계량기 봉인을 위하여 1층 복도에서 한국전력 양평지점 고압계량기 담당직원을 기다리고 있던 중 12:10경 사고가 발생한 사실, 당시 사고가 발생한 자동개폐기 구간의 판넬은 그 자체에 꾹 눌러서 돌려야 열 수 있는 시정장치가 잠겨져 있었으나 지하변전실 출입문에 설치된 시정장치는 잠겨져 있지 않았던 사실, 피해자는 11:50경부터 지하변전실로 통하는 1층 복도 비상계단 입구에서 공소외 3 과장과 함께 담배를 피우며 이야기를 나누다가 아무에게도 말하지 아니한 채 슬그머니 보호장구의 착용 없이 지하변전실로 내려갔다가 이 사건 사고를 당하게 되었고, 한편 피해자가 지하변전실에 들어가야 할 특별한 이유는 없었던 사실을 각 알 수 있다.

이와 같이 피고인 1이 감독관인 공소외 3 과장의 지시로 1차 전기를 투입한 후 한국전력 직원을 기다리면서 공소외 3 과장 등과 함께 지하변전실로 통하는 1층 복도 비상계단 입구를 지키고 서 있었던 상황이라면, 위 피고인으로서는 공사현장의 현장대리인으로서 감전의 위험이 발생할 우려가 있는 지하변전실의 출입을 통제 또는 감시하고 있었다고 볼 수 있고, 피고인 2 주식회사와 공소외 1 주식회사의 근로자들 외에는 일반인의 접근 가능성이 없으며 근로자들 모두가 1차 전기가 투입된 사실을 알고 있는 상황이었으므로, 그 밖에 위험예방을 위하여 산업안전보건법 관련규정에 따른 추가 조치가 필요하였다고 볼 수는 없다. 따라서 위 피고인에게 산업안전보건법상 안전조치의무 불이행의 책임이 있다는 취지의 상고논지도 이유 없다.

2. 업무상과실치사의 점에 관하여

기록에 의하여 알 수 있는 위 각 사실에 비추어 보면, 위와 같은 상황에서 피해자가 아무에게도 알리지 않은 채 지하변전실로 들어가 사고를 당한 이상 피고인 1에게 사고를 미연에 방지하기 위하여 필요한 조치를 취하여야 할 업무상 주의의무를 요구할 수는 없다 할 것이다. 위 피고인에게 업무상 과실이 있음을 전제로 한 상고 논지도 받아들일 수 없다.

■ **수원지방법원 2011. 8. 3. 선고 2010노5710 판결 [업무상과실치상]**[120]

1) 형사재판에서 공소가 제기된 범죄사실에 대한 입증책임은 검사에게 있고, 유죄의 인정은 법관으로 하여금 합리적인 의심을 할 여지가 없을 정도로 공소사실이 진실한 것이라는 확신을 가지게 하는 증명력을 가진 증거에 의하여야 하므로, 그와 같은 증거가 없다면 설령 피고인에게 유죄의 의심이 간다 하더라도 피고인의 이익으로 판단할 수밖에 없다(대법원 2002. 12. 24. 선고 2002도5662 판결).

2) 살피건대, 원심 및 당심이 적법하게 채택하여 조사한 증거들에 의하면, 피고인이 이 사건 사업장의 외곽에 「이 사건 사업장은 미준공상태로 무단 출입을 통제한다. 특히 방파제나 선양장 주변은 추락위험이 크므로 절대출입 금지 바람」이라는 내용의 표지판들을 여러 군데 설치한 사실, 실제 이 사건 사업장은 화성시 OO항 내에 100여척의 보트와 요트를 동시에 정박할 수 있도록 설계된 경기도 소유의 미준공상태인 해상계류시설 및 그 부대시설로서 사업장의 취피, 시설물의 구조 및 현황에 비추어 상당한 위험성을 내포하고 있던 곳인데, 당시 화성시의 주최로 주간에 초등학생과 일반인을 상대로 한 요트아카데미행사가 진행 중이기는 하나, <u>일몰시간 이후 행사와 관련이 없는 일반인들에게 개방된 장소는 아니어서 출입구인 정문과 중간문 등 이 사건 사업장으로 진입할 수 있는 통로가 모두 닫혀 있거나 플라스틱 방호벽 등으로 막혀 있었음에도 피해자는</u> 해가 저문 저녁 8시 이후에 방호벽으로 통제된 중간출입구를 통하여 이 사건 사업장 내부로 <u>진입을 감행한 사실</u>,

이 사건 사고가 발생한 슬립웨이는 육상에서 바다로 요트를 이동하는 시설인데, 슬립웨이 좌측 해상방파제 쪽에는 난간이 설치되어 있으나, 피해자가 추락한 쪽에는 보트나 요트를 이동시키기 위한 레일과 진수대가 설치되는 등 구조상의 문제와 슬립웨이로서의 원활한 기능수행을 위하여는 안전난간을 설치하는 것이 다소 부자연스러워 보이고, <u>실제 설계 단계에서도 이러한 점을 고려하여 안전난간의 설치가 배제되었던 사실</u>,

이와 같이 슬립웨이 자체의 구조나 효율적인 이용을 위하여 안전난간이 설치되지는 아니하였으나, 추락 등 안전사고를 방지하기 위하여 이 사건 슬립웨이에는 약 2m 간격으로 플라스틱 방호벽이 세워져 있고 그 방호벽과 방호벽 사이에는 느슨하게나마 로프가 연결되어 있었는데, 이 사건 사고 당시는 그다지 어둡지 않은 시간대이고 주위에 가로등이 있어 위와 같은 방호벽과 로프가 있다는 것을 충분히 확인할 수 있을 정도로 시야에 장해가 없었던 사실을 인정할 수 있는바, 위와 같이 피해자가 술에 취한 상태에서 출입금지 경고를 무시한 채 이 사건 사고현장에 무단 진입한 점, 이 사건 슬립웨이는 구조와 기능성 안전난간의 설치가 당초 예정되지 아니한 시설인바, 설령 안전난간을 설치할 필요성이 인정된다면 이는 발주자, 시공사 및 감리 업체가 협의하여 그 설치 여부를 결정할 사안일 뿐 시공사의 현장소장의 지위에 있음에 불과한 피고인에게 안전시설의 미설치에 대한 책임을 묻기는 어려운 점, 이 사건 슬립웨이 바로 옆에는 로프로 서로 연결된 방호벽이 설치되어 있어 피해자가 조금만 주의를 기울였다면 그곳이 일반인의 접근을 금지하고 있는 위험시설물인 사실을 충분히 알 수 있었던 점 등에 비추어 보면, 시공 과정에서 이 사건 사업장 내부로 진입이 가능한 곳마다 출입문을 모두 설치하거나 슬립웨이에 난간 등 충분한 안전시설을 강구하지 아니한 시공사의 책임을 논할 수 있음은 별론으로 하더라도, 출입 자체가 통제된 곳에서의 비상식적이고 이례적인 이 사건 추락사고에 관하여 피고인에게 형법상 요구되는 업무상 주의의무 위반의 책임을 인정하기는 어렵고, 달리 이를 인정할만한 증거가 없다. 따라서 피고인의 사실오인 또는 법리오해에 관한 주장은 이유 있다.

2. 근로자 · 제3자 과실의 개입

사업주 또는 경영책임자등이 안전조치의무를 위반한 이상, 피해자들의 과실(근로자의 의무 불이행)이 일부 개입되어 있다고 하더라도 개입에 대한 예견가능성이 있는 이상 인과관계는 인정된다.[121] 이하는 산업안전보건법위반에

---

120) 산업안전보건법상 안전조치의무로 규정된 사항이 아닌 사항에 관한 안전조치미실시(업무상주의의무 위반)로 인한 사안이므로 업무상과실치상으로 기소된 건이다. 현장소장의 주의의무가 인정되는 범위에 대하여 참고가 가능하다.
121) 현장에서의 근로자의 과실, 작업편의를 위한 의도적인 안전의무 비준수 역시 어느 정도는 예견되는 것이므로 '개입 자체에 대한 예견가능성이 전혀 없었다'는 주장은 인정되기가 상

대한 판례이나, 본 법률에도 동일한 기준이 적용될 수 있다.

> **▌서울남부지방법원 2015. 5. 22. 선고 2014노1201 판결 [업무상과실치사·업무상과실치상·산업안전보건법위반]**
>
> 직무상 의무위반과 사상의 결과 사이의 상당인과관계는 직무상 의무위반이 사상이라는 결과를 발생하게 한 유일하거나 직접적인 원인이 된 경우만이 아니라, 직무상 의무위반과 사상의 결과 사이에 피해자나 제3자의 과실 등 다른 사실이 개재된 때에도 그와 같은 사실이 통상 예견될 수 있는 것이라면 인정될 수 있다.[122] 그런데 이 사건과 같이 함께 작업하던 동료가 질식하여 쓰러진 경우 이를 구하려는 행위는 충분히 예견할 수 있는 것이므로 피해자 공소외 2가 맨홀 밖으로 나왔다가 다시 들어가 산소부족으로 의식불명에 이르렀다고 하더라도 피고인 1의 의무위반과 공소외 2의 의식불명 사이의 상당인과관계는 인정된다고 할 것이다.

단, 이하에서도 확인할 수 있듯이 근로자·제3자의 과실 개입은 사업주 측에 다소 유리한 정상으로 작용할 수는 있다. 특히 그것이 현장에 만연한 근로자들의 안전의식 부재(또는 습관에 의한 것)로 인한 경우였다면 더욱 그러하다.

> **▌울산지방법원 2015. 7. 23. 선고 2015고단1191 판결 [산업안전보건법위반·업무상과실치사]**
>
> 사고 당시 안전모나 안전화, 안전대 등 개인보호장구가 지급된 점, 사고 당시 피해 근로자와 함께 일하던 일용근로자 2명에게는 안전에 주의할 것을 당부하고서는 정작 자신은 안전대를 착용하지 않은 채 고공작업을 한 것이 사고의 주요 원인으로 보이는 점은 유리한 정상이나 … 으로 볼 때 평소 이 사건 사업장의 안전관리에 큰 허점이 있었던 것으로 보이는 점 등 안전책임자인 피고인들이 보다 더 적극적이고 세심하게 사고 예방조치를 취하였더라면 피해자가 사망하는 결과만은 얼마든지 막을 수 있었을 것으로 보인다. …

당히 어려울 것이다.

122) 대법원 2014. 7. 24. 선고 2014도6206 판결 등

3. 처벌 대상

가. 사업주 또는 경영책임자등

처벌 대상은 사업주 또는 경영책임자등이다. 각 개념은 본 법률 제2조의 정의규정에 대해 전술한 바와 같다.

사업주 또는 경영책임자라는 '개인'을 책임자라는 이유로 처벌하는 것이 자기책임주의원칙에 비추어 합당한가에 대한 논의는 향후에도 계속될 것으로 보인다. 다만 아이러니하게도 본법의 기초가 된 영국의 기업과실치사법은 법인에 대한 벌칙만이 있을 뿐 경영책임자 등 개인에 대한 처벌은 규정하고 있지 않은데, 이는 기업 과실치사죄 인정의 주요 판단 요소가 피해자의 사망사고에 대한 조직의 실무자 등 개인의 주의의무 위반이 아니라 기업 조직의 관리 및 운영체계의 적절성 여부이기 때문이라는 견해가 있다.[123]

처벌대상을 누구로 할 것인지 여부는 형사정책상의 문제로 입법자의 의도에 따라 결정될 문제이나, 자기책임주의원칙에 위배될 수 있는 소지로 인해 향후 위헌성 여부에 대한 다툼은 계속될 것으로 보인다.

나. 타법과의 관계

1) 본법과 산업안전보건법, 형법상 업무상과실치사죄의 관계가 문제될 수 있다. 실무상으로는 안전보건관리 총괄책임자에 대해 산업안전보건법위반죄와 형법상 업무상과실치사죄의 상상적 경합범으로 처벌하고 있다.[124] 단 근로자의 사망이 산업안전보건법상 조치의무가 있는 사항으로 인한 것이 아닌 경우에는 형법상 업무상과실치사죄로만 처벌된다.

본 법률의 경우에도 성질상 특별히 다를 것이 없으므로, 본 법률 위반, 산업안전보건법위반, 형법상 업무상과실치사죄에 모두 해당할 경우 형법 제40조 상상적 경합으로 처벌될 것이다.[125]

---

123) 손태홍·최수영, 국내 중대재해기업처벌법(안)과 영국 기업과실치사법의 비교 분석, 한국건설산업연구원, 2020, 16
124) 형법 제40조(상상적 경합) 한 개의 행위가 여러 개의 죄에 해당하는 경우에는 가장 무거운 죄에 대하여 정한 형으로 처벌한다.

○ 대법원 1991. 12. 10. 선고 91도2642 판결 [업무상과실치사]

〈요지〉 산업안전보건법위반의 범죄사실과 그와 같은 조치를 취하지 아니한 업무상 과실로 근로자를 사망케 한 업무상과실치사죄의 죄수관계는 상상적 경합관계임

1) 도로공사의 현장소장은 지반의 붕괴 등에 의하여 근로자에게 위험을 미칠 우려가 있는 때에는 그 위험을 방지하기 위하여 지반을 안전한 경사로 하고 낙하의 위험이 있는 토석을 제거하거나 옹벽 및 흙막이 지보공 등을 설치하여야 함에도, 이러한 위험방지조치를 취하지 아니함으로써 산업안전보건법 제23조 제3항의 규정에 위반하였다는 범죄사실과 위와 같은 위험을 방지하기 위하여 필요한 조치를 취하지 아니한 업무상과실로 인하여 위 근로자를 사망에 이르게 하였다는 범죄사실에 있어서, 위의 산업안전보건법상의 위험방지조치의무와 업무상주의의무가 일치하고 이는 1개의 행위가 2개의 업무상과실치사죄와 산업안전보건법위반죄에 해당하는 경우이다.

2) 위 "가"항의 경우 피고인은 형이 더 중한 업무상과실치사죄에 정한 형으로 처벌받았어야 할 것이지만, 산업안전보건법위반죄로 벌금의 약식명령을 받고 확정된 후, 다시 업무상과실치사죄로 공소제기되었다면, 이미 산업안전보건법위반죄로 처벌을 받았으니, 후에 공소제기된 사건은 형사소송법 제326조 제1호 소정의 "확정판결이 있은 때"에 해당하므로 면소의 선고를 하여야 한다.

2) 한편, 본 법률 시행 전에는 본 법률이 적용될 수 있는 사안에 대해 주로 산업안전보건법위반죄와 업무상과실치사죄가 적용되었다. 산업안전보건법위반 사건은 특별사법경찰관인 근로감독관의 전속적 수사권이 인정되는 영역이고,[126][127] 형법상 업무상과실치사죄는 경찰이 수사권을 가지고 있는데, 향후

---

125) 다만 ① 대표이사의 경우 본 법률이, ② 현장책임자(소장)의 경우 산업안전보건법 및 형법이 적용될 여지가 높다. 소규모 회사인 경우 대표이사와 현장책임자가 같은 수도 있는데 이 경우에 한한 논의이다.

126) 근로기준법 제105조(사법경찰권 행사자의 제한) 이 법이나 그 밖의 노동 관계 법령에 따른 현장조사, 서류의 제출, 심문 등의 수사는 검사와 근로감독관이 전담하여 수행한다. 다만, 근로감독관의 직무에 관한 범죄의 수사는 그러하지 아니하다.

127) 사법경찰관리의 직무를 행할 자와 그 직무범위에 관한 법률 제6조의2(근로감독관 등) ① 「근로기준법」에 따른 근로감독관은 그의 관할 구역에서 발생하는 다음 각 호의 법률에 규정된 범죄에 관하여 사법경찰관의 직무를 수행한다.
5. 「산업안전보건법」

본 법률 위반의 경우 누가 수사권을 갖는지에 대한 문제가 있었다.

기본적으로 근로감독관의 전속적 관할이 인정되는 사건은 '노동 관계 법령'에 관한 것인 점, 위 노동 관계 법령은 「사법경찰관리의 직무를 수행할 자와 그 직무범위에 관한 법률」 제6조의 2에 열거적으로 기재되어 있는데 위 사법경찰직무법이 개정되면서 현재 산업안전보건법위반죄에 대하여 근로감독관의 전속적 수사관할을 인정하는 것처럼 본 법률 위반에 대한 수사관할 역시 근로감독관에게 인정된다고 본다.[128]

관련하여 고용노동부는 2022. 7.경 산업안전보건본부를, 2023. 1.경 이후에는 산업안전보건청을 출범시켜 특별사법경찰관인 산업안전감독관을 증원할 예정이라고 밝힌 바 있다.[129]

4. 양형

본 법률에 대한 구체적인 양형 기준이 나와 있지 않으므로, 우선 현재 산업안전보건법상 사업주의 안전·보건조치의무위반에 대한 양형기준[130]을 참고할 필요가 있다.[131]

현재 공고된 양형기준안을 기준으로(21. 7. 1.), 먼저 산업안전보건범죄는 ① 도급인의 안전·보건조치의무위반, ② 사업주의 안전·보건조치의무위반, ③ 안전·보건조치의무위반치사의 3가지 유형으로 분류되어 양형기준이 설정되어 있다. 이 중 ③ 유형의 경우 5년 이내 재범시 상·하한을 각 1.5배 가중한다.

---

18. 「중대재해 처벌 등에 관한 법률」(제6조 및 제7조만 해당한다)

128) 다만 업무상과실치사상 등 형법상 범죄와 중대시민재해에 관한 부분은 당연히 경찰에게 수사권이 있다.

129) 연합뉴스, "중대재해처벌법 위반 기업 수사할 산업안전보건청 설치한다", 2021. 2. 22.자 https://www.yna.co.kr/view/AKR20210222056151530

130) 양형위원회, 과실치사상 산업안전보건범죄 양형기준 수정안 설명자료, 2021, 34

131) 7년 이하의 징역 또는 1억원 이하의 벌금, 법인 양벌규정으로 10억원 이하의 벌금

가. 도급인의 안전 · 보건조치의무위반 유형

도급인의 안전보건조치의무위반에 대해 기본은 양형은 4월~10월이지만, 법원은 모든 관련 사안에 대해 징역 4월~8월 내의 범위에서 집행유예를 선고하였고, 실형을 선고한 예는 없다.[132)]

유형	구분	감경	기본	가중
1	도급인의 안전 · 보건조치의무위반	– 6월	4월 – 10월	8월 – 1년 6월

세부 조항		형량(월)			전체	평균(월)
구법	현행법	4	6	8		
제29조 제3항	제63조	12	8	4	24	5.33
		50.0%	33.3%	16.7%	100%	

나. 사업주의 안전 · 보건조치의무위반 유형

사업주의 안전보건조치의무위반에 대해 기본 양형은 6월~1년 6월이지만, 법원은 모든 관련 사안에 대해 징역 4월~12월 내의 범위에서 집행유예를 선고하였고, 실형을 선고한 예는 없다. 4월~8월의 내의 징역형이 전체의 약 90%를 차지한다.

유형	구분	감경	기본	가중
2	사업주의 안전 · 보건조치의무위반	4월 – 8월	6월 – 1년 6월	1년 – 2년 6월

세부 조항		전체 형량(월)							전체	평균(월)
구법	현행법	4	5	6	8	10	12	18		
제23조 제1항	제38조 제1항	8	0	33	12	4	5	1	63	7.05
		12.7%	0.0%	52.4%	19.0%	6.3%	7.9%	1.6%	100%	
제23조 제2항	제38조 제2항	9	0	20	13	5	2	0	49	6.82
		18.4%	0.0%	40.8%	26.5%	10.2%	4.1%	0.0%	100%	

---

132) 앞 수정안 설명자료, 26

구법	현행법									평균
제23조	제38조	14	0	50	23	7	6	0	100	6.82
제3항	제3항	14.0%	0.0%	50.0%	23.0%	7.0%	6.0%	0.0%	100%	
제24조	제39조	0	1	3	0	1	0	0	5	6.60
제1항	제1항	0.0%	20.0%	60.0%	0.0%	20.0%	0.0%	0.0%	100%	
전체		31	1	106	48	17	13	1	217	6.88
		14.3%	0.5%	48.8%	22.1%	7.8%	6.0%	0.5%	100%	

다. 안전 · 보건조치의무위반치사의 유형

안전 · 보건조치의무위반치사에 대해 기본 양형은 1년~2년 6월이지만, 법원은 모든 관련 사안에 대해 징역 4월~18월 내의 범위에서 선고하고 있고, 실형 선고시 8월, 10월, 12월 각 1:2:1의 비율로 선고되고 있다.

유형	구분	감경	기본	가중
3	안전 · 보건 조치의무위반치사	6월 – 1년 6월	1년 – 2년 6월	2년 – 5년
	참고: 기존 권고 형량범위	4월 – 10월	6월 – 1년 6월	10월 – 3년 6월

세부 조항		형량(월)				전체	평균(월)
구법	현행법	4	8	10	12		
제23조	제38조	9	10	–	1	20	5.30
제1항	제1항	45.0%	50.0%	–	5.0%	100%	
제23조	제38조	1	–	1	–	2	6.00
제2항	제2항	50.0%	–	50.0%	–	100%	
제23조	제38	2	8	–	1	11	6.00
제3항	제3항	18.2%	72.7%	–	9.1%	100%	
제24조	제3항	–	1	–	–	1	6.00
제1항		–	100%	–	–	100%	
전체		12	19	1	2	34	5.59
		35.3%	55.9%	2.9%	5.9%	100%	

실형 선고비율은 전체 217건 중 4건으로 약 2% 정도이다.

세부 조항		형량(월)			전체	평균(월)
구법	현행법	8	10	12		
제23조	제38조	0	1	0	1	10.00
제2항	제2항	0.0%	100%	0.0%	100%	

제23조 제3항	제38 제3항	1	1	1	3	10.00
		33.3%	33.3%	33.3%	100%	
전체		1	2	1	4	10.00
		25.0%	50.0%	25.0%	100%	

정리하면, 산업안전보건범죄에 대한 양형기준표는 이하와 같다. 위 양형기준은 '근로자 사망 사고에 대한 경각심을 고취하고, 산업재해를 줄일 수 있도록 종전 사업주의 안전 · 보건조치의무위반치사죄에 대한 권고 형량범위에 상당한 규범적 조정을 가하여 보다 더 엄정한 형량범위를 권고'한다는 의견에 따라 각 1.5배 상당의 수준에서 형량이 대폭 상향된 것이다.[133]

유형	구분	감경	기본	가중
1	도급인의 안전 · 보건조치의무위반	– 6월	4월 – 10월	8월 – 1년 6월
2	사업우의 안전 · 보건조치의무위반	4월 – 8월	6월 – 1년 6월	1년 – 2년 6월
3	안전 · 보건조치의무위반치사	6월 – 1년 6월	1년 – 2년 6월	2년 – 5년

라. 무죄율

무죄선고율의 경우, 2019년 산업안전보건법위반으로 기소된 735건 중 무죄는 33건 선고된 바 있고, 이전의 경우 대체로 기소 대비 약 10% 미만의 비율이다.[134] 단순 비교는 어렵지만 전체범죄에 대한 제1심 형사공판사건의 무죄율이 대략 1% 내외인 점[135]을 고려하면 비교적 높은 것으로 보인다.

---

133) 해당 범죄로 인한 기존의 실제 형량의 평균은 징역 6.88월, 4월~8월이 전체의 약 85%를 차지하고 있다(앞 수정안, 31).
134) 사법연감, 대법원
135) e–나라지표 1심, 2심 무죄 현황 : 2011~2020 모두 1% 내외

	2015	2016	2017	2018	2019
유기징역	3	4	4	3	2
집행유예	119	109	137	114	102
벌금	513	463	478	505	520
무죄[137)	42	53	21	38	33
접수총계	751	717	764	700	735

최근 5년간 산업안전보건법 위반사범 처분결과[138)

		2015	2016	2017	2018	2019
기소	구속	5	4	1	1	3
	불구속	459	493	612	667	701
	구약식	6,476	10,017	10,934	9,308	11,738
불기소		1,238	1,108	1,549	2,267	2,627
계[139)		8,283	11,789	13,187	12,317	15,170

양형기준은 '법률'이 아닌 '기준'에 불과하므로 ① 법적 구속력이 없어 법정형의 범위 내에서 양형기준을 초과하는 형이 얼마든지 선고될 수 있고, ② 소급적용도 가능한 점은 유의하여야 한다.

○ 대법원 2009. 12. 10. 선고 2009도11448 판결 [성폭력범죄의처벌및피해자보호등에관한법률위반(13세미만미성년자강간등)]

〈요지〉 양형기준은 법적 구속력이 없으므로 소급 적용도 가능함

법원조직법 제81조의2 이하의 규정에 의하여 마련된 대법원 양형위원회의 양형기준은 법관이 합리적인 양형을 정하는 데 참고할 수 있는 구체적이고 객관적인 기준

---

136) 접수총계는 해당 연도에 법원에 새로이 접수된 사건의 수를 말하고, 위 형종 외 기타 유형 있음(선고유예, 면소 등)
137) 제1심 형사공판사건 무죄율은 5년간 대략 3~5% 내외 수준임(판결인원 대비), 사법연감(사건추이), 2019, 대법원 / 대검찰청 통계 기준으로는 약 1% 내외 수준임
138) 대검찰청 범죄분석, 대검찰청
139) 기소중지 등 기타 유형 있음

으로서 마련된 것이다(같은 법 제81조의6 제1항 참조). <u>위 양형기준은 법적 구속력을 가지지 아니하고(같은 법 제81조의7 제1항 단서), 단지 위와 같은 취지로 마련되어 그 내용의 타당성에 의하여 일반적인 설득력을 가지는 것으로 예정되어 있으므로 법관의 양형에 있어서 그 존중이 요구되는 것일 뿐이다.</u>

그렇다면 법관이 형을 양정함에 있어서 참고할 수 있는 자료에 달리 제한이 있는 것도 아닌 터에 원심이 <u>위 양형기준이 발효하기 전에 법원에 공소가 제기된 이 사건 범죄에 관하여 형을 양정함에 있어서 위 양형기준을 참고자료로 삼았다고 하여, 거기에 상고이유로 주장하는 바와 같이 피고인에게 불리한 법률을 소급하여 적용한 위법이 있다고 할 수 없다.</u>

제7조 중대산업재해의 양벌규정

> **법 제7조(중대산업재해의 양벌규정)**
> 법인 또는 기관의 경영책임자등이 그 법인 또는 기관의 업무에 관하여 제6조에 해당하는 위반행위를 하면 그 행위자를 벌하는 외에 그 법인 또는 기관에게 다음 각 호의 구분에 따른 벌금형을 과한다. 다만, 법인 또는 기관이 그 위반행위를 방지하기 위하여 해당 업무에 관하여 상당한 주의와 감독을 게을리하지 아니한 경우에는 그러하지 아니하다.
> 1. 제6조 제1항의 경우 : 50억 이하의 벌금
> 2. 제6조 제2항의 경우 : 10억원 이하의 벌금

1. 면책사유

가. 단서조항의 의미

경영책임자등이 위반행위를 하면 행위자 외 법인 또는 기관에게도 벌금형을 과하는 양벌규정이 있다. 단서조항 없는 양벌규정에 대한 헌법재판소의 위헌결정[140] 이후 양벌규정에는 '상당한 주의와 감독을 게을리하지 않은 경우 면책될 수 있다(또는 처벌할 수 없다)'는 취지의 단서조항이 포함되게 되었는데, 이는 책임주의원칙상 당연한 요청이다.[141]

> **▌ 헌법재판소 2007. 11. 29. 2005헌가10 전원재판부 보건범죄단속에 관한 특별조치법 제6조 위헌제청**
>
> 종업원의 위반행위에 대하여 양벌조항으로서 개인인 영업주에게도 동일하게 무기 또는 2년 이상의 징역형의 법정형으로 처벌하도록 규정하고 있는 '보건범죄단속에 관한 특별조치법' 제6조 중 제5조에 의한 처벌 부분(이하 '이 사건 법률조항'이라

---

140) 헌법재판소 2007. 11. 29. 2005헌가10 결정
141) 김성돈, 양벌규정과 책임주의원칙의 재조명, 형사법연구 제27권 제3호, 한국형사법학회, 2015, 136-138

한다)이 형사법상 책임원칙에 반하는지 여부(적극)

가. (1) 재판관 이강국, 재판관 김종대, 재판관 민형기, 재판관 목영준의 의견
이 사건 법률조항이 종업원의 업무 관련 무면허의료행위가 있으면 이에 대해 영업주가 비난받을 만한 행위가 있었는지 여부와는 관계없이 자동적으로 영업주도 처벌하도록 규정하고 있고, 그 문언상 명백한 의미와 달리 "종업원의 범죄행위에 대해 영업주의 선임감독상의 과실(기타 영업주의 귀책사유)이 인정되는 경우"라는 요건을 추가하여 해석하는 것은 문리해석의 범위를 넘어서는 것으로서 허용될 수 없으므로, 결국 위 법률조항은 다른 사람의 범죄에 대해 그 책임 유무를 묻지 않고 형벌을 부과함으로써, 법정형에 나아가 판단할 것 없이, 형사법의 기본원리인 '책임 없는 자에게 형벌을 부과할 수 없다'는 책임주의에 반한다.

(2) 재판관 이공현, 재판관 조대현, 재판관 김희옥, 재판관 송두환의 의견
일정한 범죄에 대해 형벌을 부과하는 법률조항이 정당화되기 위해서는 범죄에 대한 귀책사유를 의미하는 책임이 인정되어야 하고, 그 법정형 또한 책임의 정도에 비례하도록 규정되어야 하는데, 이 사건 법률조항은 문언상 종업원의 범죄에 아무런 귀책사유가 없는 영업주에 대해서도 그 처벌가능성을 열어두고 있을 뿐만 아니라, 가사 위 법률조항을 종업원에 대한 선임감독상의 과실 있는 영업주만을 처벌하는 규정으로 보더라도, 과실밖에 없는 영업주를 고의의 본범(종업원)과 동일하게 '무기 또는 2년 이상의 징역형'이라는 법정형으로 처벌하는 것은 그 책임의 정도에 비해 지나치게 무거운 법정형을 규정하는 것이므로, 두 가지 점을 모두 고려하면 형벌에 관한 책임원칙에 반한다.

나. 상당한 주의와 감독

1) 그런데, 본 법률은 법인을 대표하여 상당한 주의와 감독을 해야 할 임무를 가진 기관인 경영책임자등이 그 주의감독의무를 위반한 경우 처벌하는 규정을 두고 있는 것이므로, 경영책임자등에게 주의감독의무 위반이 인정되면 법인에게는 면책규정이 적용될 가능성이 매우 낮다. 따라서 향후 실제 사건에서는 경영책임자등에게 주의감독의무 위반 여부에 대한 심도 깊은 다툼이 있을 것이고 그 일차적인 판단 기준으로 과거 법인에 대한 양벌규정 적용에 있어서의 기준이 적용될 가능성이 있다.

법원은 '상당한 주의와 감독'에 관하여 이하와 같이 판시하면서, 결국 구체적인 사안에 따라 판단한다는 입장이다. 타 법률 사안이긴 하나, 법인의 과실 판단 기준에 대한 법원의 입장을 살펴볼 수 있다.

○ 대법원 2010. 4. 15. 선고 2009도9624 판결 [도로법위반]

〈요지〉 법인의 과실판단 기준 – ① 위반행위의 구체적 태양 / ② 실제 피해 결과와 정도 / ③ 법인의 영업규모 및 행위자의 감독가능성·구체적 지휘감독관계 / 위반행위 방지를 위해 실제로 이루어진 조치

도로법상의 양벌규정에서 지입회사인 법인은 지입차주의 위반행위가 발생한 그 업무와 관련하여 상당한 주의 또는 관리감독 의무를 게을리한 과실로 인하여 처벌되는지 여부(적극) 및 구체적 사안에서 그 과실 유무의 판단 기준

이 경우 지입회사인 법인은 지입차주의 위반행위가 발생한 그 업무와 관련하여 법인이 상당한 주의 또는 관리감독 의무를 게을리한 과실로 인하여 처벌되는 것이라 할 것인데, 구체적 사안에서 지입회사인 법인이 상당한 주의 또는 관리감독 의무를 게을리하였는지 여부는 당해 위반행위와 관련된 모든 사정, 즉 당해 법률의 입법취지, 처벌조항 위반으로 예상되는 법익 침해의 정도, 그 위반행위에 관하여 양벌규정을 마련한 취지는 물론 위반행위의 구체적인 모습, 그로 인하여 야기된 실제 피해 결과와 피해의 정도, 법인의 영업 규모 및 행위자에 대한 감독가능성 또는 구체적인 지휘감독 관계, 법인이 위반행위 방지를 위하여 실제 행한 조치 등을 종합하여 판단하여야 한다.

○ 대법원 2010. 7. 8. 선고 2009도6968 판결 [컴퓨터프로그램보호법위반]

〈요지〉 법인의 과실판단 기준 – ① 직원의 법규위반 행위 예상 가능성 / ② 준법교육 실시 여부 / ③ 위반행위 감지·관리감독 시스템 존부

구 컴퓨터프로그램 보호법 제50조의 '양벌규정'이 적용되기 위한 요건 및 구체적인 사안에서 '법인'이 상당한 주의 또는 관리감독 의무를 게을리하였는지 여부의 판단 기준

1) 나아가 설사 피고인 2 재단법인이 ○○학교의 실질적인 사업주라고 하더라도 기본적으로 위 양벌규정에 기하여 피고인 2 재단법인의 책임을 추궁하기 위해서

는, 피고인 2 재단법인의 ○○학교 직원들에 대한 지휘감독관계 등이 규명되어야하고, 피고인 2 재단법인이 ○○학교 직원들의 법규 위반행위를 예상하여 이를 방지하기 위한 상당한 주의를 기울이거나, 컴퓨터프로그램 저작권, 불법복제 금지 등에 관한 교육 실시 및 컴퓨터 불법복제 프로그램을 설치하지 못하도록 시스템을 관리, 감독하였는지 여부 등 주의의무 위반 여부 등을 심리할 필요가 있으며, 위와 같은 구체적 의무의 내용과 그 위반 여부에 관하여는 검사가 입증책임을 부담하는바, 원심에 이르기까지 피고인 2 재단법인이 부담하는 구체적 주의의무의 내용 및 피고인 2 재단법인이 그러한 의무를 위반하였는지 여부에 관하여 피고인 2 재단법인 대표자 공소외 2의 진술서만으로는 검사가 이를 충분히 입증한 것으로 보이지 아니한다.

2) 그럼에도 원심은 피고인 1의 행위가 구 컴퓨터프로그램 보호법 위반죄에 해당한다는 이유만으로 피고인 2 재단법인이 실질적인 사업주인지 여부 및 피고인 2 재단법인의 주의의무 위반 여부에 관하여 구체적으로 살피지 아니하고 위 양벌규정에 따라 피고인 2 재단법인을 처벌하고 말았으니, 원심판결에는 구 컴퓨터프로그램 보호법상 양벌조항의 사업주책임에 관한 법리를 오해하거나 심리를 다하지 아니한 잘못이 있고, 이는 판결 결과에 영향을 미쳤음이 분명하다.

○ 대법원 2010. 2. 25. 선고 2009도5824 판결 [도로법위반]

〈요지〉 법인의 과실판단 기준 – ① 준법교육 실시 여부 / ② 위반행위자의 개인적 특성(전력)
구 도로법 제86조의 '양벌조항'이 적용되기 위한 요건 및 구체적인 사안에서 법인이 상당한 주의 또는 관리감독 의무를 게을리하였는지 여부의 판단 기준

1) 형벌의 자기책임원칙에 비추어 보면 위반행위가 발생한 그 업무와 관련하여 법인이 상당한 주의 또는 관리감독 의무를 게을리한 때에 한하여 위 양벌조항이 적용된다고 봄이 상당하며, 구체적인 사안에서 법인이 상당한 주의 또는 관리감독 의무를 게을리 하였는지 여부는 당해 위반행위와 관련된 모든 사정 즉, 당해 법률의 입법 취지, 처벌조항 위반으로 예상되는 법익 침해의 정도, 그 위반행위에 관하여 양벌조항을 마련한 취지 등은 물론 위반행위의 구체적인 모습과 그로 인하여 실제 야기된 피해 또는 결과의 정도, 법인의 영업 규모 및 행위자에 대한 감독가능성 또는 구체적인 지휘감독관계, 법인이 위반행위 방지를 위하여 실제 행한 조치 등을 전체

적으로 종합하여 판단하여야 한다.

2) 이 사건에 관하여 살피건대, 피고인 1의 위반행위 내용은 그 운전 차량이 제한 높이 초과 차량으로 계측된 후 도로관리청 직원으로부터 차량 높이제한의 위반여부를 확인하기 위한 정지요구를 받고서도 그대로 검문소를 통과하였다는 것으로서 위와 같은 위반행위로 인한 법익 침해의 정도나 그 위반행위자 외에 소속 법인 등도 처벌하도록 한 구 도로법의 입법 취지 등도 고려하면, 위 양벌조항에 기하여 피고인 회사의 책임을 추궁하기 위해서는 피고인 회사의 직원수 등 그 규모와 직원들에 대한 지휘감독관계, 평소 피고인 회사가 직원들에 대하여 차량의 운행제한을 지킴은 물론 관계 공무원들의 적법한 지시나 요구에 따르도록 하는 등의 준법교육을 실시하였는지 여부, 피고인 1의 전력 등에 비추어 특히 피고인 1에 대하여는 위와 같은 위반행위를 예상하여 이를 방지하기 위한 상당한 주의를 기울이거나 관리감독을 철저히 할 필요가 있었는지, 그러한 필요가 있었다면 피고인 회사가 그와 같은 의무를 충실히 이행하였는지 여부 등을 심리할 필요가 있다고 할 것이다.

그럼에도 불구하고 원심은 피고인 1의 행위가 구 도로법 위반죄에 해당한다는 이유만으로 피고인 회사의 주의의무 내용이나 그 위반 여부에 관하여 나아가 살피지 아니하고 위 양벌조항에 따라 피고인 회사를 처벌하고 말았으니, 원심판결에는 구 도로법상 양벌조항의 사업주 책임에 관한 법리를 오해하거나 심리를 다하지 아니한 위법이 있다 할 것이고, 이는 판결에 영향을 미쳤음이 분명하다.

2) 산업안전보건법위반 사건에서도 대법원은 이하와 같이 구체적인 사실관계 인정을 통해 무죄 취지 파기환송을 한 바 있다. 법원의 이와 같은 태도에 대해서 '법인에게 적극적·구체적인 주의를 다할 것을 면책요건으로 요구하는 것은 실질적으로 무과실책임이라고 말해도 과언이 아니며 … 이처럼 과실책임이 형해화하고 있는 현상을 극복하기 위해서는 기업활동에 요구되는 주의의무 내용을 구체화·정형화하고, 그 주의의무의 내용을 종업원이 위반하지 않도록 관리감독할 수 있는 기준이 기업에게 제시되어야 한다'는 견해가 있다.[142] 더 나아가 산업별 가이드라인이 어느 정도는 제시되어야만 산업 현장에서 실질적으로 사업주의 조치가 이루어지고, 근로자의 안전도 확보될 수

---

142) 앞 최대호, 24

있다고 본다. 또한, 산업별·규모별·공종(내지 공정)별로 요구되는 주의의무의 정도나 범위가 다르므로 그러한 기준이 제시될 때에는 이에 대한 개별적·구체적인 고려가 반드시 필요하다.

○ **대법원 2010. 9. 9. 선고 2008도7834 판결 [산업안전보건법위반·업무상과실치사]**

구법 제71조의 양벌규정에 기하여 피고인 4 주식회사의 책임을 추궁하기 위해서는 피고인 4 주식회사의 직원수 등 그 규모와 직원들에 대한 지휘감독 관계, 평소 피고인 4 주식회사가 위험방지를 위하여 필요한 조치를 취하거나 시설을 설치하도록 관리, 감독하였는지 여부, 피고인 4 주식회사가 피고인 3의 위반행위를 예상하여 이를 방지하기 위한 상당한 주의를 기울이거나 관리감독을 철저히 할 필요가 있었는지, 그러한 필요가 있다면 피고인 4 주식회사가 그와 같은 의무를 충실히 이행하였는지 여부 등을 심리·판단할 필요가 있다고 할 것이다.

그럼에도 불구하고 원심은 피고인 3의 행위가 구법 위반죄에 해당한다는 이유만으로 피고인 4 주식회사의 주의의무 내용이나 그 위반 여부에 관하여 나아가 살피지 아니하고 위 양벌규정에 따라 피고인 4 주식회사를 처벌하고 말았으니, 원심판결에는 구법상 양벌규정의 사업주 책임에 관한 법리를 오해하거나 심리를 다하지 아니한 잘못이 있고, 이는 판결 결과에 영향을 미쳤음이 분명하다.

○ **대법원 2009. 5. 28. 선고 2008도7030 판결 [업무상과실치사·산업안전보건법위반]**

1) 원심은, 피고인 2는 피고인 3 주식회사의 비계팀장이자 이 사건 현장의 안전관리자로서, 비계해체 작업에 앞서 추락방지망을 설치하는 등 근로자의 추락을 방지하기 위한 조치를 할 의무가 있음에도 해체 작업의 편리성과 효율성에 치중한 나머지 3m 간격으로 설치되어 있던 추락방지망을 제거하고 별도의 안전조치도 강구하지 않은 채 근로자에게 비계해체 작업을 지시하였고, 피고인 3 주식회사는 자신의 사용인이 그 업무에 관하여 위반행위를 하였다는 산업안전보건법 위반의 점에 대하여 각 유죄로 인정한 제1심판결을 유지하였다.

2) 그러나 원심의 이와 같은 판단은 다음과 같은 이유로 수긍하기 어렵다.

피고인 2가 작업의 편리성 등에 치중하여 3m 간격으로 설치되어 있던 추락방지망을 제거하고 매트리스를 설치하는 등의 추가적인 위험방지조치를 강구하지 않았다고 하더라도, 규칙에서 그와 같은 추락방지망 등을 설치할 의무에 관하여 따로 규정하고 있지 않는 이상, 법 제23조 제3항 소정의 안전조치 의무를 위반한 경우에 해당한다고 볼 수는 없다.

또한 규칙 제372조 제1항은 "사업주는 달비계 또는 높이 5미터 이상의 비계를 조립·해체하거나 변경하는 작업을 하는 때에는 다음 각호의 사항을 준수하여야 한다."고 규정하고, 같은 항 제1호는 "관리감독자의 지휘하에 작업하도록 할 것", 제2호는 "조립·해체 또는 변경의 시기·범위 및 절차를 그 작업에 종사하는 근로자에게 교육할 것", 제3호는 "조립·해체 또는 변경작업 구역내에는 당해 작업에 종사하는 근로자외의 자의 출입을 금지시키고 그 내용을 보기 쉬운 장소에 게시할 것", 제5호는 "비계재료의 연결·해체작업을 하는 때에는 폭 20센티미터 이상의 발판을 설치하고 근로자로 하여금 안전대를 사용하도록 하는 등 근로자의 추락방지를 위한 조치를 할 것"이라고 각 규정하고 있다.

기록에 의하면, 이 사건 사고 당시 공사현장 5층 슬라브쪽에 피고인 2, 반장 공소외 5 및 피고인 3 주식회사와 피고인 4 주식회사의 안전요원 각 1명이 각 배치되어 작업지시 및 안전관리·감독의 업무를 수행하고 있었던 사실, 2006. 11. 20. 근로자들을 상대로 비계 설치·해체 관련 특별안전교육을 2시간에 걸쳐 실시하였고, 매일 아침마다 안전교육을 실시해온 사실, 피해자는 이 사건 사고 전날에도 같은 장소에서 비계해체 작업을 하였으므로 작업 내용을 숙지하고 있었던 사실, 클린룸 3층 엘리베이트 출입문은 로프 및 삼각대를 이용하여 작업자 이외에는 출입하지 못하도록 조치가 취해진 사실, 이 사건 작업현장에는 작업발판뿐만 아니라 2단 안전난간까지 설치되어 있었으나 사고 당일 비계해체 작업을 위하여 안전난간을 제거한 사실, 피해자는 안전모, 안전대를 착용하고 있었고, 안전요원과 지휘감독자가 안전대 고리를 걸고 작업을 하도록 통제하고 있었던 사실을 알 수 있는바, 그와 같은 사실관계에 의하면 피고인 2가 규칙상의 안전조치 의무를 위반한 것이라고 볼 수도 없다.

3) 그럼에도 원심은, 공소사실에서 들고 있는 사정만으로 피고인 2, 피고인 3 주식회사가 법 제23조 제3항 소정의 안전조치 의무를 위반하였다고 인정한 제1심판결을 유지하고 말았으니, 원심의 이와 같은 판단에는 산업안전보건법 제23조 제3항 소정의 안전조치의무의 범위에 관한 법리를 오해하여 판결에 영향을 미친 위법이 있다고 할 것이다. 따라서 이를 지적하는 피고인 2, 피고인 3 주식회사의 상고이유의 주장은 이유 있다.

다. 컴플라이언스 프로그램(compliance program)의 적용

1) 조직활동 내지 제도적 장치

가) 정의 및 의미

컴플라이언스 프로그램이란 "기업 측에 의해 자주적으로 실시되는, 법을 준수하기 위한 체계적인 조직활동"[143) 또는 "기업과 관련하여 생길 수 있는 법익침해 및 법익 위태화를 방지 내지 예방하기 위한 일정한 의무를 기업에게 부과해 놓고 이러한 의무를 준수한 기업에 대해 형사책임을 면하게 하거나 감경하는 법효과를 부여하는 제도적 장치"를 의미한다.[144)

이와 같은 프로그램의 운영을 통해 법인이 상당한 주의 또는 관리감독 의무를 이행하였음을 인정할 수 있는지 문제되는데, 앞에서 살핀 것처럼 본 법률은 법인을 대표하여 주의감독 의무를 준수해야 할 기관인 경영책임자등이 주의감독 의무를 위반할 경우 이를 처벌하는 것을 핵심 내용으로 삼고 있으므로, 개별 사안에서 경영책임자등의 주의감독 의무 위반에 따라 법인에게 양벌규정이 적용될지 여부를 다툴 때에 법인이 그 기관을 통해 당해 사안에 대한 주의감독 의무를 다했다는 취지의 주장은 논리적 구성이 매우 어렵고, 법원의 인용 가능성도 희박하다.

결국 법인이 주의의무를 준수하기 위한 효과적인 시스템을 갖추고 이를 성실히 운영하였는지 여부가 주의의무 준수 여부 및 이를 통한 양벌규정의 적용에 따른 면책 여부를 결정할 유력한 기준이 될 것이라 생각된다. 본 법 시행령에 규정된 구체적인 의무들도 이러한 시스템을 갖추기 위한 일종의 장치로 보인다.

나) 인정 여부에 대한 논의

'법인이 컴플라이언스 프로그램을 실시해서 시스템 내지 조직구조를 통해서 직원의 위법행위를 방지하는 데에 충분한 노력을 다한 것으로 평가되는 경우에는 그와 같은 과실의 추정이 깨어지고 무과실면책이 인정된다. … 판단의 대상이 되는 것은 그 명칭 여하와는 상관없이 당해 법인이 시스템 내지

---

143) 한성훈, 기업의 감독책임의 명확화와 그 기준에 관한 연구, 법학연구 제26권 제2호, 경상대학교 법학연구소, 2018, 285
144) 김성돈, 기업형법과 양벌규정의 도그마틱, 형사정책연구 제27권 제2호, 2016, 156-157

조직구조로서 실시한 주의의무의 내용이 법인의 규모나 업종에 따라 달라지겠지만, 다수의 직원이 속하고 있는 대기업의 경우에는 기본적으로 직원에 대해서 법령의 준수를 촉구하는 지침매뉴얼을 작성하고 운용하고 있는지의 여부, 그 지침매뉴얼을 철저히 주지시키기 위해서 직원에 대해 상당한 개발·교육활동을 실시하고 있는지의 여부, 위법행위가 발생한 경우에 그 영향 내지 피해를 최소화하기 위한 대응조치의 절차를 명확히 하고 있는지 혹은 그것을 실천하고 있는지의 여부 등이 판단의 대상이 될 것이고, 기업 내지 법인의 조직구조가 크고 복잡할수록 그 내용이 보다 더 체계화되고 구체화되어야 한다'는 견해와,[145] '준법감시프로그램은 기업과 관련하여 생길 수 있는 법익침해 및 법익위태화를 방지 내지 예방하기 위한 일정한 의무를 기업에게 부과해 놓고 이러한 의무를 준수한 기업에 대해 형사책임을 면하게 하거나 감경하는 법효과를 부여하는 제도적 장치이다. … 하지만 이와 같이 현행 양벌규정상 법인이 게을리하지 말아야 할 "상당한 주의와 감독"의 내용 및 범위는 준법감시프로그램 내용 및 범위와 서로 지평을 달리하므로 양자를 직접 연계시킬 수 없는 한계가 있다'는 견해가 있다.[146]

생각건대, 준법감시프로그램의 운영 자체가 기업의 입장에서 '상당한 주의와 감독의 한 내용'으로 기능할 가능성이 충분한 이상 전자의 견해에 동의하며, 다만 준법감시프로그램의 운영만으로 법인의 형사책임이 면책된다고 볼 수 없음은 당연한 바 프로그램의 운영으로 법인의 상당한 주의와 감독이 인정된다고 볼 수 있는지 여부는 기업이 운영하는 개별 프로그램의 실효성·충실성·지속성 등에 대한 인정여부로 판단될 것이다.

물론 상법에 따라 일정 규모 이상의 상장회사는 자체적으로 준법통제기준을 수립하여야 하는 바,[147] 각 사안별 준법통제기준에 따른 조치를 하였는지 여부도 평가의 기준이 될 수 있다.[148] 그러나 감독의무의 이행 여부 및 이와 결부된 면책 여부는 결국 각각의 구체적 사안마다 그 기준과 판단이 달라질 수밖에 없다.[149]

---

145) 김성규, 양벌규정의 문제점과 법인처벌의 개선방안, 국회입법조사처 정책연구용역보고서, 2010, 71-72.
146) 김성돈, 앞 논문, 158
147) 상법 제542조의13(준법통제기준 및 준법지원인) 제1항
148) 법무부와 한국상장회사협의회가 공동으로 만든 "상장회사 표준준법통제기준" 참고

2) 미국 연방 양형 가이드라인(United states sentencing guidelines)[150]

미국 법원은 기업범죄 양형에 관해 미국 연방 양형위원회가 제정한 가이드라인을 참조하고 있다. 국내에서도 재판부가 직접 미국 연방 양형기준 제8장을 참조하여 실효적인 준법감시제도를 마련하라는 주문을 하는 등으로 인해 이에 대한 관심이 높아지고 있다.

> 이 부회장의 파기환송심 심리를 맡은 서울고법 형사1부(부장판사 정준영)는 … 앞서 정 부장판사는 10월 25일 재판에서 이 부회장에게 미국 연방양형기준 제8장을 언급하면서 실효적 준법감시 제도 마련 등을 주문했다. 정 부장판사는 당시 "삼성 내부에 실효적인 준법감시제도가 작동하지 않는다면 언제든지 이 사건과 같은 범죄가 재발할 수 있다"고 강조했다. 이어 "미국 연방 양형기준 제8장과 그에 따른 미국 대기업들이 시행하는 실효적 준법감시제도를 참고하기 바란다"고 했다.[151]

부패방지법에 관한 사안이긴 하지만, 모건스탠리와 관련한 이하의 사례를 보면 결국 컴플라이언스 프로그램의 핵심은 ① 지속적인 교육과 ② 관리·감독 체계로 보인다.

> 실제로 우리나라 판례에서는 컴플라이언스 프로그램 가운데 교육을 가장 직접적이고 구체적인 방법으로 인정하고 있다. 이는 해외도 마찬가지다. 2004년 개정된 '미국 연방 기업 양형 가이드라인'에도 효과적인 컴플라이언스 프로그램의 7가지 요건에 교육·훈련이 포함돼 있다. 특히 글로벌 투자은행 모건스탠리의 사례는 컴플라이언스 교육이 판결에 어떤 영향을 미치는지 잘 보여준다.
> 2012년 4월 미국 법무부(DOJ)는 모건스탠리의 중국 부동산사업 부문 이사였던 가스 피터슨에게 해외부패방지법(FCPA)을 위반한 혐의로 유죄를 선언했다. 중국 상하이 빌딩 소유 지분을 중국 공무원에게 헐값으로 넘겼다는 이유에서였다. FCPA를 위반하면 양벌규정에 따라 직원과 기업이 모두 처벌을 받아야 한다. 하지만 피

---

149) 이진국, 기업범죄의 예방수단으로서 준법감시제도의 형법적 함의, 형사정책연구 제21권 제1호, 2010, 84

150) https://www.ussc.gov/guidelines, 2018 개정본 기준

151) 박상준·김현수, "위법행위 원천 차단할 시스템… 이재용의 '준법 프로그램' 준비, 동아일보, 2020, https://www.donga.com/news/Society/article/all/20191218/98849928/1

터슨은 최고 5년의 징역형과 최대 25만 달러(약 2억 8,000만원)의 벌금형을 받은 반면, 모건스탠리는 어떠한 처벌도 받지 않았다.

이유는 간단했다. 모건스탠리가 자사 직원을 상대로 부패방지방침·부패방지법 등의 교육을 수시로 진행했기 때문이었다. 일례로 모건스탠리는 2002~2008년 아시아 지역 직원들을 대상으로 54차례나 부패방지방침을 교육했다. 피터슨도 같은 기간 교육을 7차례 받았고, FCPA 준수통지를 35차례 받았다.[152]

산업안전보건법 또는 본 법률과 관련하여서는, 결국 기업은 자체적으로 "산업안전보건법 또는 본 법률의 하위법령, 기타 사업주가 영위하고 있는 분야와 관련한 법률 중 안전·보건과 관련한 사항"을 참고하여, ① 안전과 보건에 관한 예산수립, ② 예산의 활용이 안전과 보건에 관해 실제로 사용되고 있는지에 대한 관리·감독, ③ 안전 및 보건과 관련한 정기 및 수시교육, ④ 안전보건관리 감독자 배치와 위 사항들에 대한 경영책임자등의 실효성 있는 감독절차를 수립하거나 체계를 구성하도록 하여야 할 것이다.

미국 연방 양형기준 제8장은 부패범죄와 관련한 기준이기는 하나, 지속적인 감시와 관리 감독에 관한 사항은 본 법률과 관련한 경영책임자등의 지속적 안전조치 확인의무 등에 참조할 수 있으므로 컴플라이언스에 관한 내용만을 간략히 소개하고자 한다.

---

152) 장대현, "직원이 비리 저질렀는데 모건 스탠리는 어떻게 양벌규정 피했나", 더스쿠프, 2020, https://www.thescoop.co.kr/news/articleView.html?idxno=41363

UNITED STATES
SENTENCING COMMISSION
GUIDELIINES MANUAL(2018)
CHAPTER EIGHT - Sentencing
of organizations
Part B – Remedying Harm from
Criminal Conduct, and Effective
Compliance and Ethics Program

§ 8B2.1. Effective Compliance
and Ethics Program

(a) To Have an Effective compliance
and ethics program, for purposes of
subsection (f) of §8C2.5 (culpability
Score) and subsection (b)(1) of
§8D1. 4(Recommended Conditions
of Probation — Organizations), an
organization shall —
(1) exercise due diligence to prevent
and detect criminal conduct; and
(2) otherwise promote an organizational
culture that encourage ethical
conduct and a commitment to
compliance with the law.
Such Compliance and ethics program
shall be reasonably designed,
implemented, and enforced so that
the program is generally effective in
preventing and detecting criminal
conduct. The failure to prevent or
detect the instant offense does not
necessarily mean that the program is
not generally effective in preventing

미국 양형위원회 가이드라인
(2018)

제8장 – 기업에 대한 양형

B절 – 범죄행위에 따른 피해의
구제 및 효과적인 컴플라이언스와
윤리 프로그램

§ 8B2.1. 효과적인 컴플라이언스
및 윤리 프로그램

(a) §8C2.5(과실 점수)의 세부항목(f)
와 §8C1.4(기업에 대한 집행유예 조
건)의 세부항목(b)(1)을 위한 효과적인
컴플라이언스 및 윤리 프로그램을 갖
추기 위하여, 기업은 다음을 하여야
한다.

(1) 범죄행위를 예방하고 적발하기 위
한 기업 실사
(2) 기업 실사 외 윤리적 행위와 준법
을 장려하는 조직 문화의 촉진

이와 같은 컴플라이언스 및 윤리 프로
그램은, 프로그램이 일반적으로 범죄행
위를 예방하고 이를 적발하는 데 효과
적일 수 있도록 합리적으로 설계, 구현
및 시행되어야 한다. 해당 범죄를 예방
하거나 적발하는데 실패하였다고 하여
반드시 프로그램이 범죄행위를 예방
및 적발하는 데 일반적으로 효과적이
지 않다는 의미는 아니다.

and detecting criminal conduct.

(b) Due diligence and the promotion of an organizational culture that encourages ethical conduct and a commitment to compliance with the law within the meaning of subsections (a) minimally require the following :

(1) The organization shall establish standards and procedures to prevent and detect criminal conduct.

(2) (A) The organization's governing authority shall be knowledgeable about the content and operation of the compliance and ethics program and shall exercise reasonable oversight with respect to the implementation and effectiveness of the compliance and ethics program.

(B) High-level personnel of the organization shall ensure that the organization has an effective compliance and ethics program, as described in this guideline. Specific individual(s) within high-level personnel shall be assigned overall responsibility for the compliance and ethics program.

(C) Specific individual(s) within

(b) 세부항목 (a)의 의미 내에서 윤리적 행위와 준법 을 장려하는 기업 실사 및 조직 문화 촉진은 최소한 다음을 충족하여야 한다.

(1) 기업은 범죄 행위의 예방 및 적발을 위하여 기준과 절차를 마련하여야 한다.

(2) (A) 기업의 운영기관은 컴플라이언스와 윤리 프로그램의 내용 및 운영에 대하여 숙지하고 있어야만 하며, 컴플라이언스와 윤리 프로그램의 실행과 효과에 대하여 적절한 감독을 수행하여야 한다.

(B) 기업의 고위직은, 기업이 이 지침에서 규정하고 있는 바에 따라 효과적인 컴플라이언스와 윤리 프로그램을 마련하도록 하여야 한다. 기업의 고위직 내 특정 개인은 컴플라이언스 및 윤리 프로그램에 대하여 전반적인 책임을 분담한다.

(C) 기업의 특정 개인은 컴플라이

the organization shall be delegated day-to-day operational responsibility for the compliance and ethics program. Individual(s) with operational responsibility shall report periodically to high-level personnel and, as appropriate, to the governing authority, or an appropriate subgroup of the governing authority, on the effectiveness of the compliance and ethics program. To carry out such operational responsibility, such individual(s) shall be given adequate resources, appropriate authority, and direct access to the governing authority or an appropriate subgroup of the governing authority.

(3) The organization shall use reasonable efforts not to include within the substantial authority personnel of the organization any individual whom the organization knew, or should have known through the exercise of due diligence, has engaged in illegal activities or other conduct inconsistent with an effective compliance and ethics program.

언스 및 윤리 프로그램과 관련하여 일상 운영책임을 위임받아야 한다. 운영책임을 부담하는 개인은 고위직 또는 필요한 경우 운영기관이나 운영기관의 하위그룹에게, 컴플라이언스 및 윤리 프로그램에 대하여 주기적으로 보고하여야 한다. 이러한 운영책임을 이행하기 위하여, 개인들에게는 적절한 자원과 적절한 권한이 부여되어야 하며, 운영기관 또는 운영기관의 관련 하위그룹에 대하여 직접 접근이 가능하여야 한다.

(3) 기업은, 기업 실사를 통하여 알거나 알아야만 했던 위법한 행위 또는 효과적인 컴플라이언스 및 윤리 프로그램에 위배되는 기타 행위에 가담한 개인이 기업의 실질적인 운영기관에 포함되지 않도록 상당한 노력을 기울여야만 한다.

(4) (A) The organization shall take reasonable steps to communicate periodically and in a practical manner its standards and procedures, and other aspects of the compliance and ethics program, to the individuals referred to in subparagraph (B) by conducting effective training programs and otherwise disseminating information appropriate to such individual's respective roles and responsibilities.

(B) The individuals referred to in subparagraph (A) are the members of the governing authority, high-level personnel, substantial authority personnel, the organization's employees, and, as appropriate, the organization's agents.

(5) The organization shall take reasonable steps –

(A) To ensure that the organization's compliance and ethics program is followed, including monitoring and auditing to detect criminal conduct;

(B) To evaluate periodically the effectiveness of the organization's compliance and ethics program; and

(4) (A) 기업은 효과적인 교육 프로그램을 수행하고, 각 개인의 역할과 책임에 합당한 정보를 제공함으로써 (B)항의 개인에게 컴플라이언스 및 윤리 프로그램의 기준과 절차, 기타 측면을 주기적으로, 그리고 실무적으로 전달하기 위한 합리적인 조치를 취하여야 한다.

(B) (A)항의 개인은 운영 기관, 고위직, 실권자, 기업의 임직원 그리고, 사안에 따라 기업의 대리인을 의미한다.

(5) 기업은 다음의 적절한 조치를 취하여야 한다.

(A) 범죄행위를 적발하기 위한 모니터링 및 감사를 포함하여, 기업의 컴플라이언스와 윤리 프로그램의 준수를 보장하기 위한 조치;

(B) 기업의 컴플라이언스 및 윤리 프로그램의 효과를 주기적으로 평가하기 위한 조치;

(C) To have and publicize a system, which may include mechanisms that allow for anonymity or confidentiality, whereby the organization's employees and agents may report or seek guidance regarding potential or actual criminal conduct without fear of retaliation.

(6) The organization's compliance and ethics program shall be promoted and enforced consistently throughout the organization through (A) appropriate incentives to perform in accordance with the compliance and ethics program; and (B) appropriate disciplinary measures for engaging in criminal conduct and for failing to take reasonable steps to prevent or detect criminal conduct.

(7) After criminal conduct has been detected, the organization shall take reasonable steps to respond appropriately to the criminal conduct and to prevent further similar criminal conduct, including making any necessary modifications to the organization's compliance and ethics program.

(C) 기업의 임직원과 대리인들이 보복을 두려워 하지 않고 잠재적 또는 실제 범죄행위에 대해 보고하거나, 지침을 구할 수 있는 익명성 또는 기밀성을 허용하는 메커니즘을 포함하는 시스템을 보유하고, 홍보하기 위한 조치

(6) 기업의 컴플라이언스 및 윤리 프로그램은, (A) 컴플라이언스 및 윤리 프로그램에 따라 행동할 적절한 인센티브와, (B) 범죄행위에 관여하고, 범죄행위를 예방하거나 적발하기 위한 합리적인 조치를 취하지 않는 것에 대한 적절한 징계를 통하여, 기업 전체에 걸쳐 일관성 있게 추진 및 시행되어야 한다.

(7) 기업은 범죄 행위가 적발된 이후, 기업의 컴플라이언스와 윤리 프로그램에 필요한 변경을 포함하여 범죄 행위에 적절히 대응하고, 향후 유사한 범죄행위가 발생할 것을 예방하기 위한 합리적인 조치를 취하여야 한다.

(c) In implementing subsection (b), the organization shall periodically assess the risk of criminal conduct and shall take appropriate steps to design, implement, or modify each requirement set forth in subsection (b) to reduce the risk of criminal conduct identified through this process.

§ 8C2.5. Culpability Score

(a) Start with 5 points and apply subsections (b) through (g) below

(b) Involvement in or tolerance of criminal activity

If more than one applies, use the greatest:

(1) If –

  (A) The organization had 5,000 or more employees and

    (i) An individual within high-level personnel of the organization participated in, condoned, or was willfully ignorant of the offense; or

    (ii) Tolerance of the offense by substantial authority personnel was pervasive throughout the organization; or

  (B) The unit of the organization within which the offense was

---

(c) (b)항을 이행함에 있어, 기업은 주기적으로 범죄행위의 위험성을 평가하고, 이 과정을 통하여 식별된 범죄행위의 위험을 줄이기 위하여 (b)항에 명시된 각 요건을 설계, 실행 또는 변경하기 위한 상당한 조치를 취하여야 한다.

§ 8C2.5. 과실 점수

(a) 5점에서 시작하여, 다음의 (b)항 내지 (g)항이 적용된다.

(b) 범죄 행위에 대한 관여 또는 관용

다음 중 하나 이상의 항목이 적용될 시, 그 중 가장 중한 항목을 적용한다:

(1) 만약,

  (A) 기업이 5,000명 이상의 종업원을 보유하고,

    (i) 기업의 고위직 내 개인이 범죄행위에 가담하거나, 이를 묵과하였거나 또는 고의로 묵인한 경우, 또는

    (ii) 기업 전체에 실질적 운영자에 의한 범죄행위에 대한 관용이 만연한 경우, 또는

  (B) 기업 내 범행을 저지른 단체(유닛)가 5,000명 이상의 종업원을 보

committed had 5,000 or more employees and

(i) An individual within high-level personnel of the unit participated in, condoned, or was willfully ignorant of the offense; or

(ii) Tolerance of the offense by substantial authority personnel was pervasive throughout such unit,

Add 5 points; or

(2) If –

(A) The organization had 1,000 or more employees and

(i) An individual within high-level personnel of the organization participated in, condoned, or was willfully ignorant of the offense; or

(ii) Tolerance of the offense by substantial authority personnel was pervasive throughout the organization; or

(B) The unit of the organization within which the offense was committed had 1,000 or more employees and

(i) An individual withing high-level personnel of the unit participated in, condoned, or was willfully ignorant of the offense; or

유하고,

(i) 해당 단체(유닛)의 고위직 내 개인이 범죄행위에 가담하거나, 이를 묵과하였거나 또는 고의로 묵인한 경우, 또는

(ii) 해당 단체(유닛) 전체에 실질적 운영자에 의한 범죄행위에 대한 관용이 만연한 경우,

5점을 가산한다. 또는

(2) 만약

(A) 기업이 1,000명 이상의 종업원을 보유하고,

(i) 기업의 고위직 내 개인이 범죄행위에 가담하거나, 이를 묵과하였거나 또는 고의로 묵인한 경우, 또는

(ii) 기업 전체에 실질적 운영자에 의한 범죄행위에 대한 관용이 만연한 경우, 또는

(B) 기업 내 범행을 저지른 단체(유닛)가 1,000명 이상의 종업원을 보유하고,

(i) 해당 단체(유닛)의 고위직 내 개인이 범죄행위에 가담하거나, 이를 묵과하였거나 또는 고의로 묵인한 경우, 또는

(ii) Tolerance of the offense by substantial authority personnel was pervasive throughout such unit,

Add 4 points; or

(3) If –

(A) The organization had 200 or more employees and

(i) An individual within high-level personnel of the organization participated in, condoned, or was willfully ignorant of the offense; or

(ii) Tolerance of the offense by substantial authority personnel was pervasive throughout the organization; or

(B) The unit of the organization within which the offense was committed had 200 or more employees and

(i) An individual withing high-level personnel of the unit participated in, condoned, or was willfully ignorant of the offense; or

(ii) Tolerance of the offense by substantial authority personnel was pervasive throughout such unit,

Add 3 points; or

(4) If the organization had 50 or

(ii) 해당 단체(유닛) 전체에 실질적 운영자에 의한 범죄행위에 대한 관용이 만연한 경우,

4점을 가산한다. 또는

(3) 만약

(A) 기업이 200명 이상의 종업원을 보유하고,

(i) 기업의 고위직 내 개인이 범죄행위에 가담하거나, 이를 묵과하였거나 또는 고의로 묵인한 경우, 또는

(ii) 기업 전체에 실질적 운영자에 의한 범죄행위에 대한 관용이 만연한 경우, 또는

(B) 기업 내 범행을 저지른 단체(유닛)가 200명 이상의 종업원을 보유하고,

(i) 해당 단체(유닛)의 고위직 내 개인이 범죄행위에 가담하거나, 이를 묵과하였거나 또는 고의로 묵인한 경우, 또는

(ii) 해당 단체(유닛) 전체에 실질적 운영자에 의한 범죄행위에 대한 관용이 만연한 경우,

3점을 가산한다. 또는

(4) 만약 기업이 50명 이상의 종업원을

more employees and an individual within substantial authority personnel participated in, condoned, or was willfully ignorant of the offense, add 2 points; or

(5) If the organization had 10 or more employees and an individual within substantial authority personnel participated in, condoned, or was willfully ignorant of the offense, add 1 point.

(c) Prior history

If more than one applies, use the greater:

(1) If the organization (or separately managed line of business) committed any part of the instant offense less than 10 years after (A) a criminal adjudication based on similar misconduct; or (B) civil or administrative adjudication(s) based on two or more separate instances of similar misconduct, add 1 point; or

(2) If the organization (or separately managed line of business) committed any part of the instant offense less than 5 years after (A) a criminal adjudication based

보유하고, 실질적 운영자인 개인이 범죄행위에 가담하거나, 이를 묵과하였거나 또는 고의로 묵인한 경우, 2점을 가산한다. 또는

(5) 만약 기업이 10명 이상의 종업원을 보유하고, 실질적 운영자인 개인이 범죄행위에 가담하거나, 이를 묵과하였거나 또는 고의로 묵인한 경우, 1점을 가산한다.

(c) 전력

다음 중 하나 이상의 항목이 적용될 시, 그중 가장 중한 항목을 적용한다:

(1) 만약 기업(또는 별도로 관리되는 사업부)이 (A) 유사한 위법행위에 기초한 형사판결 또는 (B) 유사한 위법행위의 2개 이상의 별개 사례에 기초한 민사 또는 행정 판결 이후 10년 미만의 기간 내에 해당 범죄의 일부를 저지른 경우, 1점을 가산한다. 또는

(2) 만약 기업(또는 별도로 관리되는 사업부)이 (A) 유사한 위법행위에 기초한 형사판결 또는 (B) 유사한 위법행위의 2개 이상의 별개 사례에 기초한 민사 또는 행정 판결 이

on similar misconduct; or (B) civil or administrative adjudication(s) based on two or more separate instances of similar misconduct, add 2 points.

(d) Violation of an order

If more than one applies, use the greater:

(1) (A) If the commission of the instant offense violated a judicial order or injunction, other than a violation of a condition of probation; or (B) if the organization (or separately managed line of business) violated a condition of probation by engaging in similar misconduct, i.e., misconduct similar to that for which it was placed on probation, add 2 points; or

(2) If the commission of the instant offense violated a condition of probation, add 1 point.

(e) Obstructions of justice

If the organization willfully obstructed or impeded, attempted to obstruct or impede, or aided, abetted, or encouraged obstruction of justice during the investigation, prosecution, or sentencing of the instant offense, or, with knowledge thereof, failed to take reasonable

후 5년 미만의 기간 내에 해당 범죄의 일부를 저지른 경우, 2점을 가산한다.

(d) 명령 위반

다음 중 하나 이상의 항목이 적용될 시, 그 중 가장 중한 항목을 적용한다:

(1) (A) 만약 해당 위반행위가 집행유예 조건 위반 외에 법원의 명령 또는 금지명령을 위반한 것이거나, 또는 (B) 만약 기업(또는 별도로 관리되는 사업부)이 유사한 위법행위(예: 집행유예를 선고받은 것과 유사한 위법행위)에 참여하여 집행유예 조건을 위반한 경우, 2점을 가산한다. 또는

(2) 만약 해당 위반행위가 집행유예의 조건을 위반한 것에 해당하는 경우, 1점을 가산한다.

(e) (사법 방해[153])

만약 기업이 해당 범죄와 관련하여, 이를 조사, 기소, 또는 이에 대한 선고가 이루어지는 동안 고의적으로 이를 방해 또는 지연시키거나, 또는 방해 또는 지연시키려는 시도를 하거나, 사법 방해를 지원, 방조 또는 조장하였거나, 이와 같은 사실을 알면서도 위와 같은 방해 또는 지연, 또는 방해 또는 지연

steps to prevent such obstruction or impedance or attempted obstruction or impedance, add 3 points.

(f) Effective compliance and ethics program

(1) If the offense occurred even though the organization had in place at the time of the offense an effective compliance and ethics program, as provided in §8B2.1(Effective Compliance and Ethics Program), subtract 3 points.

(2) Subsection (f)(1) shall not apply if, after becoming aware of an offense, the organization unreasonably delayed reporting the offense to appropriate governmental authorities.

(3) (A) Except as provided in subparagraphs (B) and (C), subsection (f)(1) shall not apply if an individual within high-level personnel of the organization, a person within high-level personnel of the unit of the organization within which the offense was committed where the unit had 200 or more employees, or an individual described in §8B2.1(b)(2)(B) or

의 시도를 방지하기 위한 상당한 조치를 취하지 않은 경우, 3점을 가산한다.

(f) 효과적인 컴플라이언스 및 윤리 프로그램

(1) 만약 본법 §8B2.1(효과적인 컴플라이언스 및 윤리 프로그램)에서 명시되어 있는 바와 같이, 기업이 범행 발생 당시 효과적인 컴플라이언스와 윤리 프로그램을 마련하였음에도 불구하고 범행이 발생한 경우, 3점을 경감한다.

(2) (f)(1)항의 경우, 기업이 해당 범행을 인지한 후에도 관련 정부 기관에 범행을 보고하는 것을 부당하게 지연한 경우에는 적용하지 않는다.

(3) (A) 다음의 (B)와 (C)에서 규정하고 있는 경우를 제외하고, (f)(1)항은 기업의 고위직 내 개인, 기업 내 범행을 저지른 단체(유닛)가 200명 이상의 종업원을 보유하고 있는 경우, 그 단체(유닛)의 고위직에 있는 자, 또는 §8B2.1(b)(2)(B) 및 (C)에 규정된 개인이 범행에 가담하거나, 이를 묵과하였거나 또는 고의로 묵인한 경우에는 적용되지 않는다.

(C), participated in, condoned, or was willfully ignorant of the offense.

(B) There is a rebuttable presumption, for purpose of subsection (f)(1), that the organization did not have an effective compliance and ethics program if an individual –

(i) Within high-level personnel of a small organization; or

(ii) Within substantial authority personnel, but not within high-level personnel, of any organization,

Participated in, condoned, or was willfully ignorant of, the offense.

(C) Subparagraphs (A) and (B) shall not apply if –

(i) The individual or individuals with operational responsibility for the compliance and ethics program(see §8B2.1(b)(2)(C)) have direct reporting obligations to the governing authority or an appropriate subgroup thereof (e.g., an audit committee of the board of directors);

(ii) The compliance and ethics program detected the offense before discovery outside the organization or before such

(B) (f)(1)항의 목적 상, 만약 개인이 다음과 같은 자인 경우, 기업이 효과적인 컴플라이언스 및 윤리 프로그램을 수립하지 않았다고 볼 수 있는 반박 가능한 추정이 존재하는 경우-

(i) 작은 기업의 고위직 내 개인, 또는

(ii) 기업의 실질적 운영자이지만, 고위직에 있는 자가 아닌 개인이

범행에 가담하거나, 이를 묵과하였거나, 또는 고의로 묵인한 경우.

(C)(A)와 (B)는 다음을 모두 갖춘 경우에 적용하지 않는다.

(i) 컴플라이언스 및 윤리 프로그램(§8B2.1(b)(2)(C) 참조)의 운영에 책임이 있는 개인 또는 개인들은 기업의 운영기관 또는 해당 하위 그룹(예: 이사회의 감사위원회)에 대하여 직접 보고 의무가 있는 경우

(ii) 컴플라이언스 및 윤리 프로그램이 기업 외부에서 발견되거나 충분히 발견될 수 있는 상황에 앞서 당해 범죄를 적발한 경우

discovery was reasonably likely;

(iii) The organization promptly reported the offense to appropriate governmental authorities; and

(iv) No individual with operational responsibility for the compliance and ethics program participated in, condoned, or was willfully ignorant of the offense.

(g) Self-reporting, Cooperation, and Acceptance of responsibility

If more than one applies, use the greatest:

(1) If the organization (A) prior to an imminent threat of disclosure or government investigation; and (B) within a reasonably prompt time after becoming aware of the offense, reported the offense to appropriate governmental authorities, fully cooperated in the investigation, and clearly demonstrated recognition and affirmative acceptance of responsibility for its criminal conduct, subtract 5 points; or

(2) If the organization fully cooperated in the investigation and clearly demonstrated recognition

(iii) 기업이 관련 정부 기관에 범행을 신속히 보고한 경우

(iv) 컴플라이언스 및 윤리 프로그램의 운영을 책임지는 개인 중 누구도 범행에 가담하거나, 이를 묵과하였거나, 또는 고의로 묵인하지 않은 경우

(g) 자진신고, 협조, 책임 인정

다음 중 하나 이상의 항목이 적용될 시, 그 중 가장 중한 항목을 적용한다:

(1) 만약 기업이 (A) 긴급한 공개 위협 또는 정부조사 이전에 (B) 범행을 인지한 후 합리적으로 신속한 시일 내 관련 정부 기관에 범행을 보고하고 조사에 전적으로 협조하였으며, 범죄행위에 대한 책임을 인정하고 인지 사실을 명확히 밝힌 경우, 5점을 경감한다. 또는

(2) 만약 기업이 수사에 전적으로 협조하고, 범죄행위에 대한 책임을 인정하고 인지 사실을 명확히 밝힌

| and affirmative acceptance of responsibility for its criminal conduct, subtract 2 points; or
(3) If the organization clearly demonstrated recognition and affirmative acceptance of responsibility for its criminal conduct, subtract 1 point. | 경우, 2점을 경감한다. 또는

(3) 만약 기업이 범죄행위에 대한 책임을 인정하고 인지 사실을 명확히 밝힌 경우, 1점을 경감한다. |

라. 안전보건경영시스템(KOSHA-MS)[154]

1) 한국산업안전보건공단에서 산업안전보건법의 요구조건과 국제표준(ISO 45001) 기준체계 및 국제노동기구(ILO)의 안전보건경영시스템 구축에 관한 권고를 반영하여 독자적으로 개발한 안전보건경영체제로서, 최고경영자가 안전보건방침에 안전보건정책을 선언하고 이에 대한 실행계획을 수립(P), 그에 필요한 자원을 지원(S)하여 실행 및 운영(D), 점검 및 시정조치(C)하며 그 결과를 최고경영자가 검토(A)하는 P-S-D-C-A 순환과정의 체계적인 안전보건활동을 말한다.[155]

안전보건공단은 안전보건경영시스템의 구축과 관련하여 일정 가이드라인을 제시하고 있으며, 건설업의 경우 KOSHA 18001 구축에 관한 지침이 상당히 구체적으로 제시되어 있으므로 이를 참조하여 시스템을 구축하는 것이 바람직하다.[156]

---

153) attempted to obstruct or impede, aided, abetted, or encouraged obstruction of justice during the investigation, prosecution, or sentencing of the instant offense …
해당 범죄에 대한 조사, 기소 또는 선고 중에 공무집행을 방해하거나, 이를 지연시키거나, 도움을 주거나, 방조하거나 또는 조장하는 행위를 의미
154) 건설업의 경우 KOSHA 18001, 단 2022. 6. 30.까지 KOSHA-MS로 인증 전환 필요
155) 한국산업안전보건공단 안전보건경영시스템 구축지원 사업안내 리플렛 참조
156) 한국산업안전보건공단, 안전보건경영시스템(KOSHA 18001) 구축에 관한 지침, 2012

2) ISO 45001은 사업장에서 발생할 수 있는 각종 위험을 사전 예측 및 예방하여 궁극적으로 기업의 이윤창출에 기여하고 조직의 안전보건을 체계적으로 관리하기 위한 요구사항을 규정한 국제표준이다.157) 산업계에서는 이와 같은 각종 인증을 받기 위해 활발한 노력을 기울이고 있으나, 인증을 받았다는 이유만으로 면책된다고 보기는 어렵다. 다만 인증을 받기 위한 과정에서 다시 한 번 안전보건에 관한 체계를 점검할 수 있는 효과적인 기회를 갖게 될 것이며, 양형에 있어서도 유리한 사정으로 작용할 것은 분명하다.158)

---

157) 한국표준협회 ISO 45001 도입 배경 등 내용 참조 http://www.ksa.kr/ksa_kr/6624/subview.do
158) 그러나 기준만 취득하였을 뿐 이에 따른 지속적인 점검과 감시에 대한 노력이 없었다면 유의미한 차이는 없을 것으로 예상된다.

제8조 안전보건교육의 수강

⑦ 안전보건교육을 연기하는 경우 교육일정 등의 통보에 관하여는 제4항을 준용한다.

⑧ 안전보건교육에 드는 비용은 안전보건교육기관등에서 수강하는 교육대상자가 부담한다.

⑨ 안전보건교육기관등은 안전보건교육을 실시한 경우에는 지체 없이 안전보건교육 이수자 명단을 고용노동부장관에게 통보해야 한다.

⑩ 안전보건교육을 이수한 교육대상자는 필요한 경우 안전보건교육이수확인서를 발급해 줄 것을 고용노동부장관에게 요청할 수 있다.

⑪ 제10항에 따른 요청을 받은 고용노동부장관은 고용노동부장관이 정하는 바에 따라 안전보건교육이수확인서를 지체 없이 내주어야 한다.

▌ 시행령 제7조(과태료의 부과기준)

법 제8조제2항에 따른 과태료의 부과기준은 별표 4와 같다.

1. 법적 성질

중대산업재해가 발생한 법인 또는 기관의 경영책임자등[159]은 대통령령으로 정하는 바에 따라 안전보건교육을 이수하여야 하는데, 문언상 명백한대로 중대시민재해와는 관계가 없다. 일반적으로 수강명령은 형벌이라기보다는 보

▌ 중대재해 처벌 등에 관한 법률 시행령 [별표 4]

과태료의 부과기준(제7조 관련)

1. 일반기준

가. 위반행위의 횟수에 따른 과태료의 가중된 부과기준은 최근 1년간 같은 위반행위로 과태료 부과처분을 받은 경우에 적용한다. 이 경우 기간의 계산은 위반행위에 대해 과태료 부과처분을 받은 날과 그 처분 후 다시 같은 위반행위를 하여 적발된 날을 기준으로 한다.

---

159) 개인사업주는 교육 이수 대상에 해당하지 않는다(중대재해처벌법 해설, 고용노동부, 2021, 116).

나. 가목에 따라 가중된 부과처분을 하는 경우 가중처분의 적용 차수는 그 위반
　행위 전 부과처분 차수(가목에 따른 기간 내에 과태료 부과처분이 둘 이상
　있었던 경우에는 높은 차수를 말한다)의 다음 차수로 한다.

다. 부과권자는 다음의 어느 하나에 해당하는 경우에는 제3호의 개별기준에 따
　른 과태료(제2호에 따라 과태료 감경기준이 적용되는 사업 또는 사업장의 경
　우에는 같은 호에 따른 감경기준에 따라 산출한 금액을 말한다)의 2분의 1
　범위에서 그 금액을 줄여 부과할 수 있다. 다만, 과태료를 체납하고 있는 위
　반행위자에 대해서는 그렇지 않다.
　　1) 위반행위자가 자연재해·화재 등으로 재산에 현저한 손실을 입었거나 사
　　　업여건의 악화로 사업이 중대한 위기에 처하는 등의 사정이 있는 경우
　　2) 위반행위가 사소한 부주의나 오류로 인한 것으로 인정되는 경우
　　3) 위반행위자가 법 위반상태를 시정하거나 해소하기 위해 노력한 것이 인정
　　　되는 경우
　　4) 그 밖에 위반행위의 정도, 위반행위의 동기와 그 결과 등을 고려하여 과
　　　태료 금액을 줄일 필요가 있다고 인정되는 경우

2. 사업·사업장의 규모나 공사 규모에 따른 과태료 감경기준
　상시근로자수가 50명 미만인 사업 또는 사업장이거나 공사금액이 50억원 미만
　인 건설공사의 사업 또는 사업장인 경우에는 제3호의 개별기준에도 불구하고
　그 과태료의 2분의 1 범위에서 감경할 수 있다.

3. 개별기준

안처분이고,[160] 형벌적 성격이 있지 아니한 이상 불이익변경 금지 원칙이
적용되지 않는다.[161]

　본 법률상 이수명령은 '신체의 자유를 제한하는 성질'을 가진다고 보기는
어렵고, 그 위반에 대해서도 형벌이 아닌 과태료 처분에 그치는 만큼 보안처
분의 성격을 가진다고 본다.

---

160) 이진국, 산업안전보건법상 수강명령제도 도입에 따른 제도 마련에 관한 연구, 안전보건공
　　단, 2018. 5.
161) 대법원 1983. 6. 14. 선고 83도756 등 참조

2. 산업안전보건법상 수강명령과의 차이

산업안전보건법도 본 법률의 교육이수명령과 유사한 내용을 규정하고 있다. 산업안전보건법상 수강명령은 형벌과 별도로 판결에 의해 선고되는 것으로서[162] 2회에 걸친 수강명령 불이행시 징역 또는 벌금에 처해질 수 있다.

반면 본 법률에 의한 교육이수명령은 불이행하더라도 과태료가 부과될 뿐 형벌이 부과되지는 않는다.

▌ **산업안전보건법 제174조(형벌과 수강명령 등의 병과)**

① 법원은 제38조제1항부터 제3항까지(제166조의2에서 준용하는 경우를 포함한다), 제39조제1항(제166조의2에서 준용하는 경우를 포함한다) 또는 제63조(제166조의2에서 준용하는 경우를 포함한다)를 위반하여 근로자를 사망에 이르게 한 사람에게 유죄의 판결(선고유예는 제외한다)을 선고하거나 약식명령을 고지하는 경우에는 200시간의 범위에서 산업재해 예방에 필요한 수강명령 또는 산업안전보건프로그램의 이수명령(이하 "이수명령"이라 한다)을 병과(倂科)할 수 있다. 〈개정 2020. 3. 31.〉

② 제1항에 따른 수강명령은 형의 집행을 유예할 경우에 그 집행유예기간 내에서 병과하고, 이수명령은 벌금 이상의 형을 선고하거나 약식명령을 고지할 경우에 병과한다. 〈신설 2020. 3. 31.〉

③ 제1항에 따른 수강명령 또는 이수명령은 형의 집행을 유예할 경우에는 그 집행유예기간 내에, 벌금형을 선고하거나 약식명령을 고지할 경우에는 형 확정일부터 6개월 이내에, 징역형 이상의 실형(實刑)을 선고할 경우에는 형기 내에 각각 집행한다. 〈개정 2020. 3. 31.〉

④ 제1항에 따른 수강명령 또는 이수명령이 벌금형 또는 형의 집행유예와 병과된 경우에는 보호관찰소의 장이 집행하고, 징역형 이상의 실형과 병과된 경우에는 교정시설의 장이 집행한다. 다만, 징역형 이상의 실형과 병과된 이수명령을 모두 이행하기 전에 석방 또는 가석방되거나 미결구금일수 산입 등의 사유로 형을 집행할 수 없게 된 경우에는 보호관찰소의 장이 남은 이수명령을 집행한다. 〈개정 2020. 3. 31.〉

---

162) 예 : 피고인에 대하여 40시간의 산업안전사고 예방강의 수강을 명한다.

⑤ 제1항에 따른 수강명령 또는 이수명령은 다음 각 호의 내용으로 한다. 〈개정 2020. 3. 31.〉

1. 안전 및 보건에 관한 교육

2. 그 밖에 산업재해 예방을 위하여 필요한 사항

⑥ 수강명령 및 이수명령에 관하여 이 법에서 규정한 사항 외의 사항에 대해서는 「보호관찰 등에 관한 법률」을 준용한다. 〈개정 2020. 3. 31.〉

■ **산업안전보건법 제170조의2(벌칙)**

제174조제1항에 따라 이수명령을 부과받은 사람이 보호관찰소의 장 또는 교정시설의 장의 이수명령 이행에 관한 지시에 따르지 아니하여 「보호관찰 등에 관한 법률」 또는 「형의 집행 및 수용자의 처우에 관한 법률」에 따른 경고를 받은 후 재차 정당한 사유 없이 이수명령 이행에 관한 지시에 따르지 아니한 경우에는 다음 각 호에 따른다.

1. 벌금형과 병과된 경우는 500만원 이하의 벌금에 처한다.

2. 징역형 이상의 실형과 병과된 경우에는 1년 이하의 징역 또는 1천만원 이하의 벌금에 처한다.

[본조신설 2020. 3. 31.]

3. 교육의 시기

중대산업재해가 '발생하면' 고용노동부장관이 교육을 실시할 수 있도록 규정되어 있다. 즉, 형 확정 이후가 아닌 재해 발생 이후 교육이 실시될 수 있으며 '형 확정 전'이라는 이유로 교육을 거부할 수는 없다고 본다.

이는 형사재판의 결과와 상관없이, 재해의 발생 및 사고의 재발을 막기 위한 교육이 필요하다는 취지에서 이루어지는 것이기 때문이다. 교육이수명령을 불이행하더라도 과태료가 부과될 뿐 그 자체로 형사처벌 대상은 아니지만, 형사재판이 진행 중인 경우 양형에 매우 불리한 요소로 작용할 수 있다.[163]

---

163) 교육을 이수하는 것이 사고에 대한 귀책을 인정하는 것처럼 비춰질 우려는 없다고 본다. 오히려 사고 발생 자체는 인정하고 재발을 방지하기 위한 노력 차원에서 교육을 이수하였

4. 교육 대상

산업안전보건법상 수강명령은 대표자의 안전의식을 고취하는 데 실효성이 없으므로, 적어도 중대재해가 발생한 기업의 안전보건경영체계의 최종 지휘 권자인 대표자가 안전보건교육을 받는 제도를 고려하여야 한다는 견해가 있다.[164]

본 법률은 이와 같은 견해 및 법률의 취지를 반영하여 교육대상을 '경영책임자등'이라고 명시하였으나, 그 위반에 대한 제재가 형벌이 아닌 과태료인 한계가 있다. 실효성을 거두기 위해서는 영업정지나 자격취소, 등록말소 등 강력한 행정적 제재를 과할 필요가 있다.

5. 교육 내용 등 기타

안전보건교육은 산업안전보건공단 등 안전보건교육기관에서 이루어지며, 교육내용에는 안전보건관리체계의 구축 등 안전·보건에 관한 경영 방안과 중대산업재해의 원인 분석과 재발 방지 방안 등이 포함된다.

교육비용의 경우 별도의 규정이 없으나, 고용노동부는 당사자 부담의 원칙에 따라 교육대상자가 부담하여야 한다고 해석하고 있으며[165] 교육이 필요한 이유가 위반자인 교육대상자에게 있는 이상 이는 당연한 해석이다.

으며, 교육에 따른 조치를 신속히 취하였다는 것이 양형에 더 유리할 것으로 보인다.

164) 전형배, 중대재해기업처벌법 입법안 소고, 노동법포럼 제30호, 노동법이론실무학회, 2020, 262
165) 고용노동부, 중대재해처벌법 해설, 2021, 118

제9조 사업주와 경영책임자등의 안전 및 보건 확보의무

법 제9조(사업주와 경영책임자등의 안전 및 보건 확보의무)

① 사업주 또는 경영책임자등은 사업주나 법인 또는 기관이 실질적으로 지배·운영·관리하는 사업 또는 사업장에서 생산·제조·판매·유통 중인 원료나 제조물의 설계, 제조, 관리상의 결함으로 인한 그 이용자 또는 그 밖의 사람의 생명, 신체의 안전을 위하여 다음 각 호에 따른 조치를 하여야 한다.

1. 재해예방에 필요한 인력·예산·점검 등 안전보건관리체계의 구축 및 그 이행에 관한 조치

2. 재해 발생 시 재발방지 대책의 수립 및 그 이행에 관한 조치

3. 중앙행정기관·지방자치단체가 관계 법령에 따라 개선, 시정 등을 명한 사항의 이행에 관한 조치

4. 안전·보건 관계 법령에 따른 의무이행에 필요한 관리상의 조치

② 사업주 또는 경영책임자등은 사업주나 법인 또는 기관이 실질적으로 지배·운영·관리하는 공중이용시설 또는 공중교통수단의 설계, 설치, 관리상의 결함으로 인한 그 이용자 또는 그 밖의 사람의 생명, 신체의 안전을 위하여 다음 각 호에 따른 조치를 하여야 한다.

1. 재해예방에 필요한 인력·예산·점검 등 안전보건관리체계의 구축 및 그 이행에 관한 조치

2. 재해 발생 시 재발방지 대책의 수립 및 그 이행에 관한 조치

3. 중앙행정기관·지방자치단체가 관계 법령에 따라 개선, 시정 등을 명한 사항의 이행에 관한 조치

4. 안전·보건 관계 법령에 따른 의무이행에 필요한 관리상의 조치

③ 사업주 또는 경영책임자등은 사업주나 법인 또는 기관이 공중이용시설 또는 공중교통수단과 관련하여 제3자에게 도급, 용역, 위탁 등을 행한 경우에는 그 이용자 또는 그 밖의 사람의 생명, 신체의 안전을 위하여 제2항의 조치를 하여야 한다. 다만, 사업주나 법인 또는 기관이 그 시설, 장비, 장소 등에 대하여 실질적으로 지배·운영·관리하는 책임이 있는 경우에 한정한다.

④ 제1항제1호·제4호 및 제2항제1호·제4호의 조치에 관한 구체적인 사항은 대통령령으로 정한다.

▌ 령 제8조(원료·제조물 관련 안전보건관리체계의 구축 및 이행 조치)

법 제9조 제1항 제1호에 따른 조치의 구체적인 사항은 다음 각 호와 같다.

1. 다음 각 목의 사항을 이행하는 데 필요한 인력을 갖추어 중대시민재해 예방을 위한 업무를 수행하도록 할 것

　　가. 법 제9조 제1항 제4호의 안전·보건 관계 법령에 따른 안전·보건 관리 업무의 수행

　　나. 유해·위험요인의 점검과 위험징후 발생 시 대응

　　다. 그 밖에 원료·제조물 관련 안전·보건 관리를 위해 환경부장관이 정하여 고시하는 사항

2. 다음 각 목의 사항을 이행하는 데 필요한 예산을 편성·집행할 것

　　가. 법 제9조 제1항 제4호의 안전·보건 관계 법령에 따른 인력·시설 및 장비 등의 확보·유지

　　나. 유해·위험요인의 점검과 위험징후 발생 시 대응

　　다. 그 밖에 원료·제조물 관련 안전·보건 관리를 위해 환경부장관이 정하여 고시하는 사항

3. 별표 5에서 정하는 원료 또는 제조물로 인한 중대시민재해를 예방하기 위해 다음 각 목의 조치를 할 것

　　가. 유해·위험요인의 주기적인 점검

　　나. 제보나 위험징후의 감지 등을 통해 발견된 유해·위험요인을 확인한 결과 중대시민재해의 발생 우려가 있는 경우의 신고 및 조치

　　다. 중대시민재해가 발생한 경우의 보고, 신고 및 조치

　　라. 중대시민재해 원인조사에 따른 개선조치

4. 제3호 각 목의 조치를 포함한 업무처리절차의 마련. 다만, 「소상공인기본법」 제2조에 따른 소상공인의 경우는 제외한다.

5. 제1호 및 제2호의 사항을 반기 1회 이상 점검하고, 점검 결과에 따라 인력을 배치하거나 예산을 추가로 편성·집행하도록 하는 등 중대시민재해 예방에 필요한 조치를 할 것

▌ 령 제9조(원료·제조물 관련 안전·보건 관계 법령에 따른 의무이행에 필요한 관리상의 조치)

① 법 제9조 제1항 제4호에서 "안전·보건 관계 법령"이란 해당 사업 또는 사업장에서 생산·제조·판매·유통 중인 원료나 제조물에 적용되는 것으로서 그 원료나 제조물이 사람의 생명·신체에 미칠 수 있는 유해·위험 요인을 예방하고

안전하게 관리하는 데 관련되는 법령을 말한다.

② 법 제9조 제1항 제4호에 따른 조치의 구체적인 사항은 다음 각 호와 같다.

  1. 안전·보건 관계 법령에 따른 의무를 이행했는지를 반기 1회 이상 점검(해당 안전·보건 관계 법령에 따라 중앙행정기관의 장이 지정한 기관 등에 위탁하여 점검하는 경우를 포함한다. 이하 이 호에서 같다)하고, 직접 점검하지 않은 경우에는 점검이 끝난 후 지체 없이 점검 결과를 보고받을 것

  2. 제1호에 따른 점검 또는 보고 결과 안전·보건 관계 법령에 따른 의무가 이행되지 않은 사실이 확인되는 경우에는 인력을 배치하거나 예산을 추가로 편성·집행하도록 하는 등 해당 의무 이행에 필요한 조치를 할 것

  3. 안전·보건 관계 법령에 따라 의무적으로 실시해야 하는 교육이 실시되는지를 반기 1회 이상 점검하고, 직접 점검하지 않은 경우에는 점검이 끝난 후 지체 없이 점검 결과를 보고받을 것

  4. 제3호에 따른 점검 또는 보고 결과 실시되지 않은 교육에 대해서는 지체 없이 그 이행의 지시, 예산의 확보 등 교육 실시에 필요한 조치를 할 것

1. 원료 및 제조물과 관련한 의무

가. 의무의 내용

사업주 또는 경영책임자등은 사업주나 법인 또는 기관이 '실질적으로 지배·운영·관리하는 사업 또는 사업장'에서 '생산·제조·판매·유통 중인 원료나 제조물의 설계·제조·관리상의 결함'으로 인한 '그 이용자 또는 그 밖의 사람의 생명, 신체의 안전을 위하여 조치를 하여야 한다.

나. 구체적인 의무의 내용

1) 재해예방에 필요한 인력·예산·점검 등 안전보건관리체계의 구축 및 그 이행에 관한 조치

구체적인 사항은 모두 시행령에 위임되어 있다. 시행령은 크게 ① 인력, ② 예산, ③ 점검·신고·개선조치, ④ 업무처리 절차 마련, ⑤ 정기점검 조치로 의무사항을 세분하고 있다.

안전보건관리체계의 구축과 관련하여서는 법령상의 규정이나 기준은 없으나, 당장은 산업안전보건법상 안전보건관리체계를 기반으로 고용노동부의 가이드북을 참고하여 구축할 수밖에 없다.[166]

또한 시행령은 특정 원료 또는 제조물에 대해서는 유해·위험요인의 주기적인 점검 등 추가적인 예방조치를 규정하고 있는데, 대상 원료 및 제조물은 이하와 같다.

■ **중대재해 처벌 등에 관한 법률 시행령 [별표 5]**

제8조제3호에 따른 조치 대상 원료 또는 제조물(제8조제3호 관련)

1. 「고압가스 안전관리법」 제28조 제2항제13호의 독성가스
2. 「농약관리법」 제2조 제1호, 제1호의2, 제3호 및 제3호의2의 농약, 천연식물보호제, 원제(原劑) 및 농약활용기자재
3. 「마약류 관리에 관한 법률」 제2조제1호의 마약류
4. 「비료관리법」 제2조 제2호 및 제3호의 보통비료 및 부산물비료
5. 「생활화학제품 및 살생물제의 안전관리에 관한 법률」 제3조제7호 및 제8호의 살생물물질 및 살생물제품
6. 「식품위생법」 제2조 제1호, 제2호, 제4호 및 제5호의 식품, 식품첨가물, 기구 및 용기·포장
7. 「약사법」 제2조 제4호의 의약품, 같은 조 제7호의 의약외품(醫藥外品) 및 같은 법 제85조 제1항의 동물용 의약품·의약외품

---

[166] 중대시민재해의 경우에는 주관부서가 환경부로 보이는데, 환경부에서는 현재 별도 가이드북을 배포하지는 않은 것으로 보인다. 하지만 '체계'와 관련하여서는 산업재해 주관부서의 가이드북을 충분히 참고할 수 있다고 본다.

8. 「원자력안전법」 제2조 제5호의 방사성물질

9. 「의료기기법」 제2조 제1항의 의료기기

10. 「총포·도검·화약류 등의 안전관리에 관한 법률」 제2조 제3항의 화약류

11. 「화학물질관리법」 제2조 제7호의 유해화학물질

12. 그 밖에 제1호부터 제11호까지의 규정에 준하는 것으로서 관계 중앙행정기관의 장이 정하여 고시하는 생명·신체에 해로운 원료 또는 제조물

2) 재해 발생시 재발방지 대책의 수립 및 그 이행에 관한 조치

재해가 발생하는 경우 내부적으로 재발방지를 위한 대책을 수립하는지, 수립한 계획에 따른 조치가 있는지 여부를 의미한다. 구체적인 사항이 규정된 바 없으므로 자체적으로 수립하되 그 내용은 원 관리체계보다 강화되거나 특화되어야 한다. 대책 수립을 위한 내부의 처리절차를 기준으로 실제 이행되고 있는지, 이행한 결과 등은 이행에 관한 조치에 포함된다.

더욱 구체적인 내용은 현재로서는 고용노동부의 가이드라인 등을 참고할 수밖에 없다.

3) 중앙행정기관·지방자치단체가 관계 법령에 따라 개선, 시정 등을 명한 사항의 이행에 관한 조치

관계 법령이란 시행령 제9조 제1항에 따른 '안전·보건 관계 법령'을 의미한다고 할 것이다. 예를 들면 산업안전보건법에 따른 고용노동부장관의 시정조치(산안법 제53조[167]) 등이 이에 해당한다.

각 개별 시정조치의 구체적인 내용에 따른 조치를 이행하고 조치결과를 보고하면 된다.

---

167) 제53조(고용노동부장관의 시정조치 등) ① 고용노동부장관은 사업주가 사업장의 건설물 또는 그 부속건설물 및 기계·기구·설비·원재료(이하 "기계·설비등"이라 한다)에 대하여 안전 및 보건에 관하여 고용노동부령으로 정하는 필요한 조치를 하지 아니하여 근로자에게 현저한 유해·위험이 초래될 우려가 있다고 판단될 때에는 해당 기계·설비등에 대하여 사용중지·대체·제거 또는 시설의 개선, 그 밖에 안전 및 보건에 관하여 고용노동부령으로 정하는 필요한 조치(이하 "시정조치"라 한다)를 명할 수 있다.

4) 안전·보건 관계 법령에 따른 의무이행에 필요한 관리상의 조치

'안전·보건 관계 법령'이란 '해당 사업 또는 사업장에서 생산·제조·판매·유통 중인 원료나 제조물에 적용되는 것으로서 그 원료나 제조물이 사람의 생명·신체에 미칠 수 있는 유해·위험 요인을 예방하고 안전하게 관리하는 데 관련되는 법령을 의미한다.

시행령이 그 의미를 보다 구체적으로 규정하였으나, 여전히 '관련되는 법령'의 의미나 범위는 모호한 것이 사실이다. 다만 산업안전보건법 등 안전과 보건에 관한 기본법적인 성격을 갖는 법령과 각 사업 또는 사업장의 생산·제조·판매·유통 분야에 적용될 개별법령 중 안전·보건에 관계되는 규정은 이에 포함된다고 봄이 타당하다.

2. 공중이용시설 및 공중교통수단과 관련한 의무

> ▌령 제10조(공중이용시설·공중교통수단 관련 안전보건관리체계 구축 및 이행에 관한 조치)
>
> 법 제9조 제2항 제1호에 따른 조치의 구체적인 사항은 다음 각 호와 같다.
>
> 1. 다음 각 목의 사항을 이행하는 데 필요한 인력을 갖추어 중대시민재해 예방을 위한 업무를 수행하도록 할 것
>
>   가. 법 제9조 제2항 제4호의 안전·보건 관계 법령에 따른 안전관리 업무의 수행
>
>   나. 제4호에 따라 수립된 안전계획의 이행
>
>   다. 그 밖에 공중이용시설 또는 공중교통수단과 그 이용자나 그 밖의 사람의 안전에 관하여 국토교통부장관이 정하여 고시하는 사항
>
> 2. 다음 각 목의 사항을 이행하는 데 필요한 예산을 편성·집행할 것
>
>   가. 법 제9조 제2항 제4호의 안전·보건 관계 법령에 따른 인력·시설 및 장비 등의 확보·유지와 안전점검 등의 실시
>
>   나. 제4호에 따라 수립된 안전계획의 이행
>
>   다. 그 밖에 공중이용시설 또는 공중교통수단과 그 이용자나 그 밖의 사람의 안전에 관하여 국토교통부장관이 정하여 고시하는 사항

3. 공중이용시설 또는 공중교통수단에 대한 법 제9조 제2항 제4호의 안전·보건 관계 법령에 따른 안전점검 등을 계획하여 수행되도록 할 것

4. 공중이용시설 또는 공중교통수단에 대해 연 1회 이상 다음 각 목의 내용이 포함된 안전계획을 수립하게 하고, 충실히 이행하도록 할 것. 다만, 공중이용시설에 대해「시설물의 안전 및 유지관리에 관한 특별법」제6조에 따라 시설물에 대한 안전 및 유지관리계획을 수립·시행하거나 공중이용시설 또는 공중교통수단에 대해 철도운영자가「철도안전법」제6조에 따라 연차별 시행계획을 수립·추진하는 경우로서 사업주 또는 경영책임자등이 그 수립 여부 및 내용을 직접 확인하거나 보고받은 경우에는 안전계획을 수립하여 이행한 것으로 본다.
   가. 공중이용시설 또는 공중교통수단의 안전과 유지관리를 위한 인력의 확보에 관한 사항
   나. 공중이용시설의 안전점검 또는 정밀안전진단의 실시와 공중교통수단의 점검·정비(점검·정비에 필요한 장비를 확보하는 것을 포함한다)에 관한 사항
   다. 공중이용시설 또는 공중교통수단의 보수·보강 등 유지관리에 관한 사항

5. 제1호부터 제4호까지에서 규정한 사항을 반기 1회 이상 점검하고, 직접 점검하지 않은 경우에는 점검이 끝난 후 지체 없이 점검 결과를 보고받을 것

6. 제5호에 따른 점검 또는 보고 결과에 따라 인력을 배치하거나 예산을 추가로 편성·집행하도록 하는 등 중대시민재해 예방에 필요한 조치를 할 것

7. 중대시민재해 예방을 위해 다음 각 목의 사항이 포함된 업무처리절차를 마련하여 이행할 것. 다만, 철도운영자가「철도안전법」제7조에 따라 비상대응계획을 포함한 철도안전관리체계를 수립하여 시행하거나 항공운송사업자가「항공안전법」제58조 제2항에 따라 위기대응계획을 포함한 항공안전관리시스템을 마련하여 운용한 경우로서 사업주 또는 경영책임자등이 그 수립 여부 및 내용을 직접 점검하거나 점검 결과를 보고받은 경우에는 업무처리절차를 마련하여 이행한 것으로 본다.
   가. 공중이용시설 또는 공중교통수단의 유해·위험요인의 확인·점검에 관한 사항
   나. 공중이용시설 또는 공중교통수단의 유해·위험요인을 발견한 경우 해당 사항의 신고·조치요구, 이용 제한, 보수·보강 등 그 개선에 관한 사항
   다. 중대시민재해가 발생한 경우 사상자 등에 대한 긴급구호조치, 공중이용시설

또는 공중교통수단에 대한 긴급안전점검, 위험표지 설치 등 추가 피해방지 조치, 관계 행정기관 등에 대한 신고와 원인조사에 따른 개선조치에 관한 사항

라. 공중교통수단 또는 「시설물의 안전 및 유지관리에 관한 특별법」 제7조제1호의 제1종시설물에서 비상상황이나 위급상황 발생 시 대피훈련에 관한 사항

8. 제3자에게 공중이용시설 또는 공중교통수단의 운영·관리 업무의 도급, 용역, 위탁 등을 하는 경우 공중이용시설 또는 공중교통수단과 그 이용자나 그 밖의 사람의 안전을 확보하기 위해 다음 각 목에 따른 기준과 절차를 마련하고, 그 기준과 절차에 따라 도급, 용역, 위탁 등이 이루어지는지를 연 1회 이상 점검하고, 직접 점검하지 않은 경우에는 점검이 끝난 후 지체 없이 점검 결과를 보고받을 것

가. 중대시민재해 예방을 위한 조치능력 및 안전관리능력에 관한 평가기준·절차

나. 도급, 용역, 위탁 등의 업무 수행 시 중대시민재해 예방을 위해 필요한 비용에 관한 기준

■ 령 제11조(공중이용시설· 공중교통수단 관련 안전· 보건 관계 법령에 따른 의무이행에 필요한 관리상의 조치)

① 법 제9조 제2항 제4호에서 "안전·보건 관계 법령"이란 해당 공중이용시설·공중교통수단에 적용되는 것으로서 이용자나 그 밖의 사람의 안전·보건을 확보하는 데 관련되는 법령을 말한다.

② 법 제9조제2항제4호에 따른 조치의 구체적인 사항은 다음 각 호와 같다.

1. 안전·보건 관계 법령에 따른 의무를 이행했는지를 연 1회 이상 점검(해당 안전·보건 관계 법령에 따라 중앙행정기관의 장이 지정한 기관 등에 위탁하여 점검하는 경우를 포함한다. 이하 이 호에서 같다)하고, 직접 점검하지 않은 경우에는 점검이 끝난 후 지체 없이 점검 결과를 보고받을 것

2. 제1호에 따른 점검 또는 보고 결과 안전·보건 관계 법령에 따른 의무가 이행되지 않은 사실이 확인되는 경우에는 인력을 배치하거나 예산을 추가로 편성·집행하도록 하는 등 해당 의무 이행에 필요한 조치를 할 것

3. 안전·보건 관계 법령에 따라 공중이용시설의 안전을 관리하는 자나 공중교통수단의 시설 및 설비를 정비·점검하는 종사자가 의무적으로 이수해야 하는 교육을 이수했는지를 연 1회 이상 점검하고, 직접 점검하지 않은 경우에는 점검이 끝난 후 지체 없이 점검 결과를 보고받을 것

4. 제3호에 따른 점검 또는 보고 결과 실시되지 않은 교육에 대해서는 지체 없이 그 이행의 지시 등 교육 실시에 필요한 조치를 할 것

가. 의무의 내용

사업주 또는 경영책임자등은 사업주나 법인 또는 기관이 '실질적으로 지배·운영·관리하는 공중이용시설 또는 공중교통수단'의 설계, 설치, 관리상의 결함으로 인한 그 이용자 또는 그 밖의 사람의 생명, 신체의 안전을 위하여 안전보건관리체계의 구축 등의 조치를 하여야 한다.

나. 구체적인 의무

본 법률상 의무의 내용은 원료 및 제조물에 관한 의무와 동일하나, 시행령에서 규정하고 있는 세부적인 사항에서는 교통수단별로 차이가 있다. 시행령은 일부 교통수단에 한하여 개별법령에 따른 특정 조치를 이행한 경우 본 법령에 따른 의무는 이행된 것으로 간주하도록 하는 규정을 두어 의무가 중복되지 않도록 하였다.

3. 도급·용역·위탁 등을 행한 경우의 의무

가. 의무의 내용

사업주 또는 경영책임자등은 사업주나 법인 또는 기관이 공중이용시설 또는 공중교통수단과 관련하여 '제3자에게 도급, 용역, 위탁 등을 행한 경우'에도 마찬가지로 그 이용자 또는 그 밖의 사람의 생명, 신체의 안전을 위하여 안전보건관리체계의 구축 등의 조치를 하여야 한다.

다만, 사업주나 법인 또는 기관이 그 시설, 장비, 장소 등에 대하여 실질적으로 지배·운영·관리하는 책임이 있는 경우에 한정한다. 실질적으로 지배·운영·관리하는 책임의 의미와 관련하여서는 전술한 중대산업재해 부분에서의 내용과 같다.

나. 구체적인 의무

본 법률은 사업주 또는 경영책임자등이 취하여야 할 구체적인 조치와 관련하여, 도급 등 경우에도 도급 등을 행하지 않은 경우와 동일한 조치를 취하도록 규정하였다.

> **법 제9조(사업주와 경영책임자등의 안전 및 보건 확보의무)**
> ③ 사업주 또는 경영책임자등은 사업주나 법인 또는 기관이 공중이용시설 또는 공중교통수단과 관련하여 제3자에게 도급, 용역, 위탁 등을 행한 경우에는 그 이용자 또는 그 밖의 사람의 생명, 신체의 안전을 위하여 **제2항의 조치**를 하여야 한다.

제10조 중대시민재해 사업주와 경영책임자등의 처벌

> **법 제10조(중대시민재해 사업주와 경영책임자등의 처벌)**
> ① 제9조를 위반하여 제2조 제3호 가목의 중대시민재해에 이르게 한 사업주 또는 경영책임자등은 1년 이상의 징역 또는 10억원 이하의 벌금에 처한다. 이 경우 징역과 벌금을 병과할 수 있다.
> ② 제9조를 위반하여 제2조 제3호 나목 또는 다목의 중대시민재해에 이르게 한 사업주 또는 경영책임자등은 7년 이하의 징역 또는 1억원 이하의 벌금에 처한다.
>
> **법 제2조(정의)**
> 이 법에서 사용하는 용어의 뜻은 다음과 같다.
> 3. "중대시민재해"란 특정 원료 또는 제조물, 공중이용시설 또는 공중교통수단의 설계, 제조, 설치, 관리상의 결함을 원인으로 하여 발생한 재해로서 다음 각 목의 어느 하나에 해당하는 결과를 야기한 재해를 말한다. 다만, 중대산업재해에 해당하는 재해는 제외한다.
>   가. 사망자가 1명 이상 발생
>   나. 동일한 사고로 2개월 이상 치료가 필요한 부상자가 10명 이상 발생
>   다. 동일한 원인으로 3개월 이상 치료가 필요한 질병자가 10명 이상 발생

1. 중대시민재해의 발생

가. 정의

'중대시민재해'란 특정 원료 또는 제조물, 공중이용시설 또는 공중교통수단의 설계, 제조, 설치, 관리상의 결함을 원인으로 하여 발생한 재해로서 ① 사망자가 1명 이상 발생하거나, ② 동일한 사고로 2개월 이상 치료가 필요한 부상자가 10명 이상 발생하거나, ③ 동일한 원인으로 3개월 이상 치료가 필요한 질병자가 10명이상 발생한 결과를 야기한 재해를 말한다.

동일한 사고 내지 원인의 의미는 중대산업재해에서 살펴본 것과 동일하므로 이하에서는 나머지 부분만 본다.

나. 특정 원료 또는 제조물

이에 대하여는 정의 규정에서 살펴본 바와 같다.

다. 설계, 제조, 설치, 관리상의 결함

이에 대하여도 정의 규정에서 살펴본 바와 같다.

라. 사망자, 치료가 필요한 부상자 및 질병자의 발생

사망자가 1명 이상 발생하거나, 동일한 사고로 2개월 이상 치료가 필요한 부상자가 10명 이상 발생하거나, 동일한 원인으로 3개월 이상 치료가 필요한 질병자가 10명 이상 발생한 경우 중대시민재해가 발생한 것으로 본다.

동일한 사고 내지 동일한 원인의 의미는 중대산업재해의 그것과 달리 해석할 이유가 없다. 질병자의 경우 중대산업재해의 '직업성 질병자'와는 다름에 유의할 필요가 있다. 즉, 중대시민재해에서의 질병자는 직업성 질병에 한하는 것이 아닌 통상적 의미에서의 질병에 걸린 자에 포함되므로 동일한 원인으로 인해 발생한 질병이기만 하면 포함된다. 중대산업재해가 '직업성 질병자'로 명시하고 있음에 반하여 중대시민재해는 단지 '치료가 필요한 질병자'로 규정하고 있기 때문이다.

2. 기타

중대시민재해의 경우 중대산업재해와 달리 안전 및 보건조치의무 위반으로 본 법률에 따른 형을 선고받고 확정된 후 5년 이내 재범시 형이 가중된다는 규정이 없다. 또한 중대시민재해가 발생하였더라도 사업주 또는 경영책임자등은 안전보건교육 수강 대상이 아니다.

이외의 부분은 전술한 중대산업재해 부분과 동일하다.

제11조 중대시민재해의 양벌규정

> **법 제11조(중대시민재해의 양벌규정)**
> 법인 또는 기관의 경영책임자등이 그 법인 또는 기관의 업무에 관하여 제10조에 해당하는 위반행위를 하면 그 행위자를 벌하는 외에 그 법인 또는 기관에게 다음 각 호의 구분에 따른 벌금형을 과(科)한다. 다만, 법인 또는 기관이 그 위반행위를 방지하기 위하여 해당 업무에 관하여 상당한 주의와 감독을 게을리하지 아니한 경우에는 그러하지 아니하다.
> 1. 제10조제1항의 경우: 50억원 이하의 벌금
> 2. 제10조제2항의 경우: 10억원 이하의 벌금

양벌규정의 의미, 면책규정의 해석 등과 관련한 부분은 중대산업재해의 그것과 달리 해석될 여지는 없다고 보이므로 전술한 내용 기재로 대체하고자 한다.

제12조 형 확정 사실의 통보

법 제12조(형 확정 사실의 통보)
법무부장관은 제6조, 제7조, 제10조 또는 제11조에 따른 범죄의 형이 확정되면 그 범죄사실을 관계 행정기관의 장에게 통보하여야 한다.

1. 통보의무

법무부장관은 사업주 또는 경영책임자등이 본 법률에 따른 안전 및 보건확보의무 위반(양벌규정 포함)으로 기소되어 형이 확정된 경우 그 범죄사실을 관계 행정기관의 장에게 통보하여야 한다.

관계 행정기관은 통보주체인 법무부를 제외하면 환경부, 고용노동부, 산업통상자원부, 국토교통부, 공정거래위원회를 의미한다. 발생한 중대재해가 산업재해인지 시민재해인지 등의 구체적 유형에 따라 관계부서에 통보가 이루어질 것으로 보인다.

판결이 확정되어야만 하고, 형종을 구분하지 않고 있으므로 벌금형이 확정되는 경우에도 통보될 것이며, 통보'하여야' 한다로 규정되어 있다.

2. 통보의 내용 및 시기

형이 확정된 이후 범죄사실을 통보해야 한다. 통보되는 범죄사실의 내용이 무엇인지는 시행령에도 세부적으로 규정되어 있지 않으나, 판결문에 적시된 내용으로서 범죄사실 및 그와 관련한 판결이유나 적용법조 등도 포함된다고 볼 것이다.

제13조 중대산업재해 발생사실 공표

법 제13조(중대산업재해 발생사실 공표)

① 고용노동부장관은 제4조에 따른 의무를 위반하여 발생한 중대산업재해에 대하여 사업장의 명칭, 발생 일시와 장소, 재해의 내용 및 원인 등 그 발생사실을 공표할 수 있다.

② 제1항에 따른 공표의 방법, 기준 및 절차 등은 대통령령으로 정한다.

▌ 령 제12조(중대산업재해 발생사실의 공표)

① 법 제13조제1항에 따른 공표(이하 이 조에서 "공표"라 한다)는 법 제4조에 따른 의무를 위반하여 발생한 중대산업재해로 법 제12조에 따라 범죄의 형이 확정되어 통보된 사업장을 대상으로 한다.

② 공표 내용은 다음 각 호의 사항으로 한다.

 1. "중대산업재해 발생사실의 공표"라는 공표의 제목

 2. 해당 사업장의 명칭

 3. 중대산업재해가 발생한 일시 · 장소

 4. 중대산업재해를 입은 사람의 수

 5. 중대산업재해의 내용과 그 원인(사업주 또는 경영책임자등의 위반사항을 포함한다)

 6. 해당 사업장에서 최근 5년 내 중대산업재해의 발생 여부

③ 고용노동부장관은 공표하기 전에 해당 사업장의 사업주 또는 경영책임자등에게 공표하려는 내용을 통지하고 30일 이상의 기간을 정하여 그에 대해 소명자료를 제출하게 하거나 의견을 진술할 수 있는 기회를 주어야 한다.

④ 공표는 관보, 고용노동부나 「한국산업안전보건공단법」에 따른 한국산업안전보건공단의 홈페이지에 게시하는 방법으로 한다.

⑤ 제4항에 따라 홈페이지에 게시하는 방법으로 공표하는 경우 공표기간은 1년으로 한다.

1. 취지

본 조항의 취지는 공표대상이 되는 기업에 대해서 경각심을 불러일으켜 중대산업재해를 예방하고, 발생사실에 대한 정보의 제공을 통해 유사한 중대산업재해의 재발을 방지하는 것이다.

공표의 대상이나 내용, 방법 등에 관해서 시행령이 이를 구체적으로 규정하고 있다.

2. 산업안전보건법상 산업재해발생건수 등의 공표

산업안전보건법도 본 조항과 유사한 취지·내용의 규정이 있는데, 본 법률상 중대산업재해는 산업안전보건법상 산업재해의 발생을 전제로 한다고 하더라도 별도의 법 규정으로서 공표의 대상 등이 상이하므로 공표는 개별적으로 이루어질 것으로 보인다.

산업안전보건법상의 공표는 고용노동부나 한국산업안전보건공단의 홈페이지 등에 공표되고 있다.[168]

> ▌ **산업안전보건법 제10조 (산업재해 발생건수 등의 공표)**
>
> ① 고용노동부장관은 산업재해를 예방하기 위하여 대통령령으로 정하는 사업장의 근로자 산업재해 발생건수, 재해율 또는 그 순위 등(이하 "산업재해발생건수등"이라 한다)을 공표하여야 한다.
>
> ② 고용노동부장관은 도급인의 사업장(도급인이 제공하거나 지정한 경우로서 도급인이 지배·관리하는 대통령령으로 정하는 장소를 포함한다. 이하 같다) 중 대통령령으로 정하는 사업장에서 관계수급인 근로자가 작업을 하는 경우에 도급인의 산업재해발생건수등에 관계수급인의 산업재해발생건수등을 포함하여 제1항에 따라 공표하여야 한다.
>
> ③ 고용노동부장관은 제2항에 따라 산업재해발생건수등을 공표하기 위하여 도급인

---

168) 고용노동부, "중대재해 발생 등 산업재해 예방조치 의무 위반 사업장 명단 공표", 2021. 12. 29. 등 참조

에게 관계수급인에 관한 자료의 제출을 요청할 수 있다. 이 경우 요청을 받은 자는 정당한 사유가 없으면 이에 따라야 한다.

④ 제1항 및 제2항에 따른 공표의 절차 및 방법, 그 밖에 필요한 사항은 고용노동부령으로 정한다.

▎ **산업안전보건법 시행령 제10조(공표대상 사업장)**

① 법 제10조제1항에서 "대통령령으로 정하는 사업장"이란 다음 각 호의 어느 하나에 해당하는 사업장을 말한다.

1. 산업재해로 인한 사망자(이하 "사망재해자"라 한다)가 연간 2명 이상 발생한 사업장
2. 사망만인율(死亡萬人率: 연간 상시근로자 1만명당 발생하는 사망재해자 수의 비율을 말한다)이 규모별 같은 업종의 평균 사망만인율 이상인 사업장
3. 법 제44조제1항 전단에 따른 중대산업사고가 발생한 사업장
4. 법 제57조제1항을 위반하여 산업재해 발생 사실을 은폐한 사업장
5. 법 제57조제3항에 따른 산업재해의 발생에 관한 보고를 최근 3년 이내 2회 이상 하지 않은 사업장

② 제1항제1호부터 제3호까지의 규정에 해당하는 사업장은 해당 사업장이 관계수급인의 사업장으로서 법 제63조에 따른 도급인이 관계수급인 근로자의 산업재해 예방을 위한 조치의무를 위반하여 관계수급인 근로자가 산업재해를 입은 경우에는 도급인의 사업장(도급인이 제공하거나 지정한 경우로서 도급인이 지배·관리하는 제11조 각 호에 해당하는 장소를 포함한다. 이하 같다)의 법 제10조제1항에 따른 산업재해발생건수등을 함께 공표한다.

---

3. 공표에 대한 분쟁수단

가. 처분성

행정상 공표의 경우 소위 권력적 사실행위로서 처분성 여부에 대해서는 견해의 대립이 있고, 대법원은 "위반 사실이 공표됨으로 인하여 피공표자들의 법률상 지위에 직접적인 변동이 발생하는 것이 아닌 이상 처분성이 인정될

수 없다"는 판시를 한 바 있다.[169]

본 법률 위반에 따른 중대산업재해 발생사실 공표는 '해당 사업장의 명칭과 중대산업재해의 내용, 원인 등'이 모두 포함되어 관보와 한국산업안전보건공단의 홈페이지에 게시되어 누구나 볼 수 있게 되고, 산업안전보건법상에 따라 공표된 사업장의 경우 3년간 정부포상에서 제외되는 등 불이익이 발생되는 이상 공정거래법상 위반사실 공표와 같은 차원에서 처분성이 긍정된다고 봄이 타당하다.

○ **대법원 1999. 4. 27.자 98무57 결정 [시정명령등효력정지]**

【판시사항】
독점규제및공정거래에관한법률에 기한 공정거래위원회의 위반사실공표명령과 과징금납부명령의 집행으로 인한 손해가 행정소송법 제23조 제2항 소정의 '회복하기 어려운 손해'에 해당한다고 본 사례

【결정요지】
독점규제및공정거래에관한법률에 기한 공정거래위원회의 위반사실공표명령과 과징금납부명령의 효력이 정지되지 아니한 채 본안소송이 진행되는 경우, 신문게재로 대외적 전파에 의한 신용의 실추와 기업운용자금 수급계획의 차질 등에서 상당한 손해를 입을 것임을 쉽게 예상할 수 있다는 이유로 그와 같은 손해가 사회관념상 행정소송법 제23조 제2항 소정의 '회복하기 어려운 손해'에 해당한다고 본 사례

다만, 위와 같이 처분성이 긍정되더라도 본 조항상 공표의 시점은 공정거래법이 '규정에 위반하는 행위가 있을 때'로 규정한 것과 달리 '형이 확정된 이후'를 의미하는바 이미 형사재판이 확정된 이후 공표 과정에서 발생한 절차적 하자를 다투는 것 외에는 큰 실익이 없다. 또한 절차적 하자를 이유로 취소되더라도 다시 하자를 보완하여 처분할 수 있으므로 이를 고려하더라도 더욱 그러하다.

---

169) 대법원 1993. 10. 26. 선고 93누6331 판결

나. 재량권 남용 또는 위헌소송

본 법률에는 공표를 재량행위로 규정하고 있으나 시행령은 기속행위화하고 있으므로 실무상 특별한 사정이 없는 이상 중대산업재해가 발생하면 고용노동부장관은 사실상 자동적으로 공표를 할 것이다. 이에 대해 대통령령에 대외 법규성을 인정한 판례[170]를 따르면 공표의 근거가 되는 본 시행령에 대한 위헌소송을, 대통령령에 대외 법규성을 부정하면 공표행위 자체에 대한 재량권 남용으로 행정쟁송을 통해 다툴 여지가 있을 것이다. 하지만 중대산업재해가 발생하면 이미 언론 등을 통해 사회적 비난이 매우 거셀 것으로, 이미 형의 확정에 이른 단계에서 이러한 부분을 다투기는 현실적으로 어려울 것이다.

---

170) 대법원 1998. 12. 8. 선고 98두14174 판결. 대법원 2001. 3. 9. 선고 99두5207 판결 등

제14조 심리절차에 관한 특례

법 제14조(심리절차에 관한 특례)

① 이 법 위반 여부에 관한 형사재판에서 법원은 직권으로「형사소송법」제294조의
2에 따라 피해자 또는 그 법정대리인(피해자가 사망하거나 진술할 수 없는 경우
에는 그 배우자·직계친족·형제자매를 포함한다)을 증인으로 신문할 수 있다.

② 이 법 위반 여부에 관한 형사재판에서 법원은 검사, 피고인 또는 변호인의 신청
이 있는 경우 특별한 사정이 없으면 해당 분야의 전문가를 전문심리위원으로 지
정하여 소송절차에 참여하게 하여야 한다.

1. 피해자에 대한 증인신문

법원은 이 법 위반 여부에 관한 형사재판에서 다른 형사사건에서와는 달리
피해자나 법정대리인의 신청이 없다 하더라도 직권으로 피해자 또는 그 법정
대리인을 증인으로 신문할 수 있다.

	요건	성질	관계
본 법률	직권	재량	특별규정
형사소송법	신청	기속	일반규정

본 규정은 '형사소송법 제294조의2에 따라' 증인으로 신문할 수 있다고 규
정하므로 신청권과 관계없는 일반 형사절차에 관한 사항에 대하여는 당연히
형사소송법 규정이 적용된다. 즉, 일반 형사소송절차로서 본 조항과 배치되
지 않는 범위 내에서 피해자 진술의 비공개에 관한 규정, 피해자 등의 공판
기록 열람·등사에 관한 규정 및 기타 형사소송법상 증인신문에 관한 규정은
당연히 적용된다고 보아야 한다.

> ▍ **형사소송법 제294조의2(피해자등의 진술권)**
>
> ① 법원은 범죄로 인한 피해자 또는 그 법정대리인(피해자가 사망한 경우에는 배우자·직계친족·형제자매를 포함한다. 이하 이 조에서 "피해자등"이라 한다)의 신청이 있는 때에는 그 피해자등을 증인으로 신문하여야 한다. 다만, 다음 각 호의 어느 하나에 해당하는 경우에는 그러하지 아니하다. 〈개정 2007. 6. 1.〉
>
> 1. 삭제 〈2007. 6. 1.〉
>
> 2. 피해자등 이미 당해 사건에 관하여 공판절차에서 충분히 진술하여 다시 진술할 필요가 없다고 인정되는 경우
>
> 3. 피해자등의 진술로 인하여 공판절차가 현저하게 지연될 우려가 있는 경우
>
> ② 법원은 제1항에 따라 피해자등을 신문하는 경우 피해의 정도 및 결과, 피고인의 처벌에 관한 의견, 그 밖에 당해 사건에 관한 의견을 진술할 기회를 주어야 한다. 〈개정 2007. 6. 1.〉
>
> ③ 법원은 동일한 범죄사실에서 제1항의 규정에 의한 신청인이 여러 명인 경우에는 진술할 자의 수를 제한할 수 있다. 〈개정 2007. 6. 1.〉
>
> ④ 제1항의 규정에 의한 신청인이 출석통지를 받고도 정당한 이유없이 출석하지 아니한 때에는 그 신청을 철회한 것으로 본다. 〈개정 2007. 6. 1.〉

2. 전문심리위원 참여

가. 전문심리위원 제도

법원은 이 법 위반 여부에 관한 형사재판에서 검사, 피고인 또는 변호인의 신청이 있는 경우 특별한 사정이 없는 한 해당 분야의 전문가를 전문심리위원으로 지정하여 소송절차에 참여하게 하여야 한다. 형사소송법상 전문심리위원 참여 여부 결정은 법원의 재량에 의한 것임에 비해 본 법률은 기속에 가깝게 규정하고 있는데, 이는 중대재해사건의 사실인정에서 법원이 특별한 사정이 없는 이상 전문가의 견해를 반드시 참고하여 객관성을 담보하라는 취지로 보인다.

전문심리위원은 건축이나 환경, 의료, 특허와 같은 전문분야를 포함한 전 분야에 관하여 활용될 수 있으며 심급의 제한도 없다. 본 법률에 따른 형사

재판에서는 검사와 피고인 양측 모두 인과관계의 존부 내지 산업재해 발생과 관련한 의무위반 여부의 입증에 활용할 것으로 예상된다.

나. 참여절차

전문심리위원 참여절차는 감정인 선정절차와 유사하게 진행되는데, 우선 후보자가 지정되면 당사자들은 후보자에 대한 의견을 제출할 수 있고, 법원은 해당 의견을 참고하여 위원을 지정하는 참여결정을 하게 된다.

다. 제척 · 기피

본 법률에는 전문심리위원의 제척이나 기피에 관한 규정이 별도로 없으나, 일반 형사소송절차로서 형사소송법상 규정이 본 조항의 취지와 배치된다고 보기 어려운 이상 마찬가지로 적용된다고 보아야 한다.

▌ 형사소송법 제279조의2(전문심리위원의 참여)

① 법원은 소송관계를 분명하게 하거나 소송절차를 원활하게 진행하기 위하여 필요한 경우에는 직권으로 또는 검사, 피고인 또는 변호인의 신청에 의하여 결정으로 전문심리위원을 지정하여 공판준비 및 공판기일 등 소송절차에 참여하게 할 수 있다.

② 전문심리위원은 전문적인 지식에 의한 설명 또는 의견을 기재한 서면을 제출하거나 기일에 전문적인 지식에 의하여 설명이나 의견을 진술할 수 있다. 다만, 재판의 합의에는 참여할 수 없다.

③ 전문심리위원은 기일에 재판장의 허가를 받아 피고인 또는 변호인, 증인 또는 감정인 등 소송관계인에게 소송관계를 분명하게 하기 위하여 필요한 사항에 관하여 직접 질문할 수 있다.

④ 법원은 제2항에 따라 전문심리위원이 제출한 서면이나 전문심리위원의 설명 또는 의견의 진술에 관하여 검사, 피고인 또는 변호인에게 구술 또는 서면에 의한 의견진술의 기회를 주어야 한다.

▌ **형사소송법 제279조의3(전문심리위원 참여결정의 취소)**

① 법원은 상당하다고 인정하는 때에는 검사, 피고인 또는 변호인의 신청이나 직권으로 제279조의2제1항에 따른 결정을 취소할 수 있다.

② 법원은 검사와 피고인 또는 변호인이 합의하여 제279조의2제1항의 결정을 취소할 것을 신청한 때에는 그 결정을 취소하여야 한다.

▌ **형사소송법 제279조의4(전문심리위원의 지정 등)**

① 제279조의2제1항에 따라 전문심리위원을 소송절차에 참여시키는 경우 법원은 검사, 피고인 또는 변호인의 의견을 들어 각 사건마다 1인 이상의 전문심리위원을 지정한다.

② 전문심리위원에게는 대법원규칙으로 정하는 바에 따라 수당을 지급하고, 필요한 경우에는 그 밖의 여비, 일당 및 숙박료를 지급할 수 있다.

③ 그 밖에 전문심리위원의 지정에 관하여 필요한 사항은 대법원규칙으로 정한다.

▌ **형사소송법 제279조의5(전문심리위원의 제척 및 기피)**

① 제17조부터 제20조까지 및 제23조는 전문심리위원에게 준용한다.

② 제척 또는 기피 신청이 있는 전문심리위원은 그 신청에 관한 결정이 확정될 때까지 그 신청이 있는 사건의 소송절차에 참여할 수 없다. 이 경우 전문심리위원은 해당 제척 또는 기피 신청에 대하여 의견을 진술할 수 있다.

[본조신설 2007. 12. 21.]

제15조 손해배상의 책임

법 제15조(손해배상의 책임)

① 사업주 또는 경영책임자등이 고의 또는 중대한 과실로 이 법에서 정한 의무를 위반하여 중대재해를 발생하게 한 경우 해당 사업주, 법인 또는 기관이 중대재해로 손해를 입은 사람에 대하여 그 손해액의 5배를 넘지 아니하는 범위에서 배상책임을 진다. 다만, 법인 또는 기관이 해당 업무에 관하여 상당한 주의와 감독을 게을리하지 아니한 경우에는 그러하지 아니하다.

② 법원은 제1항의 배상액을 정할 때에는 다음 각 호의 사항을 고려하여야 한다.

1. 고의 또는 중대한 과실의 정도
2. 이 법에서 정한 의무위반행위의 종류 및 내용
3. 이 법에서 정한 의무위반행위로 인하여 발생한 피해의 규모
4. 이 법에서 정한 의무위반행위로 인하여 사업주나 법인 또는 기관이 취득한 경제적 이익
5. 이 법에서 정한 의무위반행위의 기간·횟수 등
6. 사업주나 법인 또는 기관의 재산상태
7. 사업주나 법인 또는 기관의 피해구제 및 재발방지 노력의 정도

1. 징벌적 손해배상 제도

가. 정의

징벌적 손해배상은 일반적인 손해배상의 원칙인 이행에 갈음하는 배상(전보배상)과 달리, 입은 손해 이상을 배상하도록 하는 것을 말한다. 이는 가해자의 악의적이고 중대한 가해행위를 징벌(처벌)하여 당해 가해자나 그 밖의 제3자가 장래에 그와 같은 행위를 다시 하지 못하도록 억지함을 목적으로 한다.[171]

법원은 '징벌적 배상이란 가해자에게 특히 고의 등의 주관적인 악사정이 있는 경우에 보상적 손해배상에 덧붙여 위법행위에 대한 징벌과 동종행위의 억

---

171) 이재목, 징벌적 손해배상제도에 관한 국내 입법의 현황과 문제점, 홍익법학 제19권 제4호, 홍익대학교 법학연구소, 2018, 247

지를 주목적으로 하여 과하여지는 손해배상으로 영미법상 보통법(common law)으로 인정되고 있는 구제방법의 일종'이라고 판시한 바 있다.[172]

나. 국내 도입 현황

해외에서 도입된 이래 국내에서도 가해자와 피해자 사이에 법적 지위의 심각한 불균형이 있거나, 위법 행위로 인한 피해의 결과가 중대한 경우에 개별 특별법에 민사상 손해배상의 특칙으로 도입되고 있다.

국내 징벌적 손해배상제도 도입 현황[173]

항	개별법률	고의 · 과실	요건	한도
1	하도급거래 공정화에 관한 법률	고의 · 과실	원사업자의 기술유용, 부당한 단가 인하 · 발주취소 · 반품 · 대금감액	3배
2	기간제 및 단시간근로자 보호 등에 관한 법률	명백한 고의	기간제 · 단시간근로자에 대한 차별대우	3배
3	신용정보의 이용 및 보호에 관한 법률	고의 · 중과실	신용정보의 누설 · 분실 등	5배
4	대리점거래의 공정화에 관한 법률	고의 · 과실	불공정거래행위로 대리점에 손해를 입힌 경우	3배
5	파견근로자보호 등에 관한 법률	고의 · 과실	파견근로자에 대한 차별적 처우	3배
6	개인정보보호법	고의 · 중과실	개인정보의 분실 등	3배
7	정보통신망 이용촉진 및 정보보호 등에 관한 법률	고의 · 중과실	개인정보의 분실 등	3배
8	가맹사업거래의 공정화에 관한 법률	고의 · 과실	사실과 다른 정보제공 등, 계약의 체결 · 유지에 중대한 영향을 미치는 사실의 은폐 · 축소 등, 가맹점	3배

---

172) 서울지방법원 동부지원 1995. 2. 10. 선고 93가합19069 판결 : 항소
173) 김정환, 징벌적 손해배상의 적정한 운영방안에 관한 연구, 사법정책연구원, 2019, 177 이하 내용 참조

			사업자에 대한 부당한 중단지원·거절·현저한 제한	
9	제조물책임법	고의	제조물의 결함을 알면서도 필요한 조치를 취하지 아니하여 생명 또는 신체에 중대한 손해 발생	3배
10	환경보건법	고의·중과실	사업활동 등에서 생긴 환경유해인자로 인하여 다른 사람에게 환경성 질환을 발생	3배
11	특허법	고의	특허권 또는 전용실시권침해우	3배
12	축산계열화사업에 관한 법률	고의·과실	본 법 위반으로 계약농가에 손해 발생	3배
13	대·중소기업 상생협력 촉진에 관한 법률	고의·과실	위탁기업의 보복조치(납품대금 조정신청 등에 대한)로 손해 발생	3배
14	부정경쟁방지 및 영업비밀보호에 관한 법률	고의	영업비밀 침해	3배
15	대규모유통업에서의 거래 공정화에 관한 법률	고의·과실	상품의 대금 감액, 정당한 사유 없는 반품 등으로 손해 발생	3배
16	독점규제 및 공정거래에 관한 법률	고의·과실	부당 공동행위 및 금지되는 보복조치로 인하여 손해 발생	3배
17	공익신고자 보호법	고의·과실	공익신고등을 이유로 불이익조치를 받아 손해 발생	3배
18	중대재해 처벌 등에 관한 법률	고의·중과실	본법 위반에 따른 중대재해 발생하여 손해 발생	5배

2. 손해배상책임 발생 요건

가. 사업주 또는 경영책임자등의 고의 또는 중대한 과실

1) 사업주 또는 경영책임자등의 의미는 전술한 바와 같고, 고의뿐만 아니라 '중대한 과실'로 인한 경우에도 징벌적 손해배상책임이 발생할 수 있다는 점에 유의하여야 한다.

'중대한 과실'이란 일반적으로 사업주 또는 경영책임자등에게 요구되는 정도의 주의가 아닌, 아주 약간의 주의를 한다면 손쉽게 위법·유해한 결과를 예견할 수 있는 경우임에도 만연히 이를 간과함과 같은 거의 고의에 가까운 현저한 주의를 결여한 상태를 말한다.

본 법률의 경우에는 경영책임자등이 고의로 재해예방에 필요한 인력 및 예산 등 안전보건관리체계의 구축 및 그 이행에 관한 조치를 갖추지 말 것을 지시한 것은 아니지만, 그러한 책임이 있음에도 불구하고 아무런 지시를 하지 아니하거나 단순히 이를 지시하였을 뿐 조직 구성원이 이를 이행할 것이라고 만연히 기대하고 조치 여부를 확인하지 아니하는 상태가 상당한 기간 지속되는 경우 등을 중과실로 볼 수 있을 것이다.

2) 피해자는 입증의 편의를 위하여 형사소송의 결과에 따라 민사소송을 진행할 가능성이 높은데, 선행된 형사소송에서 경영책임자등의 고의가 인정되어 본 법률 위반으로 판결이 확정된 경우 후행 민사소송에서도 경영책임자등의 고의 또는 중대한 과실이 인정될 수 있는지 문제된다.

다만, 무죄가 확정된 업무상과실치사사건의 피고인을 상대로 한 손해배상소송에서 법원은 이하와 같이 판시하면서 불법행위에 따른 민사책임과 형사책임은 별개의 관점에서 검토되어야 한다고 판단한 바 있고, 판시와 같이 양 책임이 반드시 일치하는 것은 아니다.

○ **대법원 2008. 2. 1. 선고 2006다6713 판결 [손해배상(기)]**

【판시사항】

[1] 경찰관의 무기 사용이 경찰관직무집행법 제10조의4에 정한 요건을 충족하는지 여부의 판단 기준

[2] 형사상 범죄를 구성하지 아니하는 침해행위가 민사상 불법행위를 구성할 수 있는지 여부(적극)

[3] 경찰관이 범인을 제압하는 과정에서 총기를 사용하여 범인을 사망에 이르게 한 사안에서, 총기사용행위에 대한 무죄판결이 확정된 것과 무관하게 민사상 불법행위책임을 인정한 사례

---

[1] 경찰관은 범인의 체포, 도주의 방지, 자기 또는 타인의 생명·신체에 대한 방호, 공무집행에 대한 항거의 억제를 위하여 무기를 사용할 수 있으나, 이 경우에도 무기는 목적 달성에 필요하다고 인정되는 상당한 이유가 있을 때 그 사태를 합리적으로 판단하여 필요한 한도 내에서 사용하여야 하는바(경찰관직무집행법 제10조의4), 경찰관의 무기 사용이 이러한 요건을 충족하는지 여부는 범죄의 종류, 죄질, 피해법익의 경중, 위해의 급박성, 저항의 강약, 범인과 경찰관의 수, 무기의 종류, 무기 사용의 태양, 주변의 상황 등을 고려하여 사회통념상 상당하다고 평가되는지 여부에 따라 판단하여야 하고, 특히 사람에게 위해를 가할 위험성이 큰 권총의 사용에 있어서는 그 요건을 더욱 엄격하게 판단하여야 한다.

[2] 불법행위에 따른 형사책임은 사회의 법질서를 위반한 행위에 대한 책임을 묻는 것으로서 행위자에 대한 공적인 제재(형벌)를 그 내용으로 함에 비하여, 민사책임은 타인의 법익을 침해한 데 대하여 행위자의 개인적 책임을 묻는 것으로서 피해자에게 발생한 손해의 전보를 그 내용으로 하는 것이고, 손해배상제도는 손해의 공평·타당한 부담을 그 지도원리로 하는 것이므로, 형사상 범죄를 구성하지 아니하는 침해행위라고 하더라도 그것이 민사상 불법행위를 구성하는지 여부는 형사책임과 별개의 관점에서 검토하여야 한다.

[3] 경찰관이 범인을 제압하는 과정에서 총기를 사용하여 범인을 사망에 이르게 한 사안에서, 경찰관이 총기사용에 이르게 된 동기나 목적, 경위 등을 고려하여 형사사건에서 무죄판결이 확정되었더라도 당해 경찰관의 과실의 내용과 그로 인하여 발생한 결과의 중대함에 비추어 민사상 불법행위책임을 인정한 사례.

나. 본 법에서 정한 의무를 위반하여 중대재해를 발생하게 한 경우

본 법에서 정한 의무를 위반하여 중대재해를 발생하게 한 경우란 본 법률 및 시행령에 의하여 사업주 또는 경영책임자등에게 부여된 안전 및 보건 확보 의무를 위반하여 중대재해를 발생케 한 경우를 의미한다.

다. 면책규정

법인 또는 기관이 해당 업무에 관하여 상당한 주의와 감독을 게을리하지 아니한 경우에 해당하는지 여부는 이미 본 법률 제7조 및 제11조의 양벌규정에서 살펴본 내용을 참조할 수 있고, 결국 개별적 사안에 따라 달리 판단될 수밖에 없다.

다만 본 조에서 규정한 '해당 업무'란 안전에 관한 구체적인 지시가 아니라, 본 법률에서 규정한 '안전 및 보건 확보 의무'의 이행과 관련한 업무로 해석되어야 한다.

3. 손해배상액의 한도 등

가. 논의과정

당초 강은미 안에서는 3배 이상 10배 이하의 범위 내에서, 박주민 안에서는 5배 이상을 배상할 것을 규정하고 있었는데, 손해배상액의 한도를 어느 정도로 설정할 것인지에 대한 치열한 논의가 있었으나 손해액의 5배 이내로 정리되었다.

> 법원행정처장 : 지금 다는 아닙니다마는 전부 상한, 3배 또는 5배 넘지 않는 범위 내에서가 주류고요. 이렇게 하한을 정해 놓은 경우는 특이한 것 같습니다 … (중략)
>
> 법무부차관 : 두 가지 측면이 있는 것 같습니다. 지금까지 징벌적 손해배상제도를 도입한 3배 이하 또는 5배 이하의 손해배상 사건에서 지금 법원의 판사님들이 대체로 그 징벌적 손해배상제도를 활용하고 계시지 않습니다, 이하로 되어 있으니까 똑같이 1배로 하더라도 합법적인 것이니까. 활용도가 굉장히 떨어지는 제도들이 들어와 있는데 그 부분에 대해서는 그것은 재판 사항이니까 그런 문제가 있는데 이렇게 되면 이것은 5배로 수렴이 될 겁니다. 그게 최저한이니까요. 그랬을 때 5배로 수렴되는 효과는 있을 것이다라는 측면이 있는데 또 송기헌 위원님 말씀하신 것처럼 무제한일 수 있는 것이냐에 대한 문제는 또 남습니다. 그래서 어느 정도 상한은 정해 주셔야 되는 것 아닌가라는 생각도 있습니다.

본 법률과 신용정보의 이용 및 보호에 관한 법률을 제외하면, 징벌적 손해배상 규정이 도입된 개별법령의 최고 한도액은 모두 3배 이내인 점을 고려하면, 가급적 큰 배상책임을 통해 중대재해를 예방하고 재발을 방지하고자 하는 입법자의 의지가 보인다.[174)]

나. 손해배상액 산정시 고려요소

원칙적으로 구체적인 손해배상액은 원고의 주장 및 입증에 따라 법원이 판단할 문제이나, 법관에게 손해액의 산정에 관한 자유재량이 부여된 것은 아니므로 법원은 사안의 성질상 손해액에 대한 증명이 곤란한 경우 손해액 산정의 근거가 되는 간접사실의 탐색에 최선의 노력을 다하여야 하고, 그와 같이 탐색해 낸 간접사실을 합리적으로 평가하여 객관적으로 수긍할 수 있는 손해액을 산정하여야 한다.[175)]

따라서 징벌적 손해배상에 따른 구체적인 손해배상액을 산정할 때에도 위 판결의 취지를 고려하여 법원이 손해배상액을 산정할 수 있고, 이때 본조 제2항에서 구체적으로 열거한 사유는 반드시 고려되어야 할 것이다. 해당 사유들은 본 법률에서만의 특유한 사유들은 아니고, 기타 다른 징벌적 손해배상 규정을 두고 있는 법률에서의 그것과 유사·동일하다.

■ 하도급법 제35조(손해배상 책임)

③ 법원은 제2항의 배상액을 정할 때에는 다음 각 호의 사항을 고려하여야 한다.

   1. 고의 또는 손해 발생의 우려를 인식한 정도
   2. 위반행위로 인하여 수급사업자와 다른 사람이 입은 피해규모
   3. 위법행위로 인하여 원사업자가 취득한 경제적 이익
   4. 위반행위에 따른 벌금 및 과징금
   5. 위반행위의 기간·횟수 등
   6. 원사업자의 재산상태
   7. 원사업자의 피해구제 노력의 정도

---

174) 법제사법소위 제383회 1차 회의록 중 법원행정차장 발언 부분, 40
175) 대법원 2009. 9. 10. 선고 2006다64627 판결 등 참조

> **■ 제조물책임법 제3조(제조물 책임)**
>
> ② 제1항에도 불구하고 제조업자가 제조물의 결함을 알면서도 그 결함에 대하여 필요한 조치를 취하지 아니한 결과로 생명 또는 신체에 중대한 손해를 입은 자가 있는 경우에는 그 자에게 발생한 손해의 3배를 넘지 아니하는 범위에서 배상책임을 진다. 이 경우 법원은 배상액을 정할 때 다음 각 호의 사항을 고려하여야 한다.
>
> 1. 고의성의 정도
> 2. 해당 제조물의 결함으로 인하여 발생한 손해의 정도
> 3. 해당 제조물의 공급으로 인하여 제조업자가 취득한 경제적 이익
> 4. 해당 제조물의 결함으로 인하여 제조업자가 형사처벌 또는 행정처분을 받은 경우 그 형사처벌 또는 행정처분의 정도
> 5. 해당 제조물의 공급이 지속된 기간 및 공급 규모
> 6. 제조업자의 재산상태
> 7. 제조업자가 피해구제를 위하여 노력한 정도

4. 산정기준표

사법정책연구원은 징벌적 손해배상시 고려하여야 할 요소를 포함한 산정기준표를 제시한 바 이를 참고할 수 있다.[176] 이하의 기준표 내용 중에는 '사회에 미친 영향이 있다는 점'을 원고에 대한 배상액의 가중 사유로 삼는 점, '피고의 재산상태'를 고려하여 배상액이 달라질 수 있다는 점 등 일반적인 손해배상액의 산정요소로는 받아들이기 어려운 부분이 있으나, 이는 '징벌적' 손해배상액에 관한 기준임을 감안하여야 한다.

배상액 산정기준표

고려 요소		내용	가중/감경 여부
	불법행위의	– 피고의 불법행위가 단순한 불법행위의 정도를 초과하는가?	– 불법행위의 성격에 따라 비난 가능성이 높으면 가중 고려

---

176) 김정환, 징벌적 손해배상의 적정한 운영방안에 관한 연구, 사법정책연구원, 2019, 260-262

피 고 의 비 난 가 능 성	성격	– 불법행위가 계획적이거나 악의, 억압, 폭력 혹은 중과실에 의해 이루어졌는가?	– 비난가능성이 낮을 경우 감경 가능
	가해자의 인식 여부	– 피고가 고의적으로 혹은 부주의하게, 또는 악의적으로 그의 행위를 하였는가? – 피고는 가해자의 사회적 지위를 악용하여 불법행위를 하였는가?	– 가해자의 인식 여부 및 그 정도에 따라 가중 / 감경 가능
	지속기간 및 반복 여부	– 불법행위는 1회적이었는가 아니면 반복적으로 행해졌는가? – 불법행위의 지속기간은 어느 정도였는가?	– 불법행위가 1회적이고 지속기간이 짧을 경우 감경 가능(다만 불법행위의 성격에 따라 달리 판단 가능) – 불법행위가 지속적, 반복적으로 행하여졌을 경우 가중 가능
	손해의 종류	– 원고에게 발생한 손해는 재산상의 손해인가? – 원고가 입은 손해는 쉽게 회복할 수 있는 손해인가?	– 원고에게 발생한 손해의 회복 가능성 유무와 정도에 따라 가중 / 감경 가능
	사후조치 유무 및 내용	– 피고는 불법행위 이후 원고의 손해에 대한 사후조치를 행한 적이 있는가? – 사후조치를 행한 적이 있다면 그 내용과 기간, 빈도는 어떠한가? – 피고의 사후조치는 원고의 피해에 대해 어느 정도의 효과를 거두고 있는가? – 피고의 사후조치에 대한 원고의 평가는 어떠한가?	– 피고의 사후조치가 행해졌고, 그 정도 및 방법이 적정하여 원고의 피해에 대해 효과적이었다면 감경 고려 / 그렇지 아니할 경우 가중 가능
	원고의 지위	– 피고의 원고에 대한 지위는 어떠한가(갑을관계 등의 존재)? – 원고는 사회적 약자에 해당하며 피고는 이러한 원고의 지위를 악용하였는가?	– 원고가 피고에 비해 열악한 지위에 있고 피고가 이를 악용하여 불법행위를 행하였다면 가중 가능
	원고의 귀책사유	– 불법행위에 대한 원고의 과실은 존재하는가?	– 원고의 과실 내지는 귀책사유 존재 경우 감경 가능

		– 원고가 피고의 행위를 도발하는 등 원고의 귀책사유는 존재하지 않는가?	
원고의 손해	실손해	– 원고의 실손해액은 얼마인가? – 피고의 불법행위가 사회에 미친 영향은 어느 정도인가?	– 실손해액의 크기에 따라 가중 / 감경 가능 – 다만 실손해액이 적은 경우라도 사회적 영향 크다면 가중 가능
	잠재적 손해	– 원고의 잠재적 손해액은 얼마인가? – 피고의 불법행위가 사회에 미친 영향은 어느 정도인가?	– 잠재적 손해액의 크기에 따라 가중 / 감경 가능 – 다만 잠재적 손해액이 적은 경우라도 사회적 영향 크다면 가중 가능
다른 제재의 존재	형사 제재	– 피고가 형사제재를 받은 사실이 있는가? – 그렇다면 그 금액은 어느 정도인가?	– 형사제재의 금액에 따라 감경 가능
	기타 제재	– 피고가 형사제재 외의 과징금과 같은 다른 제재를 받은 사실이 있는가?	– 기타제재의 금액에 따라 감경 가능
피고의 재산상태		– 피고의 재산상태는 어느 정도인가? – 피고의 재산상태를 합리적으로 반영하여 징벌적 손해배상액이 산정되었는가? – 산정된 징벌적 손해배상액이 피고의 재산상태에 비추어볼 때 어느 정도의 영향을 미칠 것으로 추정되는가?	– 피고의 재산상태에 따라 가중 / 감경 가능 – 다만 피고를 파산상태에 이르게 할 정도로 과도한 손해배상액 산정은 타당하지 않음
피고가 불법행위로 취득한 이득		– 피고가 불법행위로 취득한 이득이 존재하는가? – 이득이 존재한다면 그 금액은 어느 정도인가? – 징벌적 손해배상액은 피고의 이득을 효과적으로 제거할 수	– 불법행위로 피고가 취득한 이득이 클 경우 가중 가능

	있는 정도인가? – 징벌적 손해배상액은 피고의 이득을 제거함과 동시에 추가 적인 제재로 기능할 수 있을 정도인가?	
자제의 원칙	– 산정된 징벌적 손해배상액은 징벌과 유사행위의 억지라는 징벌적 손해배상의 기능을 수 행할 수 있는가? – 지나치게 고액인 징벌적 손해배 상액이 산정되지는 않았는가?	– 지나치게 과다한 손해배상액 이라고 판단될 경우 감경 가능
원고가 받게 될 금액	– 징벌적 손해배상액이 원고에 게 예상치 못 한 수익으로 기 능하지는 않는가?	– 원고의 수익이 과도하다고 판 단될 경우 감경 가능

5. 판결례

본 법률이 본격적으로 시행되어 징벌적 손해배상액이 문제되는 경우, 다른 법률에 근거한 손해배상 판결례를 참고할 수 있다. 이하의 판결은 하도급법 상 징벌적 손해배상에 관한 것으로 1심에서는 2배, 2심에서는 1.5배의 손해 배상액이 인정되어 대법원에서 상고기각판결로 확정되었다.

이 외에도 징벌적 손해배상이 다루어진 경우는 하도급법 위반 9건, 그 외 3건으로 총 12건이며, 이 중 인용된 것은 2건에 불과하다. 인용된 사례에서 도 항소심에서 감액된 경우가 있다.[177]

> **▌수원지방법원 성남지원 2017. 9. 19. 선고 2016가합202844 판결**
>
> **1. 기초사실**
>
> 가. 원고는 2014. 11. 20. 피고로부터 서울 송파구 소재 'B건물 신축공사 중 설
   비 공사'를 도급받았는데, 계약기간은 2014. 11. 20.부터 2015. 8. 30., 계

---

177) 김정환, 징벌적 손해배상의 적정한 운영방안에 관한 연구, 사법정책연구원, 2019, 221

약금액은 1,303,000,000원(부가가치세 별도)으로 하여 공사도급계약을 체결하였다.

나. 이후 원고와 피고는 계약금의 변동 없이 계약기간을 2014. 11. 20.부터 2015. 11. 30.까지로 연장하는 내용의 변경계약을 체결하였다.

다. 원고는 이 사건 공사를 진행하던 중 실제로 시공하여야 할 공사물량이 공사 내역서 상에 기재된 물량보다 많음을 확인하여, 이 사건 공사 진행 중인 2015. 11. 16. 피고에게 추가공사대금의 지급을 구하였다.

라. 피고는 2015. 11. 30. 이 사건 공사 목적물에 관하여 준공허가를 받았고, 이 사건 공사의 실제 시공 물량을 확인하여 2015. 12. 8. 원고에게 결과 자료(실시공 물량내역서)를 송부하였다.

마. 원고는 2016. 1. 14. 실투입비용을 근거로 피고에게 추가공사대금 277,000,000원의 지급을 구하였으나, 피고는 원고의 위 다.항 청구에 따라 묵시적으로 정산합의가 이루어졌음을 이유로 위 공사대금의 지급을 거절하였다.

바. 피고는 2015. 3. 16.부터 2015. 11. 30.까지 총 10회에 걸쳐 원고에게 이 사건 공사대금 명목으로 1,360,370,000원을 지급하였다.

사. 피고는 2016. 8. 22. 원고에게 원공사대금 및 추가공사대금 중 미지급잔금 명목으로 57,530,000원을 공탁하였다.

원고 주장

피고가 이 사건 공사계약 체결에 있어 최저입찰금액보다 적은 금액으로 이 사건 공사대금을 결정하여 하도급법 제4조 제2항 제7호의 규정을 위반하였으므로 동법 제35조 제2항에 따라 징벌적 손해배상금을 지급할 의무가 있고, 징벌적 손해배상액은 최저입찰금액에서 이 사건 공사대금을 제외한 금액의 3배이다.

법원 판단

하도급대금 결정행위의 해당성을 조각하기 위한 '정당한 사유'란 공사현장 여건, 원사업자의 책임으로 돌릴 수 없는 사유 또는 수급사업자의 귀책사유 등 최저가로 입찰한 금액보다 낮은 금액으로 하도급대금을 결정하는 것을 정당화할 객관적·합리적 사유를 말하는 것으로, 원사업자가 이를 주장·증명하여야 하고, 공정한 하도급거래질서 확립이라는 관점에서 사안에 따라 개별적, 구체적으로 판단하여야 한다.

이 사건에 관하여 보건대, 피고는 원고와 사이에 이 사건 공사대금 중 이 사건 공사와 관련한 4대 보험료와 안전관리비 등에 해당하는 부분은 실제 지출된 금액을 산정하여 별도로 지급하기로 약정하였고, 그에 따라 최저입찰대금에서 동 금액 상당을 공제한 것이므로 하도급법 제4조 제2항 제7호 소정의 정당한 사유가 있다고 주장하나, 이를 뒷받침할 어떠한 증거도 없고, 달리 위와 같은 정당한 사유를 인정할 어떠한 사정도 엿보이지 아니한다. **한편 위와 같은 위반행위로 인하여 원고가 입은 것으로 보이는 피해규모, 피고가 위 손해발생을 충분히 인식하였음에도 불구하고 최저 입찰금액보다 낮은 공사금액을 결정한 것으로 보이는 점, 피고가 현재까지도 원고에게 이 사건 공사대금 중 일부를 지급하지 아니하고 있는 점 등을 두루 참작하여, 피고가 원고에게 지급하여야 할 손해배상액을 위 차액 54,460,000원의 2배인 108,920,000으로 정함이 상당하다.**

제16조 정부의 사업주 등에 대한 지원 및 보고

> **법 제16조(정부의 사업주 등에 대한 지원 및 보고)**
> ① 정부는 중대재해를 예방하여 시민과 종사자의 안전과 건강을 확보하기 위하여 다음 각 호의 사항을 이행하여야 한다.
>   1. 중대재해의 종합적인 예방대책의 수립·시행과 발생원인 분석
>   2. 사업주, 법인 및 기관의 안전보건관리체계 구축을 위한 지원
>   3. 사업주, 법인 및 기관의 중대재해 예방을 위한 기술 지원 및 지도
>   4. 이 법의 목적 달성을 위한 교육 및 홍보의 시행
> ② 정부는 사업주, 법인 및 기관에 대하여 유해·위험 시설의 개선과 보호 장비의 구매, 종사자 건강진단 및 관리 등 중대재해 예방사업에 소요되는 비용의 전부 또는 일부를 예산의 범위에서 지원할 수 있다.
> ③ 정부는 제1항 및 제2항에 따른 중대재해 예방을 위한 조치 이행 등 상황 및 중대재해 예방사업 지원 현황을 반기별로 국회 소관 상임위원회에 보고하여야 한다.

1. 정부의 의무

정부는 중대재해 예방을 통해 시민과 종사자의 안전·건강을 확보하기 위하여 종합적인 예방대책을 수립 및 시행하고, 사업주·법인·기관의 안전보건 관리 체계 구축, 재해 예방을 위한 기술 지원 및 지도 등을 하여야 한다(법 제16조 제1항).

이는 정부의 의무사항이긴 하나, 본 법률 위반에 따른 처벌 규정 등에 별도로 규정되지 않은 이상 위와 같은 사항을 정부가 이행하지 아니하였다는 점이 본 법률 위반에 따른 처벌이나 손해배상액의 산정에 직접 영향을 미치지 못한다.

2. 정부의 지원

정부는 제16조 제1항의 의무와 별개로, 사업주·법인·기관에 대하여 유해·위험 시설의 개선과 보호장비의 구매, 종사자의 건강진단 및 관리 등에 소요되는 비용을 지원할 수 있다. 이는 제1항에서의 지원과 달리 '작업환경과 종사자'에 대한 보다 직접적인 비용의 지원을 하고자 하는 취지로 규정된 것으로 판단된다. 상당수 소규모 현장에서는 비용을 이유로 재해 예방에 즉각적인 효과를 나타낼 수 있는 환경 개선, 보호장비 구매 등을 미루고 있는 현실을 고려한 것으로 보인다.

산업안전보건법령에도 이와 유사하고 더 포괄적인 취지의 지원 규정이 이미 있는데, 산업안전보건공단은 위 법령에 근거하여 산업재해 예방시설 융자금 지원 사업을 하고 있다.[178] 본 법률은 거시적 차원에서 사업주 또는 경영책임자등이 확보하여야 할 안전 및 보건과 관련한 체계 구축에 대한 지원으로, 산업안전보건법령은 미시적 차원에서 현장의 재해 예방을 위한 직접적인 안전 및 보건 조치에 대한 지원으로 이해할 수 있다.

■ 산업안전보건법 제158조(산업재해 예방활동의 보조·지원)

① 정부는 사업주, 사업주단체, 근로자단체, 산업재해 예방 관련 전문단체, 연구기관 등이 하는 산업재해 예방사업 중 대통령령으로 정하는 사업에 드는 경비의 전부 또는 일부를 예산의 범위에서 보조하거나 그 밖에 필요한 지원(이하 "보조·지원"이라 한다)을 할 수 있다. 이 경우 고용노동부장관은 보조·지원이 산업재해 예방사업의 목적에 맞게 효율적으로 사용되도록 관리·감독하여야 한다.

■ 산업안전보건법 시행령 제109조(산업재해 예방사업의 지원)

법 제158조제1항 전단에서 "대통령령으로 정하는 사업"이란 다음 각 호의 어느 하나에 해당하는 업무와 관련된 사업을 말한다. 〈개정 2020. 9. 8.〉

---

178) 산업재해예방시설 융자지원 사업으로 자금여력이 부족한 사업장의 안전보건시설 개선을 위하여 장기 저리 조건의 융자금을 지원하는 사업으로 자세한 내용은 링크 참조(https://www.kosha.or.kr/kosha/business/industrialaccidenta.do)

1. 산업재해 예방을 위한 방호장치, 보호구, 안전설비 및 작업환경개선 시설·장비 등의 제작, 구입, 보수, 시험, 연구, 홍보 및 정보제공 등의 업무
2. 사업장 안전·보건관리에 대한 기술지원 업무
3. 산업 안전·보건 관련 교육 및 전문인력 양성 업무
4. 산업재해예방을 위한 연구 및 기술개발 업무
5. 법 제11조 제3호에 따른 노무를 제공하는 사람의 건강을 유지·증진하기 위한 시설의 운영에 관한 지원 업무
6. 안전·보건의식의 고취 업무
7. 법 제36조에 따른 위험성평가에 관한 지원 업무
8. 안전검사 지원 업무
9. 유해인자의 노출 기준 및 유해성·위험성 조사·평가 등에 관한 업무
10. 직업성 질환의 발생 원인을 규명하기 위한 역학조사·연구 또는 직업성 질환 예방에 필요하다고 인정되는 시설·장비 등의 구입 업무
11. 작업환경측정 및 건강진단 지원 업무
12. 법 제126조제2항에 따른 작업환경측정기관의 측정·분석 능력의 확인 및 법 제135조 제3항에 따른 특수건강진단기관의 진단·분석 능력의 확인에 필요한 시설·장비 등의 구입 업무
13. 산업의학 분야의 학술활동 및 인력 양성 지원에 관한 업무
14. 그 밖에 산업재해 예방을 위한 업무로서 산업재해보상보험 및 예방심의위원회의 심의를 거쳐 고용노동부장관이 정하는 업무

3. 제3항 보고

정부는 제1항에 따른 중대재해 예방을 위한 조치 이행 등 상황과 제2항에 따른 중대재해 예방사업 지원 현황을 반기별로 국회 소관 상임위원회에 보고하여야 한다.

제3편
부칙

제1조 시행일

제1조(시행일)
① 이 법은 공포 후 1년이 경과한 날부터 시행한다. 다만, 이 법 시행 당시 개인사업자 또는 상시근로자가 50명 미만인 사업 또는 사업장(건설업의 경우에는 공사금액 50억원 미만의 공사)에 대해서는 공포 후 3년이 경과한 날부터 시행한다.
② 제1항에도 불구하고 제16조는 공포한 날부터 시행한다.

1. 원칙

본 법률은 공포일인 2021. 1. 26. 기준 1년이 경과한 2022. 1. 27.로 시행된다(부칙 제1조 제1항 본문). 다만 정부의 사업주 등에 대한 지원 및 보고를 규정한 본 법률 제16조는 법률의 시행 전부터 적용되어야 할 필요가 있기 때문에 위 공포일 기준 즉시 시행된다(부칙 제1조 제2항).

2. 적용기간의 유예

비건설업 개인사업자, 비건설업 상시근로자 50명 미만인 사업 또는 사업장 및 건설업으로 상시근로자가 50명 미만인 사업 또는 공사금액 50억 미만에 해당하는 사업장의 경우에는 공포 후 3년이 경과한 2024. 1. 27.자로 시행된다. 본 부칙 조항은 위 요건에 해당하는 경우에 본 법률 전체의 적용을 한시적으로 유예하는 것이지, 위 요건에 해당된다고 하여 법률의 적용이 일체 배제되는 것이 아님에 주의하여야 한다.[179]

또한 적용기간의 유예와 관련하여 사망자는 매년 건설업에서, 그것도 상시

---

179) 관련하여, 본 법률 제3조는 '상시근로자가 5명 미만인 사업 또는 사업장의 사업주(개인사업주에 한정한다. 이하 같다) 또는 경영책임자등에게는 이 장의 규정을 적용하지 아니한다'고 규정하고 있는데, 위 조항 역시 요건에 충족하는 경우 '제2장 중대산업재해'의 규정만 적용하지 않는다는 것이지 5명 미만인 사업장이라고 하여 본 법률 전체가 적용되지 않는 것은 아님은 전술하였다.

근로자 50인 미만의 건설사업장의 사망자가 가장 높은 비중으로 발생하고 있는 현실[180]을 고려했을 때 적용기간을 유예한다고 하여 그 실효성이 있을지 의문이라는 견해가 있으나, 본 법률의 궁극적인 입법취지는 중대재해의 예방이고, 기존의 산업안전보건법에서 요구하는 것과 상이한 기업의 관리체계 등을 조직할 시간적·재정적 여유가 필요한 현실적인 이유 등을 고려하면 일정 규모 이하의 사업 또는 사업장에 대해 준비할 시간을 주어야 할 정당성은 충분하다. 다만 그 규모와 유예의 기간 등을 설정하는 것은 입법자가 결정할 문제이다.

이와 관련하여 국회에서 유예기간에 대한 논의가 있었으나, 50인 미만 및 3년 유예로 정리되었다.

> 고용노동부차관 : 저희 입장에서는 아까 말씀드린 그런 사정으로 해서, 그러니까 물론 준비기간이 필요하다는 점은 규모에 따라서 관리능력이 다르기 때문에 필요하다는 점은 인정이 되지만 그 반대의 측면에서 이게 생명·안전을 다루는 업무고 또 재해의 빈도가 소규모사업장에 집중되어 있는 현실이고 하기 때문에 단계를 너무 많이 나누거나 기간을 너무 많이 하거나 하는 부분은 좀 검토할 여지가 있다 그런 의견입니다.[181]

---

180) 이근우, 중대재해처벌법 경과와 제정 법률에 대한 비판적 검토, 형사정책 제32권 제4호, 2021, 238
181) 법제사법위원회 소위 제383회 6차 회의록 중 노동부차관 발언 부분, 3

제2조 다른 법률의 개정

제2조(다른 법률의 개정)

법원조직법 중 일부를 다음과 같이 개정한다.

제32조 제1항 제3호에 아목을 다음과 같이 신설한다.

아. 「중대재해 처벌 등에 관한 법률」 제6조 제1항·제3항 및 제10조 제1항[182]에 해당하는 사건

법원조직법 제32조(합의부의 심판권)

① 지방법원과 그 지원의 합의부는 다음의 사건을 제1심으로 심판한다.

　3. 사형, 무기 또는 단기 1년 이상의 징역 또는 금고에 해당하는 사건. 다만, 다음 각 목의 사건은 제외한다.

　　아. 「중대재해 처벌 등에 관한 법률」 제6조제1항·제3항 및 제10조제1항에 해당하는 사건

---

1. 1심 법원의 사건관할 – 단독재판부

사업주 또는 경영책임자등이 본 법률에 따른 안전 및 보건확보 의무를 위반하여 중대재해가 발생한 경우, 본 법률 제6조에 따라 1년 이상의 징역 또는 10억원 이하의 벌금에 처해진다. 따라서 원칙적으로 위 사건의 1심 사건관할은 지방법원 또는 지원의 합의부에 있다.

그러나, 본 법률은 부칙 제2조에서 중대재해 처벌 등에 관한 법률 제6조 제1항(중대산업재해 사업주와 경영책임자등의 처벌), 같은 조 제3항(가중 처벌조항), 같은 법률 제10조 제1항(중대시민재해 사업주와 경영책임자등의 처벌)에 해당하는 사건은 법원조직법 제32조 제1항 제3호 단서 규정에 포함되도록 하여 1심 사건관할을 단독재판부에 있도록 하였다.

---

182) 본 법률 제6조 제2항, 제10조 제2항의 경우에는 징역 7년 이하의 형으로 원래부터 단독재판부의 관할이다.

2. 예외 - 합의부

위와 같이 본 법률 위반에 관한 1심 사건관할이 단독재판부에 있음이 원칙이라 하더라도, 합의부에서 심판할 것으로 합의부가 결정한 사건은 지방법원과 그 지원의 합의부에서 심판할 수 있다.

> **법원조직법 제32조(합의부의 심판권)**
> ① 지방법원과 그 지원의 합의부는 다음의 사건을 제1심으로 심판한다.
> 1. 합의부에서 심판할 것으로 합의부가 결정한 사건

이하의 법원 예규에 따르면 선례·판례가 없거나, 사회에 미치는 영향이 중대하거나, 그 밖에 사건의 성격상 합의체로 심판하는 것이 적절한 사건인 경우에는 재정결정부에 회부되어 결정에 따라 합의부에서 심판하도록 할 수 있으므로 본 법률에 따라 대기업의 대표이사가 기소될 정도의 사건인 경우[183]에는 재정합의결정에 따라 합의부에서 심판될 가능성이 높다.

법관 등의 사무분담 및 사건배당에 관한 예규(재일 2003-4)
개정 2021. 10. 28. [재판예규 제1782호, 시행 2021. 10. 28.]

제12조(사건배당 확정 전의 재정합의·재정단독 사건의 처리)
① 사건배당 주관자는 제1심 단독사건 중 다음 각호의 어느 하나에 해당되는 민사소송사건, 형사소송사건, 가사소송사건, 가사비송사건과 도산사건(이하 "재정합의 대상사건"이라 한다)에 대하여는 사건배당에 앞서 기록회부서(전산양식 A1100)를 첨부하여 기록을 재정결정부에 회부하여 이를 합의부에서 심판할 사건(이하 "재정합의사건"이라 한다)으로 할 것인가 여부에 대한 결정을 받을 수 있다.
 1. 선례나 판례가 없는 사건 또는 선례나 판례가 서로 엇갈리는 사건
 2. 사실관계나 쟁점이 복잡한 사건
 3. 사회에 미치는 영향이 중대한 사건

---

183) 법률신문, "이재용 삼성 부회장 사건, 서울중앙지방법원 재정합의결정 따라 형사합의부서 재판", 2020. 9. 2, https://m.lawtimes.co.kr/Content/Article?serial=163995

4. 동일 유형의 사건이 여러 재판부에 흩어져 통일적이고 시범적인 처리가 필요한 사건
5. 전문지식이 필요한 사건
6. 그 밖에 사건의 성격상 합의체로 심판하는 것이 적절한 사건

맺음말

본 법률은 '중대재해를 예방하고 시민과 종사자의 생명과 신체를 보호함'을 목적으로 하고 있다. 사실 위와 같은 목적은 기존의 산업안전보건법을 추가로 개정함으로써 달성할 수도 있다.

본 법률 및 시행령의 제정과정에서 산업안전보건법과 비교하여 본 법률의 역할이 무엇인지, 경영책임자를 처벌하는 것이 유일한 수단인지 혹은 다른 방법보다 과연 효과적인 수단인지, 명확성의 원칙이나 자기책임원칙에 반하는 것은 아닌지에 대한 충분한 숙고가 있었는지 다소 의문이다. 특히 산업현장에서는 이하의 견해와 같이 '재수, 운수 탓'을 할 여지가 높다.

> 실제로 적용가능성은 희박하더라도 그 법이 있다는 것만으로 가지는 상징적 효과도 전혀 없다고는 할 수 없을 것이지만, 반대로 대상자가 형벌 부과를 받지 않기 위해 노력한다면 형벌의 위협으로부터 벗어날 수 있어야만 적법행위를 기대할 수 있을 것인데, 불가항력적으로라도 사망자가 발생하기만 하면 무조건적으로 처벌받아야 한다면 행위자는 자신의 행위에 대한 당연한 응보라고 받아들이기보다는 재수, 운수 탓을 하게 될 뿐이고 노동환경 개선이라는 적법행위를 유도하기는 힘들 것이다.[184]

시행령에서 비교적 구체적으로 규정하여 이를 해소하고자 하였으나, 산업계는 여전히 용어의 불명확성 내지 광범위성으로 인한 어려움을 호소하고 있는 것으로 보인다.

이하에서는 법안심사 과정에서의 논의 중 일부를 소개하면서 본 법률의 의미와 앞으로 나아가야 할 방향을 생각하며 본서를 마무리하고자 한다. 지금도 가족을 위해 또는 국가를 위해 곳곳에서 최선을 다해 일하고 있는 근로자들이 사고 없이 퇴근할 수 있기를, 그리고 시민들이 안전에 대한 우려 없이 편안하게 살아갈 수 있기를 간절히 바란다.

---

184) 이근우, 중대재해처벌법 경과와 제정 법률에 대한 비판적 검토, 형사정책 제32권 제4호, 2021, 219-220

아들 사고를 봤을 때 처음부터, 회사에 입사한 지 며칠 안 돼서 인력이 없어서 안전교육도 없이 현장 투입이 됐습니다. 2인 1조도 없었습니다. 너무 위험한 일인데도, 조도도 1럭스라서 거의 깜깜할 정도였다고 합니다. 안전장비도, 헤드랜턴도 지급하지 않고 그런 것도 없으니까 자기 휴대폰으로 불빛을 밝혀 가면서 현장을 돌봤습니다.

원청은 하청을 주어서 책임이 없고, 하청은 내 사업장이 아니니까 권한이 없다라고 합니다. 벌금은 기업의 비용으로 처리될 뿐 현장 개선과는 연동되지 않습니다. 경영책임자가 인력이나 예산, 조직 운영을 제대로 (하도록) 의무가 규정되어야 합니다.[185]

개인의 문제가 아닙니다. 조직적 경영 방침이나 기업에 책임이 있습니다. … 준비기간이 필요하시다고요? 기업들이 시간을 많이 준다고 제대로 준비한다고요? 절대 아닙니다. 제도개선, 법을 시행하면서 해야 됩니다. 옆에서 무너지는 기업, 진짜로 망해야 될 기업은 망해야 기업의 문화가 바뀔 겁니다. 망하는 걸 봐야 고칩니다. 유예기간 준다고 해서 고치지 않습니다.[186]

대부분의 사고가 안전규정 미준수 외에도 근로자 개인의 부주의, 비용과 공기의 압박, 산업현장의 안전문화 수준 등 매우 복잡 다양한 원인에 의해서 발생하고 있습니다. 전혀 예상할 수 없는 경우도 있고 불가항력적인 경우도 있을 것입니다.

책임을 묻기 위해서는 구체적이고 실행 가능한 범위에서 의무가 주어지고 선량한 관리자로서 책임을 다할 대는 면책되어야 함에도 불구하고 동 법안은 사고가 나면 바로 처벌로 이어질 개연성이 높게 되어 있습니다. 이는 관리 범위를 벗어난 불가능한 것에 대한 책임을 묻는 것과 같으며 그 자리와 위치에 있다는 이유만으로 공동·연대처벌을 가하는 것입니다.[187]

---

185) 故 김용균씨 어머니 김미숙씨 참고인 발언
186) 故 이한빛 PD 아버지 이용관씨 참고인 발언
187) 한국경영자총협회 부회장 참고인 발언

저도 산업현장에서 노동자의 피해 상황이 심각하고, 산업재해를 예방하기 위한 실효적인 조치가 필요하다는 데 대해서 전적으로 동의합니다.

그런데 오로지 형사처벌의 범위를 넓히고 엄하게 처벌하는 것이 과연 실효성 있는 조치인지, 엄벌주의로 나가서 산업재해가 줄어든다 그러면 세계 모든 나라가 왜 이 쉬운 길을 가지 않았겠습니까? 기본법이 있음에도 불구하고 갑자기 중대재해 처벌법이 만들어지면 산업재해가 감소하고 근로자가 보호된다는 이런 안일한 인식이 이 법의 탄생배경이라고 생각합니다.[188]

---

188) 제383회 국회 본회의 제2호 회의록 중 권성동 의원 발언 부분, 45-46

부록

부록 1. 양형기준표

과실치사상 · 산업안전보건범죄 양형기준

적용되는 범죄 유형표

항	죄명	적용법조	구성요건	법정형
1	과실치사	형법 제267조	과실로 인하여 사람을 사망에 이르게 한 자	2년 이하의 금고 또는 700만원 이하의 벌금
2	업무상과실 · 중과실치사상	형법 제268조	업무상과실 또는 중대한 과실로 인하여 사람을 사상에 이르게 한 자	5년 이하의 금고 또는 2천만원 이하의 벌금
3	산업안전보건법위반(안전 · 보건조치의무위반치사)	산업안전보건법 제167조	사업주 또는 도급인의 안전 · 보건조치의무 위반으로 인하여 근로자가 사망에 이르게 한 자	7년 이하의 징역 또는 1억원 이하의 벌금
4	산업안전보건법위반(사업주의 안전 · 보건조치의무위반)	산업안전보건법 제168조 제1호, 제38조, 제39조[189]	안전 · 보건조치의무를 이행하지 아니한 사업주	5년 이하의 징역 또는 5천만원 이하의 벌금
5	산업안전보건법위반(도급인의 안전 · 보건조치의무위반)	산업안전보건법 제169조 제1호, 제63조[190]	안전 · 보건조치의무를 이행하지 아니한 도급인	3년 이하의 징역 또는 3천만원 이하의 벌금

---

189) 제166조의2 준용 포함
190) 제166조의2 준용 포함

Ⅰ. 형종 및 형량의 기준

1. 과실치사상 범죄

○ 구성요건

유형		구성요건	적용법조
1	과실치사	과실로 인하여 사람을 사망에 이르게 한 자	형법 제267조
2	업무상과실 · 중과실치상	업무상과실 또는 중대한 과실로 인하여 사람의 신체를 상해에 이르게 한 자	형법 제268조
3	업무상과실 · 중과실치사	업무상과실 또는 중대한 과실로 인하여 사람을 사망에 이르게 한 자	형법 제268조

○ 양형범위

유형	구분	감경	기본	가중
1	과실치사	– 8월	6월 – 1년	8월 – 2년
2	업무상과실 · 중과실치상	– 6월	4월 – 10월	8월 – 2년
3	업무상과실 · 중과실치사	4월 – 10월	8월 – 2년	1년 – 3년

○ 양형인자

구분		감경요소	가중요소
특별 양형 인자	행위	• 사고 발생 경위에 특히 참작할 사유가 있는 경우 • 경미한 상해가 발생한 경우 (2유형)	• 중상해가 발생한 경우 (2유형) • 주의의무 또는 안전보건조치의무 위반의 정도가 중한 경우
	행위자 / 기타	• 청각 및 언어 장애인 • 심신미약(본인 책임 없음)	• 동종 누범[191]

		• 처벌불원(피해 회복을 위한 진지한 노력 포함)	
일반 양형 인자	행위		• 중상해가 아닌 중한 상해가 발생한 경우(2유형)
	행위자/기타	• 상당 금액 공탁 • 보험 가입 • 진지한 반성 • 형사처벌 전력 없음	• 사고 후 구호조치를 취하지 아니한 경우 • 범행 후 증거은폐 또는 은폐 시도 • 이종누범, 누범에 해당하지 않는 동종 전과

2. 산업안전보건 범죄

○ 구성요건

[1] 산업안전 · 보건 범죄 중 제1유형(도급인의 안전 · 보건조치의무위반)

구성요건	적용법조
도급인이 관계수급인 근로자가 도급인의 사업장에서 작업을 하는 경우에 자신의 근로자와 관계수급인 근로자의 산업재해를 예방하기 위하여 안전 및 보건 시설의 설치 등 필요한 안전조치 및 보건조치를 하여야 함에도 이를 위반(이하 '안전조치 또는 보건조치의무위반')	산업안전보건법 제169조 제1호, 제63조
도급인이 자신의 현장실습생과 관계수급인 현장실습생 관련 안전조치 또는 보건조치의무위반	산업안전보건법 제169조 제1호, 제63조, 제166조의2

---

191) 제35조(누범) ① 금고 이상의 형을 받어 그 집행을 종료하거나 면제를 받은 후 3년내에 금고 이상에 해당하는 죄를 범한 자는 누범으로 처벌한다.
② 누범의 형은 그 죄에 정한 형의 장기의 2배까지 가중한다.

[2] 산업안전·보건 범죄 중 제2유형(사업주의 안전·보건조치의무위반)

구성요건	적용법조
사업주가 각종 위험으로 인한 산업재해를 예방하기 위하여 또는 특정 장소에서 작업을 할 때 근로자에게 발생할 수 있는 산업재해를 예방하기 위하여 각 필요한 조치를 하여야 함에도 이를 위반(이하 '안전조치의무 위반')	산업안전보건법 제168조 제1호, 제38조
사업주가 건강장해를 예방하기 위하여 필요한 조치를 하여야 함에도 이를 위반(이하 '보건조치의무 위반')	산업안전보건법 제168조 제1호, 제38조, 제39조
사업주 또는 현장실습산업체의 장이 현장실습생 관련 안전조치 또는 보건조치의무위반	산업안전보건법 제168조 제1호, 제38조, 제39조, 제166조의2

[3] 산업안전·보건 범죄 중 제3유형(안전·보건조치의무위반치사)

구성요건	적용법조
사업주가 안전조치의무위반으로 근로자를 사망에 이르게 함	산업안전보건법 제167조 제1항, 제38조
사업주가 보건조치의무위반으로 근로자를 사망에 이르게 함	산업안전보건법 제167조 제1항, 제39조
도급인이 안전조치 또는 보건조치의무위반으로 관계수급인 근로자 또는 자신의 근로자를 사망에 이르게 함	산업안전보건법 제167조 제1항, 제63조
사업주, 현장실습산업체의 장 또는 도급인이 안전조치 또는 보건조치의무위반으로 현장실습생을 사망에 이르게 함	산업안전보건법 제167조 제1항, 제166조의2
안전·보건조치의무위반치사로 형을 선고받고 그 형이 확정된 후 5년 내에 다시 안전·보건조치의무 위반치사 범죄를 저지름	산업안전보건법 제167조 제2항

○ **양형범위**

유형	구분	감경	기본	가중
1	도급인의 안전 · 보건조치 의무위반	– 6월	4월 – 10월	8월 – 1년 6월
2	사업주의 안전 · 보건조치 의무위반	4월 – 8월	6월 – 1년 6월	1년 – 2년 6월
3	안전 · 보건조치 의무위반치사	6월 – 1년 6월	1년 – 2년 6월	2년 – 5년

※ 3유형 범죄 확정 후 5년 이내 3유형 범죄를 다시 저지른 경우, 형량 범위의 상한과 하한을 1.5배 가중

○ **양형인자**

구분		감경요소	가중요소
특별양형인자	행위	• 사고 발생 경위에 특히 참작할 사유가 있는 경우	• 안전보건조치의무 위반의 정도가 중한 경우 • 유사한 사고가 반복적으로 발생한 경우 • 다수의 피해자가 발생한 경우
	행위자 / 기타	• 청각 및 언어 장애인 • 심신미약(본인 책임 없음) • 처벌불원(피해 회복을 위한 진지한 노력 포함) • 자수, 내부고발 또는 범행의 전무에 관하여 완전하고 자발적인 개시	• 동종 누범

	행위		
일반양형인자	행위자 / 기타	• 위반 사항을 시정한 경우 • 보험 가입 • 진지한 반성 • 형사처벌 전력 없음	• 사고 후 구호조치를 취하지 아니한 경우 • 범행 후 증거은폐 또는 은폐 시도 • 이종누범, 누범에 해당하지 않는 동종 전과

[양형인자의 정의]

가. 사고 발생 경위에 특히 참작할 사유가 있는 경우

● 다음 요소 중 하나 이상에 해당하는 경우를 의미한다.

－ 사고 발생의 위험이 있는 장소임을 잘 알면서도 피해자 스스로 그 장소에 출입한 경우(다만, 상급자의 지시에 따라 출입하는 등 불가피한 사유가 있었을 경우는 제외한다)

－ 피해자가 술 또는 약물에 취한 상태에서 작업하다가 몸의 균형을 잃고 추락한 경우

－ 피해자가 단순히 불편하다는 이유로 스스로 필수 안전장치를 끄거나 안전고리를 풀고 작업하는 등 자기안전의무를 현저히 위반한 경우

－ 사고의 직접적인 원인이 된 시설의 설치에 피해자가 관여하여 그 시설의 위험성을 피해자도 이미 잘 알고 있었던 경우(다만, 상급자의 지시에 따라 업무에 임하는 등 불가피한 사유가 있었을 경우는 제외한다)

－ 공동작업자의 과실이 피고인의 과실을 유발한 경우로서 공동작업자의 과실을 쉽게 예상하기 어려운 사정이 있었던 경우

－ 그 밖에 이에 준하는 경우

나. 경미한 상해가 발생한 경우 (과실치사상 범죄 중 2유형)

● 치료기간이 약 2주 이하로서 상해부위가 부분적이고, 일상적인 생활에 크게 지장을 초래하지 아니하며, 회복을 위하여 봉합수술 등 특별한 의료적 처치를 필요로 하지 않는 상해를 의미한다.

다. 처벌불원(피해 회복을 위한 진지한 노력 포함)

● 피고인이 자신의 범행에 대하여 뉘우치고, 합의를 위한 진지한 노력을 기울여 피해에 대한 상당한 보상이 이루어졌으며, 피해자 또는 유족이 처벌불원의 법적·사회적 의미를 정확히 인식하면서 이를 받아들여 피고인의 처

벌을 원하지 않는 경우를 의미한다.

● 피해자 또는 유족과 계속적으로 피해 회복 및 합의를 위한 최대한의 노력을 다하였으나 합의가 결렬됨으로써 피해자 또는 유족과의 합의에 준할 정도의 상당한 금액을 공탁한 경우도 포함한다.

라. 중상해가 발생한 경우(과실치사상 범죄 중 2유형)

● 피해자가 신체의 상해로 인하여 생명에 대한 위험이 발생하거나 불구 또는 불치나 난치의 질병에 이르게 된 경우를 의미한다.

마. 주의의무 또는 안전·보건조치의무 위반의 정도가 중한 경우
(과실치사상 범죄)

● 다음 요소 중 하나 이상에 해당하는 경우를 의미한다.
  - 술 또는 약물에 취하여 정상적인 작업이 곤란한 상태에서 업무를 담당한 경우
  - 면허 등 법정자격을 갖추지 아니한 채 업무를 담당하거나 그러한 자로 하여금 업무를 담당하게 한 경우
  - 대규모 인명피해와 직결될 수 있는 필수적 안전의무를 위반한 경우
  - 그 밖에 이에 준하는 경우
※ 위 사유가 별도의 범죄에 해당하는 경우에는 다수범죄로 취급하지 아니하고 양형인자로 취급한다.

바. 안전·보건조치의무 위반의 정도가 중한 경우
(산업안전보건 범죄)

● 다음 요소 중 하나 이상에 해당하는 경우를 의미한다.
  - 대규모 인명피해를 직결될 수 있는 필수적 안전의무를 위반한 경우
  - 그 밖에 이에 준하는 경우
※ 위 사유가 산업안전보건법에서 정하지 아니한 별도의 범죄에 해당하는 경우에도 다수범죄로 취급하지 아니하고 양형인자로만 취급한다.

사. 보험 가입

● 다음 요소 중 하나 이상에 해당하느 경우를 의미한다.

　- 피보험자의 사고로 인한 손해배상금 전액 또는 상당 금액을 보상하는 보험 또는 공제 가입(자동차종합보험, 산업재해보상보험 등)

　- 그 밖에 이에 준하는 경우

아. 형사처벌 전력 없음

● 피고인이 해당 범행 전까지 단 한 번도 범행을 저지르지 아니한 경우를 의미한다. 다만, 불특정 또는 다수의 피해자를 대상으로 하거나, 상당한 기간에 걸쳐 반복적으로 범행한 경우는 제외한다.

자. 중상해가 아닌 중한 상해가 발생한 경우 (가실치사상 범죄 중 2유형)

● 치료기간이 약 4-5주 이상인 경우를 기준으로 하되, 후유장애 또는 심한 추상(醜相) 장애가 남거나 위험한 부위의 상해에 해당하거나, 추가 상해가 예상되는 경우를 의미한다.

[양형인자의 평가 원칙]

1. 형량범위의 결정방법

- 형량범위는 특별양형인자를 고려하여 결정한다.
- 다만, 복수의 특별양형인자가 있는 경우에는 아래와 같은 원칙에 따라 평가한 후 그 평가 결과에 따라 형량범위의 변동 여부를 결정한다.
  ① 같은 숫자의 행위인자는 같은 숫자의 행위자/기타인자보다 중하게 고려한다. 다만, 처벌을 원하지 않는 피해자 또는 유족의 의사는 행위인자와 동등하게 평가할 수 있다.
  ② 같은 숫자의 행위인자 상호간 또는 행위자/기타인자 상호간은 동등한 것으로 본다.
  ③ 위 ①, ② 원칙에 의하여도 형량범위가 확정되지 않는 사건에 대하여는 법관이 위 ①, ② 원칙에 기초하여 특별양형인자를 종합적으로 비교·평가함으로써 형량범위의 변동 여부를 결정한다.
- 양형인자에 대한 평가 결과 가중요소가 큰 경우에는 가중적 형량 범위를, 감경요소가 큰 경우에는 감경적 형량범위를, 그 밖의 경우에는 기본적 형량범위를 선택할 것을 권고한다.

2. 선고형의 결정방법

- 선고형은 위 1항에 의하여 결정된 형량범위 내에서 일반양형인자와 특별양형인자를 종합적으로 고려하여 결정한다.

[공통원칙]

1. 양형기준상 권고 형량범위의 특별 조정

　- 특별양형인자에 대한 평가 결과 가중영역에 해당하는 사건에서 특별가중인자만 2개 이상 존재하거나 특별가중인자가 특별감경인자보다 2개 이상 많을 경우에는 양형기준에서 권고하는 형량범위 상한을 1/2까지 가중한다.
　- 특별양형인자에 대한 평가 결과 감경영역에 해당하는 사건에서 특별감경인자만 2개 이상 존재하거나 특별감경인자가 특별가중인자보다 2개 이상 많을 경우에는 양형기준에서 권고하는 형량범위 하한을 1/2까지 감경한다.

2. 양형기준상 권고 형량범위와 법률상 처단형 범위와의 관계

　- 양형기준에서 권고하는 형량범위가 법률상 가중/감경에 의한 처단형 범위와 불일치하는 경우에는 법률상 처단형의 상한 또는 하한에 따른다.

3. 법률상 임의적 감경사유의 처리 방법

　- 양형기준의 양형인자표에 포함된 법률상 임의적 감경사유에 대하여 법관이 법률상 감경을 하지 않기로 하는 경우에는 작량감경[192] 사유로 고려한다.

---

192) 형법 제53조(작량감경) 범죄의 정상에 참작할 만한 사유가 있는 때에는 작량하여 그 형을 감경할 수 있다.

[다수범죄 처리기준]

1. 적용범위

- 양형기준이 설정된 범죄 사이의 형법 제37조 전단 경합범에 대하여 적용한다. 다만, 양형기준이 설정된 범죄와 양형기준이 설정되지 아니한 범죄 사이의 형법 제37조 전단 경합범에 관하여는 그 하한은 양형기준이 설정된 범죄의 양형기준상 형량범위의 하한에 따른다.

2. 기본범죄 결정

- 기본범죄는 형종 선택 및 법률상 가중/감경을 거친 후 형이 가장 중한 범죄를 의미한다. 다만, 위 범죄의 양형기준상 형량범위 상한이 이와 경합되는 범죄의 양형기준상 형량범위 상한보다 낮은 경우에는 경합되는 범죄를 기본범죄로 한다.

3. 처리방법

- 경합범에 대하여는 양형기준상 하나의 범죄로 취급되는 경우 외에는 아래의 다수범죄 가중방법을 적용한다.
  ① 2개의 다수범에 있어서는, 기본범죄의 형량범위 상한에 다른 범죄의 형량범위 상한의 1/2을 합산하여 형량범위를 정한다.
  ② 3개 이상의 다수범에 있어서는, 기본범죄의 형량범위 상한에 다른 범죄 중 형량범위 상한이 가장 높은 범죄의 형량범위 상한의 1/2, 두 번째로 높은 범죄의 형량범위 상한의 1/3을 합산하여 형량범위를 정한다.
  ③ 기본범죄의 형량범위 하한보다 다른 범죄의 형량범위 하한이 높은 경우에는 다수범죄 처리 결과로 인한 형량범위 하한은 다른 범죄의 형량범위 하한으로 한다.

Ⅱ. 집행유예 기준

1. 과실치사상 범죄

구분	부정적	긍정적
주요 참작 사유	• 사망–중상해가 발생한 경우 • 주의의무 또는 안전–보건조치의무 위반의 정도가 중한 경우 • 동종 전과[5년 이내의, 금고형의 집행유예 이상 또는 3회 이상 벌금(집행유예 포함)]	• 사고 발생 경위에 특히 참작할 사유가 있는 경우 • 경미한 상해가 발생한 경우 • 형사처벌 전력 없음 • 처벌불원(피해 회복을 위한 진지한 노력 포함)
일반 참작 사유	• 2회 이상 집행유예 이상 전과 • 중상해가 아닌 중한 상해가 발생한 경우 • 사고 후 구호조치를 취하지 아니한 경우 • 범행 후 증거은폐 또는 은폐 시도 • 사회적 유대관계 결여 • 약물중독, 알코올중독 • 피해 회복 노력 없음 • 진지한 반성 없음	• 사회적 유대관계 분명 • 진지한 반성 • 집행유예 이상 전과 없음 • 피고인의 건강상태가 매우 좋지 않음 • 피고인의 구금이 부양가족에게 과도한 곤경을 수반 • 보험 가입 • 상당 금액 공탁

2. 산업안전보건 범죄

구분	부정적	긍정적
주요 참작 사유	• 사망의 결과가 발생한 경우 • 안전–보건조치의무 위반의 정도가 중한 경우 • 유사한 사고가 반복적으로 발생한 경우	• 사고 발생 경위에 특히 참작할 사유가 있는 경우 • 형사처벌 전력 없음 • 처벌불원(피해 회복을 위한 진지한 노력 포함)

	• 다수의 피해자가 발생한 경우 • 동종 전과[5년 이내의, 금고형의 집행유예 이상 또는 3회 이상 벌금(집행유예 포함)]	
일반 참작 사유	• 2회 이상 집행유예 이상 전과 • 사고 후 구호조치를 취하지 아니한 경우 • 범행 후 증거은폐 또는 은폐 시도 • 사회적 유대관계 결여 • 약물중독, 알코올중독 • 피해 회복 노력 없음 • 진지한 반성 없음	• 사회적 유대관계 분명 • 진지한 반성 • 집행유예 이상 전과 없음 • 자수, 내부 고발 또는 범행의 전모에 관한 완전하고 자발적인 개시 • 피고인의 건강상태가 매우 좋지 않음 • 피고인의 구금이 부양가족에게 과도한 곤경을 수반 • 위반사항을 시정한 경우 • 보험 가입

[집행유예 참작사유의 정의]

● 양형인자와 동일한 집행유예 참작사유

‒ 양형인자의 정의 부분과 같다.

● 전과의 기간 계산

‒ 전과의 기간은 집행유예 및 벌금은 판결 확정일, 실형은 집행 종료일로부터 범행시까지로 계산한다.

부록 2. 소상공인기본법상 소상공인 판단 기준 (소기업 + 업종별 상시근로자수 기준 충족)

1. 중소기업기본법상 소기업에 해당할 것

가. 전제

중소기업기본법 제2조(중소기업자의 범위)

② 중소기업은 대통령령으로 정하는 구분기준에 따라 소기업(小企業)과 중기업(中企業)으로 구분한다.

중소기업기본법 시행령 제8조(소기업과 중기업의 구분)

① 법 제2조 제2항에 따른 소기업(小企業)은 중소기업 중 해당 기업이 영위하는 주된 업종별 평균매출액등이 별표 3의 기준에 맞는 기업으로 한다.

나. 요건 ① – 주된 업종의 평균매출액

1) 주된 업종

중소기업기본법 시행령 제4조(주된 업종의 기준)

① 하나의 기업이 둘 이상의 서로 다른 업종을 영위하는 경우에는 제7조에 따라 산정한 평균매출액등 중 평균매출액등의 비중이 가장 큰 업종을 주된 업종으로 본다.

② 제3조 제1항 제2호 다목(관계기업)의 경우에는 지배기업과 종속기업 중 평균매출액등이 큰 기업의 주된 업종을 지배기업과 종속기업의 주된 업종으로 본다.

2-1) 평균매출액 (시행령 제4조 제1항)

중소기업기본법 시행령 제7조(평균매출액등의 산정)

① 제3조제1항제1호가목 및 제8조제1항에 따른 평균매출액등을 산정하는 경우 매출액은 일반적으로 공정·타당하다고 인정되는 회계관행(이하 "회계관행"이라 한다)에 따라 작성한 손익계산서상의 매출액을 말한다. 다만, 업종의 특성에 따라 매출액에 준하는 영업수익 등을 사용하는 경우에는 영업수익 등을 말한다.

② 평균매출액등은 다음 각 호의 구분에 따른 방법에 따라 산정한다.

  1. 직전 3개 사업연도의 총 사업기간이 36개월인 경우: 직전 3개 사업연도의 총 매출액을 3으로 나눈 금액

  2. 직전 사업연도 말일 현재 총 사업기간이 12개월 이상이면서 36개월 미만인 경우(직전 사업연도에 창업하거나 합병 또는 분할한 경우로서 창업일, 합병일 또는 분할일부터 12개월 이상이 지난 경우는 제외한다): 사업기간이 12개월인 사업연도의 총 매출액을 사업기간이 12개월인 사업연도 수로 나눈 금액

  3. 직전 사업연도 또는 해당 사업연도에 창업하거나 합병 또는 분할한 경우로서 제2호에 해당하지 아니하는 경우: 다음 각 목의 구분에 따라 연간매출액으로 환산하여 산정한 금액

    가. 창업일, 합병일 또는 분할일부터 12개월 이상이 지난 경우: 제3조에 따른 중소기업 해당 여부에 대하여 판단하는 날(이하 "산정일"이라 한다)이 속하는 달의 직전 달부터 역산(逆算)하여 12개월이 되는 달까지의 기간의 월 매출액을 합한 금액

    나. 창업일, 합병일 또는 분할일부터 12개월이 되지 아니한 경우: 창업일이나 합병일 또는 분할일이 속하는 달의 다음달부터 산정일이 속하는 달의 직전 달까지의 기간의 월 매출액을 합하여 해당 월수로 나눈 금액에 12를 곱한 금액. 다만, 다음 중 어느 하나에 해당하는 경우에는 창업일이나 합병일 또는 분할일부터 산정일까지의 기간의 매출액을 합한 금액을 해당 일수로 나눈 금액에 365를 곱한 금액으로 한다.

1) 산정일이 창업일, 합병일 또는 분할일이 속하는 달에 포함되는 경우
2) 산정일이 창업일, 합병일 또는 분할일이 속하는 달의 다음 달에 포함되는 경우

2-2) 평균매출액 (시행령 제4조 제2항 - 관계기업)

제7조의4(관계기업의 평균매출액등의 산정)

① 관계기업에 속하는 지배기업과 종속기업의 평균매출액등의 산정은 별표 2에 따른다. 이 경우 평균매출액등은 제7조에 따라 산정한 지배기업과 종속기업 각각의 평균매출액등을 말한다.

② 제1항에 따른 지배기업과 종속기업이 상호간 의결권 있는 주식등을 소유하고 있는 경우에는 그 소유비율 중 많은 비율을 해당 지배기업의 소유 비율로 본다.

③ 삭제 <2014. 4. 14.>

다. 요건 ② - 별표 3의 기준에 따른 매출액

주된 업종별 평균매출액등의 소기업 규모 기준(제8조제1항 관련)

해당 기업의 주된 업종	분류 기호	규모 기준
1. 식료품 제조업	C10	평균 매출액등 120억원 이하
2. 음료 제조업	C11	
3. 의복, 의복액세서리 및 모피제품 제조업	C14	
4. 가죽, 가방 및 신발 제조업	C15	
5. 코크스, 연탄 및 석유정제품 제조업	C19	
6. 화학물질 및 화학제품 제조업(의약품 제조업은 제외한다)	C20	
7. 의료용 물질 및 의약품 제조업	C21	
8. 비금속 광물제품 제조업	C23	
9. 1차 금속 제조업	C24	
10. 금속가공제품 제조업(기계 및 가구 제조업은 제외한다)	C25	
11. 전자부품, 컴퓨터, 영상, 음향 및 통신장비 제조업	C26	

12. 전기장비 제조업	C28	
13. 그 밖의 기계 및 장비 제조업	C29	
14. 자동차 및 트레일러 제조업	C30	
15. 가구 제조업	C32	
16. 전기, 가스, 증기 및 공기조절 공급업	D	
17. 수도업	E36	
18. 농업,임업 및 어업	A	평균 매출액등 80억원 이하
19. 광업	B	
20. 담배 제조업	C12	
21. 섬유제품 제조업(의복 제조업은 제외한다)	C13	
22. 목재 및 나무제품 제조업(가구 제조업은 제외한다)	C16	
23. 펄프, 종이 및 종이제품 제조업	C17	
24. 인쇄 및 기록매체 복제업	C18	
25. 고무제품, 및 플라스틱제품 제조업	C22	
26. 의료, 정밀, 광학기기 및 시계 제조업	C27	
27. 그 밖의 운송장비 제조업	C31	
28. 그 밖의 제품 제조업	C33	
29. 건설업	F	
30. 운수 및 창고업	H	
31. 금융 및 보험업	K	
32. 도매 및 소매업	G	평균 매출액등 50억원 이하
33. 정보통신업	J	
34. 수도, 하수 및 폐기물 처리, 원료재생업 (수도업은 제외한다)	E (E36 제외)	평균 매출액등 30억원 이하
35. 부동산업	L	
36. 전문 · 과학 및 기술 서비스업	M	
37. 사업시설관리, 사업지원 및 임대 서비스업	N	
38. 예술, 스포츠 및 여가 관련 서비스업	R	
39. 산업용 기계 및 장비 수리업	C34	평균

40. 숙박 및 음식점업	I	매출액등 10억원 이하
41. 교육 서비스업	P	
42. 보건업 및 사회복지 서비스업	Q	
43. 수리(修理) 및 기타 개인 서비스업	S	

비고

1. 해당 기업의 주된 업종의 분류 및 분류기호는 「통계법」 제22조에 따라 통계청장이 고시한 한국표준산업분류에 따른다.

2. 위 표 제27호에도 불구하고 철도 차량 부품 및 관련 장치물 제조업(C31202) 중 철도 차량용 의자 제조업, 항공기용 부품 제조업(C31322) 중 항공기용 의자 제조업의 규모 기준은 평균매출액등 120억원 이하로 한다.

2. 상시근로자수

가. 업종별 차등

소상공인기본법 제2조(정의)

① 이 법에서 "소상공인"이란 「중소기업기본법」 제2조제2항에 따른 소기업(小企業) 중 다음 각 호의 요건을 모두 갖춘 자를 말한다.

1. 상시근로자수가 10명 미만일 것

2. 업종별 상시근로자수 등이 대통령령으로 정하는 기준에 해당할 것

소상공인기본법 시행령 제3조(소상공인의 범위 등)

① 「소상공인기본법」(이하 "법"이라 한다) 제2조 제1항 제2호에서 "대통령령으로 정하는 기준"이란 주된 사업에 종사하는 상시근로자수가 업종별로 다음 각 호의 어느 하나에 해당하는 것을 말한다.

1. 광업·제조업·건설업 및 운수업: 10명 미만

2. 제1호 외의 업종: 5명 미만

나. 주된 사업의 기준 및 평균매출액 부분

중소기업기본법령 준용

다. 상시근로자에 포함되지 않는 자

소상공인기본법 시행령 제3조(소상공인의 범위 등)

③ 제1항에 따른 상시근로자는 「근로기준법」 제2조제1항제1호에 따른 근로자 중 다음 각 호의 어느 하나에 해당하는 사람을 제외한 사람으로 한다.

1. 임원 및 「소득세법 시행령」 제20조제1항에 따른 **일용근로자**

2. **3개월 이내의 기간을 정하여 근로하는 사람**

3. 「기초연구진흥 및 기술개발지원에 관한 법률」 제14조의2제1항에 따라 인정받은 기업부설연구소 및 연구개발전담부서의 **연구전담요원**

4. 「근로기준법」 제2조제1항제9호에 따른 **단시간근로자**(이하 이 조에서 "단시간근로자"라 한다)로서 1개월 동안의 소정근로시간이 60시간 미만인 사람

부록 3. 건설안전특별법

1. 제안이유

> **▌ 건설안전특별법안 김교흥의원 대표발의안 제안이유**
>
> 건설공사는 발주·설계·시공·감리자 등 건설공사 참여자와 공사 목적물(건축물·도로·철도 등)이 다양하며, 현장에서 다수의 건설사업자가 동시에 작업을 실시하고, 현장에서 작업하는 건설기계와 건설종사자도 수시로 바뀌는 등 다른 산업과 작업환경에 차이가 있음.
>
> 특히, 건설현장에서 발생하는 사고를 줄이기 위해서는 발주자, 시공자 등 상대적으로 권한이 큰 주체가 그에 상응하는 책임을 져야 함에도, 실제 사고로 인한 책임은 상대적으로 권한이 작은 하수급 시공자와 건설종사자들이 지는 경향이 있음.
>
> 이에, 발주자는 적정한 공사비용과 공사기간을 제공하며 시공자가 안전관리를 책임지도록 하는 등 건설공사 참여자별로 권한에 상응하는 안전관리 책임을 부여하고 이를 소홀히 하여 건설사고가 발생하는 경우 합당한 책임을 지도록 하며, 사고손실 대가가 예방비용 보다 크다는 인식을 확산하여 안전관리에 우선적 투자를 유도함으로써 건설공사 특수성에 맞게 안전한 작업환경을 조성하여 건설사고 위험성을 낮추려는 것임.

건설안전특별법(안)은 발주자와 설계자, 시공자, 감리자 등 각 주체별로 안전에 관한 의무사항을 부과하고 의무 불이행시 처벌을 하기 위한 법으로 이해된다.

하나의 건설사업은 발주부터 설계, 시공 및 감리로 이어져 최종 완성되고 있고, 현재 관련한 개별법률들은 대체로 시공 즉 직접적인 건설과 관련한 행위에 처벌의 초점이 맞추어져 있는바 건설안전특별법은 각 단계별 책임자의 의무를 별도로 규정하여 책임을 분명히 하려는 취지로 이해된다.

2. 개요

따라서 해당 법(안)은 건설공사 참여자인 발주자, 성계자, 시공자, 감리자의 각 안전관리의무를 규정함을 중점으로 하고 있다. 개괄적인 내용은 이하의 표와 같다.

건설안전특별법(안)		
제1장 총칙		제1조 목적
		제2조 정의
		제3조 다른 법률과의 관계
		제4조 국가 등의 책무
		제5조 정보 공개 등
		제6조 지방자치단체의 장에 대한 협조 요청
제2장 건설공사 참여자의 안전관리 의무		
	제1절 일반 원칙	제7조 기본 의무
	제2절 발주자의 안전관리의무	제8조 건설현장의 안전을 위한 업무 수행 등
		제9조 안전관리 역량 확인 의무 등
		제10조 안전자문사 선임 등
	제3절 설계자의 안전관리의무	제11조 설계자의 안전관리의무
	제4절 시공자등의 안전관리의무	제12조 시공자의 안전관리의무
		제13조 안전관리조직
		제14조 안전교육
		제15조 시공자의 시공단계에서의 안전관리의무
		제16조 하수급시공자의 안전관리의무
	제5절 감리자의 안전관리의무	제17조 감리자의 안전관리의무
		제18조 불이익 조치의 금지
	제6절 건설종사자의 안전관리의무	제19조 건설종사자의 안전관리의무

제3장 안전관리 활동	제20조 안전관리계획 등
	제21조 소규모 건설공사의 안전관리
	제22조 안전관리비
	제23조 스마트 안전관리 보조 · 지원
	제24조 가설구조물의 안전성 확인
	제25조 안전관리 수준평가
제4장 현장 점검 및 건설사고 신고 · 조사	제26조 건설공사 현장 점검
	제27조 건설공사 등의 부실 측정
	제28조 건설사고 신고
	제29조 건설사고 조사 등
	제30조 건설사고조사위원회
제5장 건설종사자 재해보상을 위한 보험 · 공제	제31조 건설종사자 재해보험 · 공제 가입 의무
	제32조 보험 · 공제 미가입자에 대한 조치
제6장 보칙	제33조 시정명령 등
	제34조 영업정지
	제35조 과징금
	제36조 권한 등의 위임 · 위탁
	제37조 벌칙 적용 시의 공무원 의제
	제38조 청문
제7장 벌칙	제39조 ~ 제41조 벌칙
	제42조 양벌규정
	제43조 과태료
부칙	제1조 시행일
	제2조 안전관리계획에 관한 경과조치
	제3조 소규모안전관리계획에 관한 경과조치
	제4조 처분 등에 관한 일반적 경과조치
	제5조 벌칙에 관한 경과조치
	제6조 행정제재처분 및 과태료에 관한 경과조치
	제7조 다른 법령의 개정
	제8조 다른 법령과의 관계

3. 참고사항 - 건설공사 참여주체별 권한과 책임[193]

【건설공사 참여주체별 권한과 책임】

현행(기존 법령)	제정안(재발의안 기준)
① 공공 발주자	
• 법령*에 따라 공사비 · 기간 산정 및 검토 * 공공공사 공기산정기준, 예정가격 작성기준 등	현행과 동일
• 가격 · 안전 역량 평가 후 사업자 선정	현행과 동일
• 신설	• 국토교통부장관, 시 · 도지사, 발주청 및 인허가기관의 장은 건설사고가 재발할 우려가 있는 현장에 대하여 공사의 전부 또는 일부 중지할 수 있음
• 신설	• 발주자는 시공자와 하수급시공자의 보험료를 더한 금액의 절반을 시공자에게 지급하여야 함
• 신설	• 발주자 의무 위반으로 사망사고 발생 시 형사처벌
② 민간 발주자	
• 신설	• 설계자 · 시공자 · 감리자와 계약을 체결하기 전 안전관리 역량을 확인하여야 함 • 시공자가 하도급 계약을 체결하기 전에 하수급시공자의 안전관리 역량을 확인하

---

193) 건설안전특별법안 일부개정법률안 검토보고(국토교통위원회 수석전문위원 최시억 작성 검토보고서, 13 – 15 참조)

	도록 지시
• 신설	• 발주자는 자문할 수 있는 안전전문가를 선임할 수 있으며, 안전자문사로부터 자문 받은 사항을 인지하고 있음을 서명하고 인허가기관의 장에게 제출하여야 함
• 신설	• 발주자 의무 위반으로 사망사고 발생 시 형사처벌

③ 시공자

• 신설	• 시공자는 하도급을 받으려는 건설사업자에게 건설공사의 위험요인에 대한 정보 제공을 하여야 함
• 신설	• 시공자는 건설종사자가 의무를 준수하지 아니한 경우 종사자를 작업에서 임시배제할 수 있음
• 시공자 또는 하수급시공자가 안전시설물 설치 * 산업안전보건법	• 시공자는 다수 건설사업자가 공통적으로 사용하는 안전난간 등 안전시설물을 직접 설치
• 신설	• 시공자는 둘 이상의 시공자가 동시 작업을 수행하는 경우 작업이 서로 방해되지 않도록 해당 작업을 조정하여야 함
• 신설	• 시공자는 가설·굴착 등 위험작업 전 감리자로부터 안전성 확인을 받아야 함
• 신설 (건설사고시 재발방지대책 의무 없음)	• 건설사고시 공사중지 명령을 받은 발주자는 시공자와 건설사고 재발방지 대책을 수립하여 공사중지를 명한 자에게 제출하여야 함
• 신설	• 건설사업자는 건설공사 중 소속 종사자가 업무상 재해를 입은 경우에 재해자에 충분

	한 보상이 가능토록 재해보험·공제에 가입하여야 함
• 신설	• 시공자는 하수급시공자의 재해보험료의 절반을 하수급시공자에게 지급하여야 함

④ 하수급시공자

• 신설	• 하수급시공자는 안전한 작업환경을 갖추고 작업하기 전 공사기간이나 공사비용이 적정한지 검토하여야 함
• 신설	• 하수급시공자는 공사기간 연장이나 공사비용 인상을 시공자에게 요구할 수 있으며, 시공자는 하수급시공자의 요청을 검토하고 결과를 하수급시공자에게 통보

⑤ 설계·감리자

• 구조물 파손 + 인명피해 시 처벌	• 설계·감리자 의무 위반으로 사망 시 형사처벌(구조물 파손 불요)
• 신설	• 설계자는 건설공사 중 발생할 수 있는 위험성 등 안전관련 정보를 설계도서 반영하여야 함
• 신설	• 설계자는 가설구조물과 안전시설물 등을 고려하여 예정 공사기간과 공사비용을 산정하여야함
• 공공공사는 사고우려 시 감리자 공사중지 권한과 공사중지에 따른 면책권 있음(건설기술 진흥법)	• 감리자의 공사중지 조치를 이유로 해당 감리자의 교체, 업무배제, 대가지급의 거부·지체 등 신분이나 처우와 관련하여 불이익을 주어서는 안됨

⑥ 건설종사자	

• 신설	• 종사자가 음주 상태이거나 약물을 사용하는 등 정상적인 작업 어려운 경우 작업금지
• 신설	• 건설종사자의 산재보험 보상 범위를 초과하는 손해배상책임액에 대해 보상가능토록 건설 종사자 재해보험 가입 의무화

4. 현재 심사 중인 법률안

건설안전특별법안

제1장 총칙

제1조(목적) 이 법은 건설공사 참여자에게 권한에 상응하는 안전관리 책임을 부여하고, 주체별 책임 소재를 명확히 하여 안전관리에 우선적으로 투자하도록 유도함으로써 건설공사 중 발생하는 건설사고의 위험을 낮추고 공공복리의 증진에 이바지함을 목적으로 한다.

제2조(정의) 이 법에서 사용하는 용어의 뜻은 다음과 같다.

1. "건설공사"란 「건설산업기본법」 제2조제4호에 따른 건설공사를 말한다.
2. "설계도서(設計圖書)"란 다음 각 목의 서류를 말한다.

   가. 도면, 설계설명서, 공사시방서(工事示方書), 내역서, 예정 공정표

   나. 발주자가 필요하다고 인정하여 요구하는 부대도면

   다. 그 밖에 가목 또는 나목 관련 서류로서 국토교통부령으로 정하는 서류
3. "건설사고"란 건설공사를 시행하면서 대통령령으로 정하는 규모 이상의 인명피해나 재산피해가 발생한 사고를 말한다.

4. "건설공사 참여자"란 건설공사에 참여하는 자로서 다음 각 호의 어느 하나에 해당하는 자를 말한다.

　　가. 발주자 및 제10조제1항에 따라 발주자가 선임하는 안전자문사

　　나. 설계자, 감리자

　　다. 시공자·하수급시공자(이하 "시공자등"이라 한다)

5. "발주자"란 「건설산업기본법」 제2조제10호에 따른 발주자를 말한다.

6. "발주청"이란 「건설기술 진흥법」 제2조제6호에 따른 발주청을 말한다.

7. "건설사업자"란 「건설산업기본법」 제2조제7호에 따른 건설사업자를 말한다.

8. "주택건설등록업자"란 「주택법」 제4조에 따라 주택건설사업의 등록을 한 자를 말한다.

9. "시공자"란 건설공사를 수행하는 자로서 다음 각 호의 어느 하나에 해당하는 자를 말한다.

　　가. 「건설산업기본법」 제2조제13호에 따른 수급인(이하 "수급인"이라 한다)

　　나. 「건설산업기본법」 제41조제1항 단서에 따라 직접 시공하는 건축주

　　다. 제2조7호에 따른 건설사업자

　　라. 「주택법」 제7조에 따라 건설사업자로 간주하는 등록사업자

10. "하수급시공자"이란 「건설산업기본법」 제2조제14호에 따른 하수급인을 말한다.

11. "도급"이란 「건설산업기본법」 제2조제11호에 따른 도급을 말한다.

12. "하도급"이란 「건설산업기본법」 제2조제12호에 따른 하도급을 말한다.

13. "건설엔지니어링"이란 「건설기술 진흥법」 제2조제3호에 따른 건설엔지니어링을 말한다.

14. "건설엔지니어링사업자"란 「건설기술 진흥법」 제2조제9호에 따른 건설엔지니어링사업자를 말한다.

15. "설계자"란 다음 각 목의 어느 하나에 해당하는 자를 말한다.

　　가. 「건설기술 진흥법」 제2조제2호가목에 따른 건설기술 중 설계와 설계에 수반되는 계획·조사·측량 등에 관한 업무를 수행하는 자

　　나. 「건축법」 제2조제13호에 따른 설계자

다. 「주택법」 제33조에 따라 설계하는 자

라. 그 밖에 관계 법률에 따라 설계 업무와 유사한 업무를 수행하는 자로서 대통령령으로 정하는 자

16. "감리자"란 다음 각 목의 어느 하나에 해당하는 자를 말한다.

가. 「건설기술 진흥법」 제2조제5호에 따른 감리 업무를 수행하는 자

나. 「건설산업기본법」 제2조제8호에 따른 건설사업관리 업무를 수행하는 자

다. 「건축사법」 제2조제4호에 따른 공사감리 업무를 수행하는 자

라. 「주택법」 제43조제1항에 따른 감리자

마. 그 밖에 관계 법률에 따라 감리 또는 공사감리 업무와 유사한 업무를 수행하는 자로서 대통령령으로 정하는 자

17. "감리"란 「건설기술 진흥법」 제2조제5호에 따른 감리를 말한다.

18. "건설사업관리"란 「건설사업기본법」 제2조제8호에 따른 건설사업관리를 말한다.

19. "건설기술인"이란 「건설산업기본법」 제2조제15호에 따른 건설기술인을 말한다.

20. "건설종사자"란 다음 각 목의 어느 하나에 해당하는 사람을 말한다.

가. 「근로기준법」 제2조제1항제1호에 따른 근로자

나. 임대, 용역, 위탁 등 계약의 형식에 관계없이 근로자와 유사하게 시공자등에 대하여 노무를 제공하는 자로서 대통령령으로 정하는 자

21. "안전시설물"이란 안전난간, 추락방호망 등 건설사고를 예방하기 위하여 설치하는 시설물을 말한다.

22. "무선안전장비"란 「전파법」 제2조제1항제5호에 따른 무선설비 및 같은 법 제2조제1항제5호의2에 따른 무선통신을 이용하여 건설사고의 위험을 낮추는 기능을 갖춘 장비를 말한다.

제3조(다른 법률과의 관계) 건설공사의 안전관리(이하 "안전관리"라 한다)에 관하여 이 법에서 정한 사항에 대하여는 다른 법률에 우선하여 이 법을 적용한다. 다만, 「산업안전보건법」에서 근로자의 안전에 관하여 따로 정하고 있는 사항은 제외한다.

제4조(국가 등의 책무)

① 국가와 지방자치단체는 건설사고가 발생하지 않도록 노력하여야 하며, 건설공사 참여자가 이 법을 준수할 수 있도록 지원하여야 한다.

② 지방자치단체의 장은 관할 지역에서 건설사고가 발생하지 않도록 사업계획의 승인, 건설공사 인ㆍ허가, 착공신고 및 사용승인 등 전 단계에 걸쳐 적절한 조치 등을 하도록 노력하여야 한다.

③ 건설공사 참여자는 국가 또는 지방자치단체가 건설공사의 안전 확보를 위해 실시하는 조치에 적극적으로 협조하여야 한다.

④ 건설종사자는 이 법에 따른 안전관리 의무를 준수하여야 한다.

제5조(정보 공개 등)

① 국토교통부장관은 건설공사 참여자의 안전관리에 관한 다음 각 호의 정보를 공개할 수 있다.

　　1. 제25조에 따른 건설공사 참여자의 안전관리 수준에 대한 평가 결과

　　2. 제27조에 따른 부실벌점

　　3. 제28조에 따른 건설사고 신고 결과

　　4. 제29조제5항에 따른 재발방지대책

　　5. 제31조제1항에 따른 건설사업자의 건설종사자 재해보험ㆍ공제 가입 현황

　　6. 그 밖에 재해로 인한 보험급여 지급 현황 등 대통령령으로 정하는 정보

② 국토교통부장관은 설계자ㆍ시공자등ㆍ감리자(이하 "설계자등"이라 한다)의 안전관리 역량을 확인할 수 있는 지표를 개발할 수 있다.

③ 국토교통부장관은 제2항에 따른 지표를 개발하기 위하여 건설공사 참여자, 관련 협회, 중앙행정기관 또는 지방자치단체의 장에게 제1항 각 호에 따른 자료의 제공을 요청할 수 있다.

④ 국토교통부장관은 건설사고 통계 등 건설안전에 필요한 자료를 효율적으로 관리하고 공동 활용을 촉진하기 위하여 안전관리 종합정보망(이하 "정보망"이라 한다)을 구축ㆍ운영할 수 있다.

⑤ 국토교통부장관은 건설공사 참여자의 안전관리 수준을 평가하고, 정보망을 구축ㆍ운영하기 위하여 건설공사 참여자, 관련 협회, 중앙행정기

관 또는 지방자치단체의 장에게 필요한 자료를 요청할 수 있다.

⑥ 안전관리 역량을 확인할 수 있는 정보의 종류, 공개방법, 정보망의 구축 및 운영 등에 필요한 사항은 대통령령으로 정한다.

제6조(지방자치단체의 장에 대한 협조 요청) 국토교통부장관은 건설사고 예방을 위하여 지방자치단체의 장에게 협조를 요청할 수 있다.

제2장 건설공사 참여자의 안전관리의무

제1절 일반 원칙

제7조(기본 의무)

① 건설공사 참여자는 다음 각 호의 건설사고 예방 원칙을 준수하여야 한다.

1. 위험성을 최대한 제거하고, 위험성이 최소화되도록 노력하여야 한다.
2. 위험성에 대해 근원적으로 대처한다.
3. 모든 작업에서 안전을 우선하여 고려한다.
4. 안전시설물 설치 등 공동의 작업 환경에 대한 보호조치를 위하여 노력하여야 한다.
5. 위험에 관한 정보를 해당 위험 관계자에게 제공한다.
6. 건설현장과 그 주변을 청결하게 관리한다.

② 건설공사 참여자는 정당한 사유 없이 다른 건설공사 참여자의 업무에 부당하게 개입 또는 간섭하거나 그 권한을 침해해서는 아니 된다.

제2절 발주자의 안전관리의무

제8조(건설현장의 안전을 위한 업무 수행 등)

① 발주자는 설계자등이 건설현장의 안전을 우선적으로 고려하여 설계·시공·감리 업무를 수행할 수 있도록 적정한 기간과 비용을 제공하여야 한다. 이 경우 발주자는 제11조제1항에 따른 설계자의 업무를 고려하여 설계자등에게 적정한 기간과 비용을 제공하여야 한다.

② 발주자는 연면적이 3백제곱미터 이상인 건축물 등 대통령령으로 정하는 건설공사의 경우 제11조제1항에 따라 설계자가 산정한 공사기간 및 공사비용이 적정한지에 대하여 다음 각 호의 구분에 따라 심의나 검토의견을 받아야 한다. 이 경우 발주자는「산업안전보건법」제67조에 따른 안전보건대장 중 공사기간 및 공사비용 관련한 검토를 완료한 것으로 본다. 다만, 제2호의 경우에는 설계자가 산정한 공사기간 및 공사비용을 시공자에게 확인시킨 후 검토의견을 받아야 한다.

   1. 발주자가 발주청인 경우:「건설기술 진흥법」제5조제1항에 따른 지방건설기술심의위원회, 같은 법 제6조제1항에 따른 기술자문위원회 등 대통령령으로 정하는 기관의 심의

   2. 발주자가 발주청이 아닌 경우: 해당 건설공사의 인가, 허가, 승인, 신고 수리 등을 한 행정기관(이하 "인허가기관"이라 한다)의 장,「건축법」제87조의2에 따른 지역건축안전센터 등 대통령령으로 정하는 기관의 검토의견

③ 제2항에 따라 공사기간 및 공사비용을 검토하는 경우「건설기술 진흥법」제45조제1항 및 같은 법 제45조의2에 따라 국토교통부장관이 정하는 기준을 참고할 수 있다.

④ 발주자는 제2항에 따라 공사기간 및 공사비용의 심의 또는 검토의견을 받은 경우에는 해당 결과를 제1항에 따른 설계자등에게 적정한 기간과 비용을 제공할 때에 반영하여야 한다.

⑤ 공사기간 및 공사비용의 심의 또는 검토의견을 받는 방법 및 절차 등에 관하여 필요한 사항은 대통령령으로 정한다.

제9조(안전관리 역량 확인의무 등)

① 발주자는 설계자 · 시공자 · 감리자와 해당 업무에 관한 계약을 체결하기 전에 그 안전관리 역량을 확인하여야 한다.

② 발주자는 시공자가 하도급 계약을 체결하기 전에 하수급시공자의 안전관리 역량을 확인하도록 지시하여야 한다.

③ 발주자가 감리자에게 감리업무를 맡기지 아니한 경우 발주자가 감리자의 책무를 다해야 한다.

제10조(안전자문사 선임)

① 발주자는 건설공사를 안전하게 수행하기 위하여 발주자에게 자문할 수 있는 전문가(이하 "안전자문사"라 한다)를 다음 각 호의 자 중에서 선임할 수 있다.

　　1. 「건설기술 진흥법」 제26조에 따른 건설엔지니어링사업자 중 국토교통부령으로 정하는 자격이나 경력을 갖춘 기술인력을 보유한 자

　　2. 「건축사법」 제18조에 따른 건축사 중 국토교통부령으로 정하는 자격이나 경력을 갖춘 자

　　3. 그 밖에 국토교통부령으로 정하는 자격이나 경력을 보유한 자

② 발주자가 제1항에 따라 안전자문사를 선임하는 경우 안전자문사로부터 자문 받은 사항을 인지하고 있음을 서명하고 건설공사 착공(건설공사 현장의 부지 정리 및 가설사무소의 설치 등의 공사 준비는 제외한다. 이하 같다) 전에 인허가기관의 장에게 제출하여야 한다. 다만, 발주자가 발주청인 경우 서명한 내용의 확인서를 제출하지 아니하여도 해당 사항을 인지하고 있는 것으로 본다.

③ 안전자문사는 발주자가 다음 각 호에 관한 의무를 준수하도록 조언하여야 한다.

　　1. 제8조 및 제9조에 따른 발주자의 안전관리의무

　　2. 그 밖에 관계 법률에 따른 발주자의 의무나 역할 중 대통령령으로 정하는 사항

④ 공사 종류나 규모별 안전자문사 선임기준, 안전자문사의 업무범위 등에 관하여 구체적인 사항은 국토교통부령으로 정한다.

제3절 설계자의 안전관리의무

제11조(설계자의 안전관리의무)

① 설계자는 설계도서를 작성할 때 건설종사자가 안전한 작업 환경을 갖추고 작업을 실시할 수 있도록 건설사고 예방에 필요한 가설구조물과 안전시설물 등을 고려하여 예정 공사기간과 공사비용을 산정하여야 한다. 이 경우 설계자는 국토교통부령으로 정하는 바에 따라 「국가기술자격

법」에 따른 기술사(이하 "관계전문가"라 한다)의 협력을 받을 수 있다.

② 설계자는 건설공사 중 발생할 수 있는 위험성 등 국토교통부령으로 정하는 안전관리와 관련된 정보를 설계도서에 반영하여 발주자에게 제공하여야 한다.

제4절 시공자등의 안전관리의무

제12조(시공자의 안전관리의무)

① 시공자는 다음 각 호의 사항 등을 포함하여 설계도서가 안전한 작업환경을 갖추고 시공하기에 적합한지를 착공 전에 검토하여야 한다.

  1. 공사기간과 공사비용
  2. 가설구조물과 안전시설물

② 시공자는 도급받은 건설공사 중 일부를 수의계약으로 하도급 계약을 체결하는 경우에는 그 체결을 하기 전에, 경쟁계약으로 하도급 계약을 체결하는 경우에는 입찰에 부치기 전에 하도급을 받으려는 건설사업자에게 건설공사의 위험요인 등 국토교통부령으로 정하는 정보를 제공하여야 한다.

③ 시공자는 하도급계약을 체결하기 전에 하수급시공자의 안전관리 역량을 확인하여야 한다.

④ 시공자는 건설종사자가 제4조제4항에 따른 의무로서 국토교통부령으로 정하는 조치사항을 반복적으로 지키지 않아 건설사고가 발생할 우려가 높거나 정상적인 작업 수행이 어려운 경우 건설종사자에게 시정을 요청할 수 있다.

⑤ 제4항에도 불구하고 건설종사자가 시정 조치에 응하지 않는 경우 시공자는 해당 건설종사자와 근로계약 또는 노무제공계약을 체결한 건설사업자에게 해당 건설종사자를 작업에서 임시 배제하도록 요청할 수 있다.

제13조(안전관리조직)

① 제20조제1항에 따른 안전관리계획을 수립하는 시공자는 다음 각 호의 자로 구성된 안전관리조직을 두어야 한다.

  1. 해당 건설공사의 시공 및 안전에 관한 업무를 총괄하여 관리하는 안

전총괄책임자

2. 토목, 건축, 전기, 기계, 설비 등 건설공사의 각 분야별 시공 및 안전관리를 지휘하는 분야별 안전관리책임자

3. 건설공사 현장에서 직접 시공 및 안전관리를 담당하는 안전관리 담당자

4. 시공자, 하수급시공자 등으로 구성된 협의체의 구성원

② 제1항에 따른 안전관리조직의 구성 및 직무 등에 관하여 필요한 사항은 대통령령으로 정한다.

제14조(안전교육)

① 제20조제1항에 따른 안전관리계획을 수립하는 시공자는 건설종사자를 대상으로 작업내용과 안전규칙, 건설공사 현장의 위험 요소 등을 교육하여야 한다.

② 제1항에 따른 안전교육의 시기 및 방법 등에 관하여 필요한 사항은 대통령령으로 정한다.

제15조(시공자의 시공단계에서의 안전관리의무)

① 시공자는 다수 공종의 사업자가 공통적으로 사용하는 안전난간, 추락방호망 등 국토교통부령으로 정하는 안전시설물을 직접 설치하여야 한다.

② 건설공사 현장이 복수의 시공자로 구성된 경우 다음 각 호의 자가 시공자의 안전관리의무를 이행하여야 한다.

1. 도급받은 건설공사의 범위가 명확히 구분되는 경우: 해당 범위를 담당하는 시공자

2. 도급받은 건설공사의 범위가 명확히 구분되지 아니한 경우: 해당 건설공사를 도급받은 모든 시공자

③ 시공자는 같은 건설공사 현장에서 둘 이상의 시공자등이 동시에 작업을 수행하는 경우 작업이 서로 방해되지 않도록 해당 작업을 실시하기 전에 조정하여야 한다.

④ 시공자는 제3항에 따른 조정을 시공자등이 이행하는지 확인하여야 한다.

⑤ 시공자는 건설사고 위험이 높은 가설(假設)·굴착(掘鑿) 등 국토교통부령으로 정하는 작업을 수행하는 경우 감리자로부터 국토교통부령으로 정하는 바에 따라 공사 현장의 안정성에 관한 확인을 받은 후 작업을

실시하여야 한다.

⑥ 하수급시공자는 제15조제1항에 따른 시공자의 안전시설물 직접 설치 의무에 관하여는 책임을 지지 아니한다.

제16조(하수급시공자의 안전관리의무)

① 하수급시공자는 시공자가 건설사고를 예방하기 위하여 하수급시공자에게 지시하는 사항을 준수하여야 한다.

② 하수급시공자는 안전한 작업 환경을 갖추고 작업을 하기에 공사기간이나 공사비용이 적정한지 검토하여야 한다.

③ 하수급시공자는 제2항의 검토 결과 공사기간이나 공사비용이 적정하지 아니한 것으로 판단하는 경우에는 공사기간 연장이나 공사비용 인상을 시공자에게 요청할 수 있다. 이 경우 시공자는 하수급시공자의 요청을 검토하고 그 결과를 하수급시공자에게 알려주어야 한다.

제5절 감리자의 안전관리의무

제17조(감리자의 안전관리의무)

① 감리자는 설계자가 작성한 설계도서를 검토하여야 한다.

② 감리자는 제1항의 검토 결과 건설사고의 위험성을 낮추기 위하여 필요한 경우에는 설계도서의 변경을 발주자 또는 시공자에게 요청할 수 있다.

③ 감리자는 공사 착공 전에 시공자가 작성한 시공계획서를 제출 받고, 해당 내용의 안전관리 적정성을 검토한 후 승인하여야 한다.

④ 감리자는 시공자가 다음 각 호의 사항에 대한 준수 여부를 확인하여야 하고, 그 결과를 시공자에게 통보하여야 한다.

  1. 가설시설물, 안전시설물 등을 설계도서대로 시공 여부

  2. 제20조제1항에 따른 안전관리계획 이행 여부

⑤ 감리자는 시공자가 제4항 각 호 사항의 준수 여부를 확인한 결과에 따라 시공자에게 공사의 전부 또는 일부 중지를 명할 수 있다. 이 경우 감리자는 그 사실을 발주자에게 지체 없이 알려야 한다.

⑥ 감리자가 제5항에 따라 공사 중지를 명한 경우 시공자는 그 명령에 따

라 즉시 공사를 중지하여야 한다.

⑦ 감리자는 시공자가 제6항에 따른 공사 중지 명령을 어길 경우에는 발주청이나 인허가기관의 장에게 해당 사실을 알려야 한다.

제18조(불이익 조치의 금지 등)

① 누구든지 제17조제5항 및 제6항에 따른 감리자의 조치를 이유로 해당 감리자의 교체, 업무 배제, 대가 지급의 거부·지체 등 신분이나 처우와 관련하여 불이익을 주어서는 아니 된다.

② 감리자가 고의 또는 중대한 과실로 제17조제5항 및 제6항에 따른 조치를 함에 따라 발주자나 시공자에게 손해가 발생한 경우 감리자는 그 손해에 대한 책임을 진다.

제6절 건설종사자의 안전관리의무

제19조(건설종사자의 안전관리의무)

① 건설종사자는 제14조에 따른 안전교육에 성실히 임하는 등 건설종사자의 의무를 준수하여야 한다.

② 건설종사자는 술을 마신 상태이거나 약물을 사용한 상태 또는 그 밖의 건강상의 이유로 정상적인 작업이 어려운 경우에는 작업을 하여서는 아니 된다.

③ 건설종사자는 시공자가 발주자와 협의하여 건설 현장에서 지켜야할 안전규칙을 수립한 경우 그 규칙을 준수하여야 한다.

④ 건설종사자가 이 법에 따른 의무를 소홀히 한 경우 그 과실의 비율에 따라 제31조에 따른 보험·공제금의 일부가 감액될 수 있다.

제3장 안전관리 활동

제20조(안전관리계획 등)

① 시공자는 제1종시설물의 건설공사 등 대통령령으로 정하는 건설공사를 시행하는 경우 시공 절차 및 주의사항 등 건설공사의 안전관리계획(이

하 "안전관리계획"이라 한다)을 수립하고, 이를 발주자(발주청이 아닌 발주자의 경우 인허가기관의 장을 말한다) 또는 감리자에게 제출하여 승인을 받아야 한다.

② 제1항에 따라 안전관리계획을 제출받은 발주청, 인허가기관의 장 또는 감리자는 안전관리계획을 검토하고 그 결과를 시공자에게 통보하여야 한다.

③ 시공자는 승인을 받은 안전관리계획과 그 검토 결과를 국토교통부장관에게 제출하여야 한다.

④ 시공자는 안전관리계획에 따라 안전점검을 하여야 한다. 다만, 대통령령으로 정하는 안전점검에 대해서는 대통령령으로 정하는 바에 따라 발주청 또는 인허가기관의 장이 지정한 기관으로부터 안전점검을 받아야 한다.

⑤ 제4항 단서에 따라 안전점검을 한 기관은 그 결과를 시공자와 국토교통부장관에게 제출하여야 한다.

⑥ 시공자는 안전관리계획을 수립하였던 건설공사를 준공한 경우에는 안전점검에 관한 종합보고서(이하 "종합보고서"라 한다)를 작성하여 국토교통부장관과 발주청 또는 인허가기관의 장에게 제출하여야 한다.

⑦ 국토교통부장관, 발주청 및 인허가기관의 장은 제6항에 따라 받은 종합보고서를 대통령령으로 정하는 바에 따라 보존·관리하여야 한다.

⑧ 국토교통부장관은 건설공사의 안전을 확보하기 위하여 제3항에 따라 제출받은 안전관리계획 및 그 검토 결과, 제5항에 따라 제출받은 안전점검 결과의 적정성을 대통령령으로 정하는 바에 따라 검토할 수 있으며, 적정성 검토 결과 필요한 경우에는 대통령령으로 정하는 바에 따라 발주청 또는 인허가기관의 장으로 하여금 시공자에게 시정명령 등 필요한 조치를 하도록 요청할 수 있다.

⑨ 발주청은 대통령령으로 정하는 방법과 절차에 따라 설계의 안전성을 검토하고 그 결과를 국토교통부장관에게 제출하여야 한다.

⑩ 안전관리계획의 수립 기준 및 제출·승인의 방법·절차와 안전 점검의 시기·방법, 대가(代價) 및 안전점검 기관 지정절차 등에 관하여 필요한 사항은 대통령령으로 정한다.

제21조(소규모 건설공사의 안전관리)

① 시공자는 제20조제1항에 따른 안전관리계획의 수립 대상이 아닌 건설공사 중 건설사고가 발생할 위험이 있는 공종이 포함된 경우 그 건설공사를 착공하기 전에 시공 절차 및 주의사항 등 안전관리에 대한 계획(이하 "소규모안전관리계획"이라 한다)을 수립하고, 이를 발주청 또는 인허가기관의 장에게 제출하여 승인을 받아야 한다. 소규모안전관리계획을 변경하려는 경우에도 또한 같다.

② 제1항에 따라 소규모안전관리계획을 제출받은 발주청 및 인허가기관의 장은 소규모안전관리계획의 내용을 검토하고 그 결과를 시공자에게 통보하여야 한다.

③ 소규모안전관리계획을 수립하여야 하는 건설공사의 범위, 소규모 안전관리계획의 수립 기준, 제출·승인의 방법 및 절차 등에 관하여 필요한 사항은 대통령령으로 정한다.

제22조(안전관리비)

① 발주자는 시공자에게 건설공사의 안전관리에 필요한 비용(이하 "안전관리비"라 한다)을 국토교통부령으로 정하는 바에 따라 산정하여 지급하되, 이를 감액하여서는 아니 된다.

② 안전관리비의 항목 및 산정기준 등에 필요한 사항은 국토교통부령으로 정한다.

제23조(스마트 안전관리 보조·지원)

① 국토교통부장관은 건설사고를 예방하기 위하여 건설공사 참여자에게 무선안전장비와 융·복합건설기술을 활용한 스마트 안전장비 및 안전관리시스템의 구축·운영에 필요한 비용을 대통령령으로 정하는 비용의 전부 또는 일부를 예산의 범위에서 보조하거나 그 밖에 필요한 지원(이하 "보조·지원"이라 한다)을 할 수 있다.

② 국토교통부장관은 보조·지원이 건설사고 예방의 목적에 맞게 효율적으로 사용되도록 관리·감독하여야 한다.

③ 국토교통부장관은 보조·지원을 받은 자가 다음 각 호의 어느 하나에 해당하는 경우 보조·지원의 전부 또는 일부를 취소하여야 한다.

1. 거짓이나 그 밖의 부정한 방법으로 보조·지원을 받은 경우

2. 건설사고 예방의 목적에 맞게 사용되지 아니한 경우

3. 보조·지원을 받은 자가 이 법에 따른 안전관리 의무를 위반하여 건설사고를 발생시킨 경우로서 국토교통부령으로 정하는 경우

④ 제3항에 따라 보조·지원의 전부 또는 일부가 취소된 자에 대해서는 국토교통부령으로 정하는 바에 따라 취소된 날부터 3년 이내의 기간을 정하여 보조·지원을 하지 아니할 수 있다.

⑤ 보조·지원의 대상·절차, 관리 및 감독, 그 밖에 필요한 사항은 국토교통부장관이 정하여 고시한다.

제24조(가설구조물의 안전성 확인)

① 시공자는 동바리, 거푸집, 비계 등 가설구조물을 설치하기 전에 관계전문가에게 가설구조물의 구조적 안전성을 확인받아야 한다.

② 관계전문가는 가설구조물이 안전에 지장이 없도록 가설구조물의 구조적 안전성을 확인하여야 한다.

③ 제1항에 따라 구조적 안전성을 확인받아야 하는 가설구조물의 종류, 관계전문가의 자격요건 등에 관하여 필요한 사항은 대통령령으로 정한다.

제25조(안전관리 수준평가)

① 국토교통부장관은 건설공사의 안전을 확보하기 위하여 발주청, 인허가기관, 시공자, 설계자 및 감리자의 안전관리 수준을 평가하고 그 결과를 공개할 수 있다.

② 제1항에 따른 평가의 대상, 기준, 방법 및 절차 등에 관하여 필요한 사항은 대통령령으로 정한다.

제4장 현장점검 및 건설사고 신고·조사

제26조(건설공사 현장점검)

① 다음 각 호의 어느 하나에 해당하는 기관의 장은 건설공사의 부실방지, 품질 및 안전 확보가 필요한 경우 대통령령으로 정하는 건설공사에 대

하여 현장 등을 점검할 수 있으며, 해당 점검 결과 필요한 경우에는 대통령령으로 정하는 바에 따라 발주자와 설계자등에게 시정명령 등의 조치를 하거나 관계기관에 대하여 관계 법률에 따른 영업정지 등의 요청을 할 수 있다. 다만, 점검 결과 건설종사자의 안전과 관련되어 개선이 필요한 경우에는 고용노동부장관에게 통보하여 「산업안전보건법」에 따른 근로감독관이 「산업안전보건법」에 따른 안전조치를 실시하였는지를 감독하도록 요청할 수 있다.

1. 국토교통부장관
2. 특별시장·광역시장·특별자치시장·도지사·특별자치도지사(이하 "시·도지사"라 한다)
3. 발주청(「사회기반시설에 대한 민간투자법」에 따른 민간투자사업인 경우에는 같은 법 제2조제5호에 따른 주무관청을 말한다. 이하 이 조, 제27조 및 제29조에서 같다) 및 인허가기관의 장
4. 「국토안전관리원법」에 따른 국토안전관리원(이하 "국토안전관리원"이라 한다). 다만, 국토안전관리원에게는 제1항의 시정명령 등의 조치 권한은 부여하지 아니한다.

② 제1항에 따라 건설공사 현장 등을 점검한 시·도지사, 발주청 및 인허가기관의 장, 국토안전관리원은 점검 결과 및 그에 따른 조치나 요청 내용을 국토교통부장관에게 제출하여야 한다.

③ 시·도지사, 발주자(발주청이 아닌 발주자의 경우 해당 건설공사의 인허가기관의 장을 말한다)는 건설공사로 인하여 건설사고나 부실공사가 우려되어 대통령령으로 정하는 요건을 갖춘 민원이 제기되는 경우 그 민원을 접수한 날부터 3일 이내에 현장 등을 점검하여야 하고, 그 점검 결과 및 조치 결과(시정명령 또는 영업정지 등을 포함한다)를 국토교통부장관에게 제출하여야 한다.

④ 제1항에 따라 건설공사 현장을 점검하는 자는 점검의 중복 등으로 인하여 그 건설공사에 지장을 주는 일이 없도록 하여야 한다.

⑤ 제1항에 따른 건설공사 현장점검 등에 필요한 사항은 국토교통부령으로 정한다.

⑥ 중앙행정기관의 장, 시·도지사, 발주청 및 인허가기관의 장 등 관계 기

관의 장은 합동점검을 실시할 수 있으며 사전에 시기, 대상, 방법 등 점검계획을 공유하고 필요시 조정할 수 있다.

제27조(건설공사 등의 부실 측정)

① 국토교통부장관, 시·도지사, 발주청 및 인허가기관의 장은 다음 각 호의 어느 하나에 해당하는 자가 설계, 시공, 감리 등의 업무를 성실하게 수행하지 아니함으로써 부실공사가 발생하였거나 발생할 우려가 있는 경우 또는 품질·안전 확보에 우려가 있는 경우 및 「건설기술 진흥법」 제47조에 따른 건설공사의 타당성 조사에서 수요 예측을 고의 또는 과실로 부실하게 하여 발주청에 손해를 끼친 경우에는 부실의 정도를 측정하여 부실벌점을 주어야 한다.

　1. 건설사업자

　2. 주택건설등록업자

　3. 건설엔지니어링사업자

　4. 「건축사법」 제23조에 따른 건축사사무소개설신고를 한 건축사

　5. 제1호부터 제4호까지의 어느 하나에 해당하는 자에게 고용된 건설기술인 또는 건축사

② 발주청은 제1항에 따라 부실벌점을 받은 자에게 건설엔지니어링 또는 건설공사 등을 위하여 발주청이 실시하는 입찰 시 그 부실벌점에 따라 불이익을 주어야 한다.

③ 시·도지사, 발주청 및 인허가기관의 장은 제1항에 따라 부실벌점을 준 경우 그 내용을 국토교통부장관에게 통보하여야 하며, 국토교통부장관은 그 부실벌점을 종합 관리하고 공개하여야 한다.

④ 제1항부터 제3항까지의 규정에 따른 부실 정도의 측정기준, 불이익 내용, 부실벌점의 관리 및 공개 등에 필요한 사항은 대통령령으로 정한다.

제28조(건설사고 신고)

① 시공자는 건설사고가 발생한 것을 알게 된 경우 그 사실을 즉시 정보망을 통하여 국토교통부장관, 발주청 또는 인허가기관의 장에게 통보하여야 한다.

② 발주청 및 인허가기관의 장은 제1항에 따라 사고 사실을 통보받았을 때

에는 시공자가 신고한 사항을 확인하고, 대통령령으로 정하는 바에 따라 다음 각 호의 사항을 정보망을 통하여 국토교통부장관에게 제출하여야 한다.

1. 사고발생 일시 및 장소
2. 사고발생 경위
3. 조치사항
4. 향후 조치계획

제29조(건설사고 조사 등)

① 국토교통부장관, 시·도지사, 발주청 및 인허가기관의 장, 국토안전관리원은 건설사고가 발생하면 그 원인 규명과 사고 예방을 위하여 사고 경위 및 사고 원인 등을 조사할 수 있다.

② 제1항에 따라 건설사고의 원인 등을 조사하는 자(이하 "조사자"라 한다)는 다른 조사자가 조사한 결과의 제공을 해당 조사자에게 요청할 수 있다.

③ 국토교통부장관, 시·도지사, 발주청 및 인허가기관의 장은 다음 각 호의 어느 하나에 해당하여 건설사고가 재발할 우려가 있는 현장에 대하여 공사의 전부 또는 일부 중지를 명할 수 있다.

1. 이 법에 규정된 건설공사 참여자의 안전관리의무를 위반한 경우
2. 「건설산업기본법」 제28조의2, 제29조, 제29조의3 및 제41조를 위반한 경우
3. 그 밖에 설계도서가 미흡한 경우 등 국토교통부령으로 정하는 경우

④ 제3항에 따라 공사 중지 명령을 받은 발주자 또는 시공자(수급인은 제외한다)는 시공자등과 건설사고 재발방지대책을 수립하여 공사 중지를 명한 자에게 제출하여야 한다.

⑤ 제3항에 따라 공사 중지를 명한 자는 제4항에 따른 재발방지대책과 그 검토 결과를 국토교통부장관에게 제출하여야 한다.

⑥ 제3항에 따라 공사 중지를 명한 자는 재발방지대책이 건설사고의 재발을 방지하기에 충분한 경우에는 공사 중지를 해제할 수 있다.

⑦ 제3항에 따른 공사 중지로 인한 공사기간 연장이나 공사비용 인상 등은 발주자와 설계자등의 과실 비율에 따라 각각 부담하여야 한다.

⑧ 중앙행정기관의 장, 시·도지사, 발주청 및 인허가기관의 장 등 관계 기관의 장은 합동조사를 실시할 수 있으며 사전에 시기, 대상, 방법 등 조사계획을 공유하고 필요시 조정할 수 있다.

제30조(건설사고조사위원회)

① 국토교통부장관, 발주청 및 인허가기관의 장은 대통령령으로 정하는 중대한 건설사고(이하 "중대건설사고"라 한다)가 발생하여 건설사고의 원인조사 등을 위하여 필요하다고 인정하는 경우에는 건설사고조사위원회를 구성·운영할 수 있다.

② 건설사고조사위원회는 중대건설사고의 조사를 마쳤을 때에는 유사한 건설사고의 재발 방지를 위한 대책을 국토교통부장관, 발주청 또는 인허가기관의 장, 그 밖의 관계 행정기관의 장에게 권고하거나 건의할 수 있다.

③ 국토교통부장관, 발주청 및 인허가기관의 장, 그 밖의 관계 행정기관의 장은 정당한 사유가 없으면 제2항에 따른 권고 또는 건의에 따라야 한다.

④ 국토교통부장관이 제36조제2항에 따라 건설사고조사위원회의 운영에 관한 사무를 「공공기관의 운영에 관한 법률」에 따른 공공기관에 위탁한 경우에는 그 사무 처리에 필요한 경비를 해당 공공기관에 출연하거나 보조할 수 있다.

⑤ 건설사고조사위원회의 구성 및 운영 등에 필요한 사항은 대통령령으로 정한다.

제5장 건설종사자 재해보상을 위한 보험·공제

제31조(건설종사자 재해보험·공제 가입 의무)

① 건설사업자는 건설공사 중 소속 건설종사자가 업무상 재해(사망 또는 부상)를 입은 경우에 재해자(재해자가 사망한 경우에는 보상을 받을 권리를 가진 자를 말한다. 이하 이 조에서 같다)에게 대통령령으로 정하는 금액을 지급할 책임을 지는 건설종사자 재해보험이나 공제(이하 "보험·공제"라 한다)에 가입하여야 한다. 이 경우 시공자인 건설사업자는 하수급시공자

가 가입한 보험 · 공제에서 보상하는 금액을 초과하는 하수급시공자 소속 건설종사자의 손해에 대해서도 보장하는 보험 · 공제에 가입하여야 한다.

② 보험 · 공제는 「산업재해보상보험법」 제36조에 따른 보험급여를 초과하는 범위의 손해에 대하여 보장하고, 건설사업자의 건설사고 이력 및 보장금액 등에 따라 보험료가 차등 산정되어야 한다.

③ 발주자와 시공자인 건설사업자는 보험 · 공제에 가입한 건설사업자에게 도급 또는 하도급 하여야 한다. 이 경우 발주자는 시공자와 하수급시공자의 보험료를 더한 금액의 2분의 1을 시공자에게 지급하고, 시공자는 하수급시공자의 보험료의 2분의 1을 하수급시공자에게 지급하여야 한다.

④ 건설사업자의 등록 등에 관한 업무를 관장하는 지방자치단체는 해당 기관에 등록한 건설사업자가 보험 · 공제에 가입되어 있는지 매년 확인하여야 하며, 그 결과를 국토교통부에 제출하여야 한다.

⑤ 보험 · 공제를 가입할 수 있는 기관, 가입절차, 보장범위, 보험료 산정 및 지급절차 등에 필요한 사항은 대통령령으로 정한다.

제32조(보험 · 공제 미가입자에 대한 조치)

① 국토교통부장관은 보험 · 공제에 가입하지 아니한 건설사업자에 대한 정보를 발주청 또는 인허가기관의 장에게 제공할 수 있다.

② 발주청 및 인허가기관의 장은 보험 · 공제에 가입하지 않은 건설사업자가 건설공사를 착공하거나 건설공사를 진행하게 하여서는 아니 된다.

제6장 보칙

제33조(시정명령 등) 국토교통부장관은 안전관리계획을 성실히 이행하지 아니하거나 같은 조에 따른 안전점검을 성실하게 수행하지 아니한 경우 해당 시공자에게 기간을 정하여 시정을 명하거나 그 밖에 필요한 지시를 할 수 있다.

제34조(영업정지)

① 지방자치단체의 장은 건설사업자가 제12조제1항 및 제2항, 제15조제1
항부터 제5항까지, 제16조제1항 및 제17조제6항에 따른 안전관리의무
를 위반하여 사망자가 발생하거나 제20조에 따른 안전관리계획을 이행
하지 아니하여 사람을 사망에 이르게 한 경우 1년 이내의 기간을 정하
여 건설사업자 영업의 전부 또는 일부 정지를 명할 수 있다. 이 경우
지방자치단체의 장은 국토교통부장관의 의견을 들어야 한다.

② 지방자치단체의 장은 건설엔지니어링사업자가 제11조제1항 및 제2항에
따른 설계자의 안전관리의무(제12조제1항 및 제17조제1항에 따른 검토가
완료되기 전 설계자의 업무에 한정한다) 또는 제17조제1항, 제3항에서부터
제5항까지 및 제7항에 따른 감리자의 안전관리의무를 위반하여 사람을
사망에 이르게 한 경우 1년 이내의 기간을 정하여 영업의 전부 또는 일
부 정지를 명할 수 있다. 이 경우 지방자치단체의 장은 국토교통부장관
의 의견을 들어야 한다.

③ 지방자치단체의 장은「건축사법」제7조에 따른 건축사가 제11조제1항
및 제2항에 따른 설계자의 안전관리의무(제12조제1항 및 제17조제1항에
따른 검토가 완료되기 전 설계자의 업무에 한정한다) 또는 제17조제1항, 제3
항에서부터 제5항까지 및 제7항에 따른 감리자의 안전관리의무를 위반
하여 사람을 사망에 이르게 한 경우 1년 이내의 기간을 정하여 영업의
전부 또는 일부 정지를 명할 수 있다. 이 경우 지방자치단체의 장은 국
토교통부장관의 의견을 들어야 한다.

④ 제1항부터 제3항까지의 규정에 따른 위반행위별 처분기준은 대통령령
으로 정한다.

제35조(과징금)

① 지방자치단체의 장은 제34조제1항부터 제3항까지에 따라 영업정지를
명하는 경우에는 영업정지를 갈음하여 대통령령으로 정하는 관련 업
종·분야 매출액에 100분의 3을 곱한 금액을 초과하지 아니하는 범위
에서 과징금을 부과할 수 있다. 이 경우 지방자치단체의 장은 국토교통
부장관의 의견을 들어야 한다.

② 제1항에 따른 과징금 금액의 산정방법, 부과절차 및 그 밖에 필요한 사항은 대통령령으로 정한다.

제36조(권한 등의 위임·위탁)

① 국토교통부장관은 이 법에 따른 권한의 일부를 대통령령으로 정하는 바에 따라 시·도지사 또는 국토교통부 소속기관의 장에게 위임할 수 있다.

② 국토교통부장관 또는 시·도지사는 이 법에 따른 업무의 일부를 대통령령으로 정하는 바에 따라 시장·군수·구청장(자치구의 구청장을 말한다), 「공공기관의 운영에 관한 법률」에 따른 공공기관, 관련 협회, 건설기술 또는 시설안전과 관련된 기관 또는 단체에 위탁할 수 있다.

제37조(벌칙 적용 시의 공무원 의제) 다음 각 호의 어느 하나에 해당하는 사람에게는 「형법」 제129조부터 제132조까지의 규정을 적용할 때에는 공무원으로 본다.

1. 제30조에 따른 건설사고조사위원회의 위원 중 공무원이 아닌 위원
2. 제36조제2항에 따라 국토교통부장관 또는 시·도지사가 위탁한 공공기관, 협회 및 건설기술 또는 시설안전과 관련된 기관 또는 단체에서 그 위탁 업무에 종사하는 임직원

제38조(청문) 국토교통부장관, 지방자치단체의 장은 제34조 및 제35조에 따라 영업정지, 과징금 부과를 하려면 청문을 하여야 한다.

제7장 벌칙

제39조(벌칙)

① 다음 각 호의 어느 하나에 해당하여 사람을 사망에 이르게 한 자는 7년 이하의 징역 또는 1억원 이하의 벌금에 처한다.

1. 제7조제2항을 위반하여 다른 건설공사 참여자의 업무에 부당하게 개입·간섭하거나 권한을 침해한 자
2. 제8조제1항 및 제2항, 제9조제1항 및 제2항을 위반한 발주자
3. 제11조제1항 및 제2항을 위반한 설계자(제12조제1항 및 제17조제1항에 따른 검토가 완료되기 전 설계자의 업무에 한정한다)

4. 제12조제1항 및 제2항, 제15조제1항부터 제5항까지를 위반하거나 제17조제6항을 위반한 시공자

5. 제16조제1항을 위반한 하수급시공자

6. 제17조제1항, 제3항, 제4항 및 제7항을 위반한 감리자

② 제1항의 죄로 형을 선고받고 그 형이 확정된 후 5년 이내에 다시 제1항의 죄를 저지른 자는 그 형의 2분의 1까지 가중한다.

제40조(벌칙)

① 다음 각 호의 어느 하나에 해당하는 자는 2년 이하의 징역 또는 1억원 이하의 벌금에 처한다.

1. 제17조제6항에 따른 명령을 이행하지 아니한 시공자

2. 제18조제1항을 위반하여 불이익을 준 자

② 다음 각 호의 어느 하나에 해당하는 자는 2년 이하의 징역 또는 2천만원 이하의 벌금에 처한다.

1. 제20조제1항에 따른 안전관리계획을 수립·제출·이행하지 아니하거나 거짓으로 제출한 시공자

2. 제20조제4항 본문을 위반하여 안전점검을 하지 아니하거나 같은 항 단서를 위반하여 안전점검을 받지 아니한 시공자

3. 제24조제1항에 따른 관계전문가의 확인 없이 가설구조물을 설치한 시공자

4. 제24조제2항에 따라 가설구조물의 구조적 안전성 확인 업무를 성실하게 수행하지 아니함으로써 가설구조물이 붕괴되어 사람을 사망하게 하거나 다치게 한 관계전문가

제41조(벌칙) 다음 각 호의 어느 하나에 해당하는 자는 1년 이하의 징역 또는 1천만원 이하의 벌금에 처한다.

1. 제20조제1항을 위반하여 안전관리계획 승인을 받기 전에 착공한 시공자

2. 제26조제1항에 따른 점검이나 제27조제1항에 따른 부실 측정을 거부·방해 또는 기피한 자

3. 제29조제1항 및 제30조제1항에 따른 사고조사를 거부·방해 또는 기피한 자

제42조(양벌규정)

① 법인의 대표자나 법인 또는 개인의 대리인, 사용인, 그 밖의 종업원이 그 법인 또는 개인의 업무에 관하여 제39조제1항 각 호의 위반행위를 하면 그 행위자를 벌하는 외에 그 법인 또는 개인에게도 10억원 이하의 벌금형을 과(科)한다. 다만, 법인 또는 개인이 그 위반행위를 방지하기 위하여 해당 업무에 관하여 상당한 주의와 감독을 게을리 하지 아니한 경우에는 그러하지 아니하다.

② 법인의 대표자나 법인 또는 개인의 대리인, 사용인, 그 밖의 종업원이 그 법인 또는 개인의 업무에 관하여 제40조 및 제41조의 위반행위를 하면 그 행위자를 벌하는 외에 그 법인 또는 개인에게도 해당 조문의 벌금형을 과(科)한다. 다만, 법인 또는 개인이 그 위반행위를 방지하기 위하여 해당업무에 관하여 상당한 주의와 감독을 게을리 하지 아니한 경우에는 그러하지 아니하다.

제43조(과태료)

① 다음 각 호의 어느 하나에 해당하는 자에게는 1천만원 이하의 과태료를 부과한다.

  1. 제8조제2항을 위반하여 검토를 받지 아니하거나 제4항을 위반하여 설계자등에게 적정한 기간과 비용을 제공하지 아니한 발주자

  2. 제9조제1항을 위반하여 안전관리 역량을 확인하지 아니한 발주자

  3. 제20조제6항에 따른 종합보고서를 제출하지 아니하거나 거짓으로 작성하여 제출한 시공자

  4. 제20조제9항을 위반하여 설계도서에 대한 안전성을 검토하지 아니한 자

  5. 제22조제1항을 위반하여 안전관리비를 산정·지불하지 아니한 발주자 또는 같은 조 제2항을 위반하여 안전관리비를 사용한 시공자

  6. 제24조제1항을 위반하여 가설구조물의 구조적 안전성을 확인받지 아니한 시공자

  7. 제25조제1항에 따른 안전관리 수준 평가를 거부·방해 또는 기피한 자

  8. 제31조제1항을 위반하여 건설종사자 재해보험 등에 가입하지 아니한 건설사업자

9. 제31조제3항을 위반하여 보험료를 지급하지 아니한 자

② 다음 각 호의 어느 하나에 해당하는 자에게는 3백만원 이하의 과태료를 부과한다.

1. 제20조제1항을 위반하여 안전관리계획 승인을 받기 전에 착공을 지시하거나 묵인한 발주자

2. 제20조제9항을 위반하여 설계도서에 대한 안전성 검토 결과를 제출하지 아니한 자

3. 제26조제2항을 위반하여 점검의 결과 및 조치 결과를 제출하지 아니하거나 거짓으로 제출한 점검자

4. 제28조제1항을 위반하여 건설사고를 통보하지 아니한 자

5. 제28조제2항을 위반하여 사고 사실을 제출하지 아니한 자

③ 제1항 및 제2항에 따른 과태료는 대통령령으로 정하는 바에 따라 국토교통부장관 또는 지방자치단체의 장이 부과·징수한다.

부   칙

제1조(시행일) 이 법은 공포 후 1년이 경과한 날부터 시행한다.

제2조(안전관리계획에 관한 경과조치) 이 법 시행 전에 「건설기술 진흥법」 제62조에 따라 수립된 안전관리계획은 제20조에 따른 안전관리계획으로 본다.

제3조(소규모안전관리계획에 관한 경과조치) 이 법 시행 전에 「건설기술 진흥법」제62조의2에 따라 수립된 소규모안전관리계획은 제21조에 따른 소규모안전관리계획으로 본다.

제4조(처분 등에 관한 일반적 경과조치) 이 법 시행 전에 종전의 규정에 따라 행한 처분절차나 그 밖의 행정기관의 행위와 행정기관에 대한 행위는 그에 해당하는 이 법에 따른 처분절차나 행정기관의 행위 또는 행정기관에 대한 행위로 본다.

제5조(벌칙에 관한 경과조치) 이 법 시행 전의 행위에 대한 벌칙 규정을 적용할 때에는 종전의 규정에 따른다.

제6조(행정제재처분 및 과태료에 관한 경과조치) 이 법 시행 전의 행위에 대하여 행정제재처분 또는 과태료를 적용할 때에는 종전의 규정에 따른다.

제7조(다른 법령의 개정)
① 건설기술 진흥법 일부를 다음과 같이 개정한다.
　제2조제10호를 삭제한다.
　제18조제1항제8호 중 "제53조"를 "「건설안전특별법」 제27조"로 한다.
　제31조제2항제6호 중 "제54조제1항"을 "「건설안전특별법」 제26조제1항"으로 한다.
　제39조의2제3항 중 "제62조"를 "「건설안전특별법」 제20조"로 한다.
　제40조제1항 중 "제62조"를 "「건설안전특별법」 제20조"로 한다.

제53조, 제54조, 제62조, 제62조의2, 제63조부터 제65조까지, 제67조 및 제 68조를 각각 삭제한다.

제80조제3호, 제84조제4호, 제88조제7호·제7호의2·제8호·제9호, 제89조제5호·제5호의2·제6호, 제91조제2항제3호·제3호의2·제3호의3·제4호, 제91조제3항제12호부터 제16호까지를 각각 삭제한다.

② 법률 제17939호 건설기술 진흥법 일부개정법률 일부를 다음과 같이 개정한다.

제2조제12호를 삭제한다.

제62조의3을 삭제한다.

③ 건설산업기본법 일부를 다음과 같이 개정한다.

제82조제1항제6호가목 중 "「건설기술 진흥법」 제54조제1항"을 "「건설안전특별법」 제26조제1항"으로 한다.

제82조제1항제6호라목 중 "「건설기술 진흥법」 제62조제2항"을 "「건설안전특별법」 제20조제4항"으로 한다.

제82조제1항제6호마목 중 "「건설기술 진흥법」 제80조"을 "「건설안전특별법」 제33조 및 「건설기술 진흥법」 제80조"로 한다.

④ 건축물관리법 일부를 다음과 같이 개정한다.

제30조제2항 중 "「건설기술 진흥법」 제62조"를 "「건설안전특별법」 제20조"로 한다.

⑤ 산업안전보건법 일부를 다음과 같이 개정한다.

제16조제2항 중 "「건설기술 진흥법」 제64조제1항제2호"를 "「건설안전특별법」 제13조제1항제2호"로 한다.

제62조제2항 중 "「건설기술 진흥법」 제64조제1항제1호"를 "「건설안전특별법」 제13조제1항제1호"로 한다.

⑥ 새만금사업 추진 및 지원에 관한 특별법 일부를 다음과 같이 개정한다.

제73조의2 중 "「건설기술 진흥법」 제54조"를 "「건설안전특별법」 제26조"로 한다.

⑦ 신행정수도 후속대책을 위한 연기·공주지역 행정중심복합도시건설을 위한 특별법 일부를 다음과 같이 개정한다.

제63조의5 중 "「건설기술 진흥법」 제54조"를 "「건설안전특별법」 제26

조"로 한다.

⑧ 주택도시기금법 일부를 다음과 같이 개정한다.

　　제9조제6항 중 "「건설기술 진흥법」 제53조"를 "「건설안전특별법」 제27
조"로 한다.

⑨ 주택법 일부를 다음과 같이 개정한다.

　　제8조제1항제6호나목 중 "「건설기술 진흥법」 제54조제1항 또는 제80조"
를 "「건설안전특별법」 제26조제1항 또는 제33조, 「건설기술 진흥법」 제
80조"로 하고, 같은 호 라목 중 "「건설기술진흥법」 제62조"를 "「건설안
전특별법」 제20조"로 한다.

　　제54조제1항제2호가목 중 "「건설기술 진흥법」 제53조"를 "「건설안전특
별법」 제27조"로 한다.

⑩ 지하안전관리에 관한 특별법 일부를 다음과 같이 개정한다.

　　제10조제1항 중 "「건설기술 진흥법」"을 "「건설안전특별법」"로 하고,
"같은 법 제62조"를 "같은 법 제20조"로 한다.

⑪ 국토안전관리원법 일부를 다음과 같이 개정한다.

　　제5조제1호 중 "「건설기술 진흥법」에 따른 안전관리계획의 검토, 품질
관리 확인"을 「건설안전특별법」에 따른 안전관리계획의 검토, 「건설기
술 진흥법」에 따른 품질관리 확인"로 한다.

제8조(다른 법령과의 관계) 이 법 시행 당시 다른 법령에서 「건설기술 진흥
법」에 따른 안전관리계획 등을 인용하고 있는 경우에는 이 법에 따른 안전
관리계획 등을 인용한 것으로 본다.

부록 4. 중대재해처벌 등에 관한 법률 및 같은 법 시행령

중대재해 처벌 등에 관한 법률 (약칭: 중대재해처벌법)
[시행 2022. 1. 27.]
[법률 제17907호, 2021. 1. 26., 제정]

법무부(공공형사과), 02-2110-3539

환경부(화학물질정책과), 044-201-6775

고용노동부(중대산업재해감독과), 044-202-8955

산업통상자원부(산업일자리혁신과), 044-203-4224

국토교통부(시설안전과), 044-201-4848

공정거래위원회(소비자안전정보과), 044-200-4419

제1장 총칙

제1조(목적) 이 법은 사업 또는 사업장, 공중이용시설 및 공중교통수단을 운영하거나 인체에 해로운 원료나 제조물을 취급하면서 안전·보건 조치의무를 위반하여 인명피해를 발생하게 한 사업주, 경영책임자, 공무원 및 법인의 처벌 등을 규정함으로써 중대재해를 예방하고 시민과 종사자의 생명과 신체를 보호함을 목적으로 한다.

제2조(정의) 이 법에서 사용하는 용어의 뜻은 다음과 같다.

1. "중대재해"란 "중대산업재해"와 "중대시민재해"를 말한다.
2. "중대산업재해"란 「산업안전보건법」 제2조제1호에 따른 산업재해 중 다음 각 목의 어느 하나에 해당하는 결과를 야기한 재해를 말한다.
   가. 사망자가 1명 이상 발생
   나. 동일한 사고로 6개월 이상 치료가 필요한 부상자가 2명 이상 발생
   다. 동일한 유해요인으로 급성중독 등 대통령령으로 정하는 직업성 질병자가 1년 이내에 3명 이상 발생
3. "중대시민재해"란 특정 원료 또는 제조물, 공중이용시설 또는 공중교통

수단의 설계, 제조, 설치, 관리상의 결함을 원인으로 하여 발생한 재해로서 다음 각 목의 어느 하나에 해당하는 결과를 야기한 재해를 말한다. 다만, 중대산업재해에 해당하는 재해는 제외한다.

　　가. 사망자가 1명 이상 발생

　　나. 동일한 사고로 2개월 이상 치료가 필요한 부상자가 10명 이상 발생

　　다. 동일한 원인으로 3개월 이상 치료가 필요한 질병자가 10명 이상 발생

4. "공중이용시설"이란 다음 각 목의 시설 중 시설의 규모나 면적 등을 고려하여 대통령령으로 정하는 시설을 말한다. 다만, 「소상공인 보호 및 지원에 관한 법률」 제2조에 따른 소상공인의 사업 또는 사업장 및 이에 준하는 비영리시설과 「교육시설 등의 안전 및 유지관리 등에 관한 법률」 제2조제1호에 따른 교육시설은 제외한다.

　　가. 「실내공기질 관리법」 제3조제1항의 시설(「다중이용업소의 안전관리에 관한 득빌법」 제2조제1항제1호에 따른 영업장은 제외한다)

　　나. 「시설물의 안전 및 유지관리에 관한 특별법」 제2조제1호의 시설물 (공동주택은 제외한다)

　　다. 「다중이용업소의 안전관리에 관한 특별법」 제2조제1항제1호에 따른 영업장 중 해당 영업에 사용하는 바닥면적(「건축법」 제84조에 따라 산정한 면적을 말한다)의 합계가 1천제곱미터 이상인 것

　　라. 그 밖에 가목부터 다목까지에 준하는 시설로서 재해 발생 시 생명·신체상의 피해가 발생할 우려가 높은 장소

5. "공중교통수단"이란 불특정다수인이 이용하는 다음 각 목의 어느 하나에 해당하는 시설을 말한다.

　　가. 「도시철도법」 제2조제2호에 따른 도시철도의 운행에 사용되는 도시철도차량

　　나. 「철도산업발전기본법」 제3조제4호에 따른 철도차량 중 동력차·객차(「철도사업법」 제2조제5호에 따른 전용철도에 사용되는 경우는 제외한다)

　　다. 「여객자동차 운수사업법 시행령」 제3조제1호라목에 따른 노선 여객자동차운송사업에 사용되는 승합자동차

　　라. 「해운법」 제2조제1호의2의 여객선

마. 「항공사업법」 제2조제7호에 따른 항공운송사업에 사용되는 항공기

6. "제조물"이란 제조되거나 가공된 동산(다른 동산이나 부동산의 일부를 구성하는 경우를 포함한다)을 말한다.

7. "종사자"란 다음 각 목의 어느 하나에 해당하는 자를 말한다.

　　가. 「근로기준법」상의 근로자

　　나. 도급, 용역, 위탁 등 계약의 형식에 관계없이 그 사업의 수행을 위하여 대가를 목적으로 노무를 제공하는 자

　　다. 사업이 여러 차례의 도급에 따라 행하여지는 경우에는 각 단계의 수급인 및 수급인과 가목 또는 나목의 관계가 있는 자

8. "사업주"란 자신의 사업을 영위하는 자, 타인의 노무를 제공받아 사업을 하는 자를 말한다.

9. "경영책임자등"이란 다음 각 목의 어느 하나에 해당하는 자를 말한다.

　　가. 사업을 대표하고 사업을 총괄하는 권한과 책임이 있는 사람 또는 이에 준하여 안전보건에 관한 업무를 담당하는 사람

　　나. 중앙행정기관의 장, 지방자치단체의 장, 「지방공기업법」에 따른 지방공기업의 장, 「공공기관의 운영에 관한 법률」 제4조부터 제6조까지의 규정에 따라 지정된 공공기관의 장

제2장 중대산업재해

제3조(적용범위) 상시근로자가 5명 미만인 사업 또는 사업장의 사업주(개인사업주에 한정한다. 이하 같다) 또는 경영책임자등에게는 이 장의 규정을 적용하지 아니한다.

제4조(사업주와 경영책임자등의 안전 및 보건 확보의무)

① 사업주 또는 경영책임자등은 사업주나 법인 또는 기관이 실질적으로 지배·운영·관리하는 사업 또는 사업장에서 종사자의 안전·보건상 유해 또는 위험을 방지하기 위하여 그 사업 또는 사업장의 특성 및 규모 등을 고려하여 다음 각 호에 따른 조치를 하여야 한다.

　1. 재해예방에 필요한 인력 및 예산 등 안전보건관리체계의 구축 및 그

이행에 관한 조치

2. 재해 발생 시 재발방지 대책의 수립 및 그 이행에 관한 조치

3. 중앙행정기관·지방자치단체가 관계 법령에 따라 개선, 시정 등을
   명한 사항의 이행에 관한 조치

4. 안전·보건 관계 법령에 따른 의무이행에 필요한 관리상의 조치

② 제1항제1호·제4호의 조치에 관한 구체적인 사항은 대통령령으로 정한다.

제5조(도급, 용역, 위탁 등 관계에서의 안전 및 보건 확보의무) 사업주 또는
경영책임자등은 사업주나 법인 또는 기관이 제3자에게 도급, 용역, 위탁 등
을 행한 경우에는 제3자의 종사자에게 중대산업재해가 발생하지 아니하도록
제4조의 조치를 하여야 한다. 다만, 사업주나 법인 또는 기관이 그 시설, 장
비, 장소 등에 대하여 실질적으로 지배·운영·관리하는 책임이 있는 경우에
한정한다.

제6조(중대산업재해 사업주와 경영책임자등의 처벌)

① 제4조 또는 제5조를 위반하여 제2조제2호가목의 중대산업재해에 이르
   게 한 사업주 또는 경영책임자등은 1년 이상의 징역 또는 10억원 이하
   의 벌금에 처한다. 이 경우 징역과 벌금을 병과할 수 있다.

② 제4조 또는 제5조를 위반하여 제2조제2호나목 또는 다목의 중대산업재
   해에 이르게 한 사업주 또는 경영책임자등은 7년 이하의 징역 또는 1억
   원 이하의 벌금에 처한다.

③ 제1항 또는 제2항의 죄로 형을 선고받고 그 형이 확정된 후 5년 이내에
   다시 제1항 또는 제2항의 죄를 저지른 자는 각 항에서 정한 형의 2분의
   1까지 가중한다.

제7조(중대산업재해의 양벌규정) 법인 또는 기관의 경영책임자등이 그 법인
또는 기관의 업무에 관하여 제6조에 해당하는 위반행위를 하면 그 행위자를
벌하는 외에 그 법인 또는 기관에 다음 각 호의 구분에 따른 벌금형을 과
(科)한다. 다만, 법인 또는 기관이 그 위반행위를 방지하기 위하여 해당 업무
에 관하여 상당한 주의와 감독을 게을리하지 아니한 경우에는 그러하지 아
니하다.

1. 제6조제1항의 경우: 50억원 이하의 벌금
2. 제6조제2항의 경우: 10억원 이하의 벌금

제8조(안전보건교육의 수강)

① 중대산업재해가 발생한 법인 또는 기관의 경영책임자등은 대통령령으로 정하는 바에 따라 안전보건교육을 이수하여야 한다.

② 제1항의 안전보건교육을 정당한 사유 없이 이행하지 아니한 경우에는 5천만원 이하의 과태료를 부과한다.

③ 제2항에 따른 과태료는 대통령령으로 정하는 바에 따라 고용노동부장관이 부과·징수한다.

제3장 중대시민재해

제9조(사업주와 경영책임자등의 안전 및 보건 확보의무)

① 사업주 또는 경영책임자등은 사업주나 법인 또는 기관이 실질적으로 지배·운영·관리하는 사업 또는 사업장에서 생산·제조·판매·유통 중인 원료나 제조물의 설계, 제조, 관리상의 결함으로 인한 그 이용자 또는 그 밖의 사람의 생명, 신체의 안전을 위하여 다음 각 호에 따른 조치를 하여야 한다.

1. 재해예방에 필요한 인력·예산·점검 등 안전보건관리체계의 구축 및 그 이행에 관한 조치
2. 재해 발생 시 재발방지 대책의 수립 및 그 이행에 관한 조치
3. 중앙행정기관·지방자치단체가 관계 법령에 따라 개선, 시정 등을 명한 사항의 이행에 관한 조치
4. 안전·보건 관계 법령에 따른 의무이행에 필요한 관리상의 조치

② 사업주 또는 경영책임자등은 사업주나 법인 또는 기관이 실질적으로 지배·운영·관리하는 공중이용시설 또는 공중교통수단의 설계, 설치, 관리상의 결함으로 인한 그 이용자 또는 그 밖의 사람의 생명, 신체의 안전을 위하여 다음 각 호에 따른 조치를 하여야 한다.

1. 재해예방에 필요한 인력·예산·점검 등 안전보건관리체계의 구축

및 그 이행에 관한 조치

  2. 재해 발생 시 재발방지 대책의 수립 및 그 이행에 관한 조치

  3. 중앙행정기관·지방자치단체가 관계 법령에 따라 개선, 시정 등을 명한 사항의 이행에 관한 조치

  4. 안전·보건 관계 법령에 따른 의무이행에 필요한 관리상의 조치

③ 사업주 또는 경영책임자등은 사업주나 법인 또는 기관이 공중이용시설 또는 공중교통수단과 관련하여 제3자에게 도급, 용역, 위탁 등을 행한 경우에는 그 이용자 또는 그 밖의 사람의 생명, 신체의 안전을 위하여 제2항의 조치를 하여야 한다. 다만, 사업주나 법인 또는 기관이 그 시설, 장비, 장소 등에 대하여 실질적으로 지배·운영·관리하는 책임이 있는 경우에 한정한다.

④ 제1항제1호·제4호 및 제2항제1호·제4호의 조치에 관한 구체적인 사항은 대통령령으로 정한다.

제10조(중대시민재해 사업주와 경영책임자등의 처벌)

① 제9조를 위반하여 제2조제3호가목의 중대시민재해에 이르게 한 사업주 또는 경영책임자등은 1년 이상의 징역 또는 10억원 이하의 벌금에 처한다. 이 경우 징역과 벌금을 병과할 수 있다.

② 제9조를 위반하여 제2조제3호나목 또는 다목의 중대시민재해에 이르게 한 사업주 또는 경영책임자등은 7년 이하의 징역 또는 1억원 이하의 벌금에 처한다.

제11조(중대시민재해의 양벌규정)

법인 또는 기관의 경영책임자등이 그 법인 또는 기관의 업무에 관하여 제10조에 해당하는 위반행위를 하면 그 행위자를 벌하는 외에 그 법인 또는 기관에게 다음 각 호의 구분에 따른 벌금형을 과(科)한다. 다만, 법인 또는 기관이 그 위반행위를 방지하기 위하여 해당 업무에 관하여 상당한 주의와 감독을 게을리하지 아니한 경우에는 그러하지 아니하다.

1. 제10조제1항의 경우: 50억원 이하의 벌금

2. 제10조제2항의 경우: 10억원 이하의 벌금

제4장 보칙

제12조(형 확정 사실의 통보) 법무부장관은 제6조, 제7조, 제10조 또는 제11조에 따른 범죄의 형이 확정되면 그 범죄사실을 관계 행정기관의 장에게 통보하여야 한다.

제13조(중대산업재해 발생사실 공표)

① 고용노동부장관은 제4조에 따른 의무를 위반하여 발생한 중대산업재해에 대하여 사업장의 명칭, 발생 일시와 장소, 재해의 내용 및 원인 등 그 발생사실을 공표할 수 있다.

② 제1항에 따른 공표의 방법, 기준 및 절차 등은 대통령령으로 정한다.

제14조(심리절차에 관한 특례)

① 이 법 위반 여부에 관한 형사재판에서 법원은 직권으로 「형사소송법」 제294조의2에 따라 피해자 또는 그 법정대리인(피해자가 사망하거나 진술할 수 없는 경우에는 그 배우자·직계친족·형제자매를 포함한다)을 증인으로 신문할 수 있다.

② 이 법 위반 여부에 관한 형사재판에서 법원은 검사, 피고인 또는 변호인의 신청이 있는 경우 특별한 사정이 없으면 해당 분야의 전문가를 전문심리위원으로 지정하여 소송절차에 참여하게 하여야 한다.

제15조(손해배상의 책임)

① 사업주 또는 경영책임자등이 고의 또는 중대한 과실로 이 법에서 정한 의무를 위반하여 중대재해를 발생하게 한 경우 해당 사업주, 법인 또는 기관이 중대재해로 손해를 입은 사람에 대하여 그 손해액의 5배를 넘지 아니하는 범위에서 배상책임을 진다. 다만, 법인 또는 기관이 해당 업무에 관하여 상당한 주의와 감독을 게을리하지 아니한 경우에는 그러하지 아니하다.

② 법원은 제1항의 배상액을 정할 때에는 다음 각 호의 사항을 고려하여야 한다.

1. 고의 또는 중대한 과실의 정도
2. 이 법에서 정한 의무위반행위의 종류 및 내용

3. 이 법에서 정한 의무위반행위로 인하여 발생한 피해의 규모

4. 이 법에서 정한 의무위반행위로 인하여 사업주나 법인 또는 기관이 취득한 경제적 이익

5. 이 법에서 정한 의무위반행위의 기간·횟수 등

6. 사업주나 법인 또는 기관의 재산상태

7. 사업주나 법인 또는 기관의 피해구제 및 재발방지 노력의 정도

제16조(정부의 사업주 등에 대한 지원 및 보고)

① 정부는 중대재해를 예방하여 시민과 종사자의 안전과 건강을 확보하기 위하여 다음 각 호의 사항을 이행하여야 한다.

1. 중대재해의 종합적인 예방대책의 수립·시행과 발생원인 분석

2. 사업주, 법인 및 기관의 안전보건관리체계 구축을 위한 지원

3. 사업주, 법인 및 기관의 중대재해 예방을 위한 기술 지원 및 지도

4. 이 법의 목적 달성을 위한 교육 및 홍보의 시행

② 정부는 사업주, 법인 및 기관에 대하여 유해·위험 시설의 개선과 보호장비의 구매, 종사자 건강진단 및 관리 등 중대재해 예방사업에 소요되는 비용의 전부 또는 일부를 예산의 범위에서 지원할 수 있다.

③ 정부는 제1항 및 제2항에 따른 중대재해 예방을 위한 조치 이행 등 상황 및 중대재해 예방사업 지원 현황을 반기별로 국회 소관 상임위원회에 보고하여야 한다.

부칙 〈법률 제17907호, 2021. 1. 26.〉

제1조(시행일)

① 이 법은 공포 후 1년이 경과한 날부터 시행한다. 다만, 이 법 시행 당시 개인사업자 또는 상시근로자가 50명 미만인 사업 또는 사업장(건설업의 경우에는 공사금액 50억원 미만의 공사)에 대해서는 공포 후 3년이 경과한 날부터 시행한다.

② 제1항에도 불구하고 제16조는 공포한 날부터 시행한다.

제2조(다른 법률의 개정) 법원조직법 중 일부를 다음과 같이 개정한다.

제32조 제1항 제3호에 아목을 다음과 같이 신설한다.

아. 「중대재해 처벌 등에 관한 법률」 제6조 제1항·제3항 및 제10조 제1항
   에 해당하는 사건

중대재해 처벌 등에 관한 법률 시행령

[시행 2022. 1. 27.]
[대통령령 제32020호, 2021. 10. 5., 제정]

법무부(공공형사과), 02 − 2110 − 3539
산업통상자원부(산업일자리혁신과), 044 − 203 − 4224
환경부(화학물질정책과), 044 − 201 − 6775
고용노동부(중대산업재해감독과), 044 − 202 − 8955
국토교통부(시설안전과), 044 − 201 − 4848
공정거래위원회(소비자안전정보과), 044 − 200 − 4419

제1장 총칙

제1조(목적) 이 영은 「중대재해 처벌 등에 관한 법률」에서 위임된 사항과 그 시행에 필요한 사항을 규정함을 목적으로 한다.

제2조(직업성 질병자) 「중대재해 처벌 등에 관한 법률」(이하 "법"이라 한다) 제2조제2호다목에서 "대통령령으로 정하는 직업성 질병자"란 별표 1에서 정하는 직업성 질병에 걸린 사람을 말한다.

제3조(공중이용시설) 법 제2조제4호 각 목 외의 부분 본문에서 "대통령령으로 정하는 시설"이란 다음 각 호의 시설을 말한다.
1. 법 제2조제4호가목의 시설 중 별표 2에서 정하는 시설
2. 법 제2조제4호나목의 시설물 중 별표 3에서 정하는 시설물. 다만, 다음 각 목의 건축물은 제외한다.
   가. 주택과 주택 외의 시설을 동일 건축물로 건축한 건축물
   나. 건축물의 주용도가 「건축법 시행령」별표 1 제14호나목2)의 오피스텔인 건축물
3. 법 제2조제4호다목의 영업장
4. 법 제2조제4호라목의 시설 중 다음 각 목의 시설(제2호의 시설물은 제외

한다)

가. 「도로법」 제10조 각 호의 도로에 설치된 연장 20미터 이상인 도로교 량 중 준공 후 10년이 지난 도로교량

나. 「도로법」 제10조제4호부터 제7호까지에서 정한 지방도·시도·군 도·구도의 도로터널과 「농어촌도로 정비법 시행령」 제2조제1호의 터널 중 준공 후 10년이 지난 도로터널

다. 「철도산업발전기본법」 제3조제2호의 철도시설 중 준공 후 10년이 지난 철도교량

라. 「철도산업발전기본법」 제3조제2호의 철도시설 중 준공 후 10년이 지난 철도터널(특별시 및 광역시 외의 지역에 있는 철도터널로 한정한다)

마. 다음의 시설 중 개별 사업장 면적이 2천제곱미터 이상인 시설

　　1) 「석유 및 석유대체연료 사업법 시행령」 제2조제3호의 주유소

　　2) 「액화석유가스의 안전관리 및 사업법」 제2조제4호의 액화석유가 스 충전사업의 사업소

바. 「관광진흥법 시행령」 제2조제1항제5호가목의 종합유원시설업의 시 설 중 같은 법 제33조제1항에 따른 안전성검사 대상인 유기시설 또 는 유기기구

제2장 중대산업재해

제4조(안전보건관리체계의 구축 및 이행 조치) 법 제4조제1항제1호에 따른 조치의 구체적인 사항은 다음 각 호와 같다.

1. 사업 또는 사업장의 안전·보건에 관한 목표와 경영방침을 설정할 것

2. 「산업안전보건법」 제17조부터 제19조까지 및 제22조에 따라 두어야 하 는 인력이 총 3명 이상이고 다음 각 목의 어느 하나에 해당하는 사업 또는 사업장인 경우에는 안전·보건에 관한 업무를 총괄·관리하는 전 담 조직을 둘 것. 이 경우 나목에 해당하지 않던 건설사업자가 나목에 해당하게 된 경우에는 공시한 연도의 다음 연도 1월 1일까지 해당 조직 을 두어야 한다.

가. 상시근로자수가 500명 이상인 사업 또는 사업장

나. 「건설산업기본법」 제8조 및 같은 법 시행령 별표 1에 따른 토목건축 공사업에 대해 같은 법 제23조에 따라 평가하여 공시된 시공능력의 순위가 상위 200위 이내인 건설사업자

3. 사업 또는 사업장의 특성에 따른 유해·위험요인을 확인하여 개선하는 업무절차를 마련하고, 해당 업무절차에 따라 유해·위험요인의 확인 및 개선이 이루어지는지를 반기 1회 이상 점검한 후 필요한 조치를 할 것. 다만, 「산업안전보건법」 제36조에 따른 위험성평가를 하는 절차를 마련하고, 그 절차에 따라 위험성 평가를 직접 실시하거나 실시하도록 하여 실시 결과를 보고받은 경우에는 해당 업무절차에 따라 유해·위험요인의 확인 및 개선에 대한 점검을 한 것으로 본다.

4. 다음 각 목의 사항을 이행하는 데 필요한 예산을 편성하고 그 편성된 용도에 맞게 집행하도록 할 것

가. 재해 예방을 위해 필요한 안전·보건에 관한 인력, 시설 및 장비의 구비

나. 제3호에서 정한 유해·위험요인의 개선

다. 그 밖에 안전보건관리체계 구축 등을 위해 필요한 사항으로서 고용노동부장관이 정하여 고시하는 사항

5. 「산업안전보건법」 제15조, 제16조 및 제62조에 따른 안전보건관리책임자, 관리감독자 및 안전보건총괄책임자(이하 이 조에서 "안전보건관리책임자등"이라 한다)가 같은 조에서 규정한 각각의 업무를 각 사업장에서 충실히 수행할 수 있도록 다음 각 목의 조치를 할 것

가. 안전보건관리책임자등에게 해당 업무 수행에 필요한 권한과 예산을 줄 것

나. 안전보건관리책임자등이 해당 업무를 충실하게 수행하는지를 평가하는 기준을 마련하고, 그 기준에 따라 반기 1회 이상 평가·관리할 것

6. 「산업안전보건법」 제17조부터 제19조까지 및 제22조에 따라 정해진 수 이상의 안전관리자, 보건관리자, 안전보건관리담당자 및 산업보건의를 배치할 것. 다만, 다른 법령에서 해당 인력의 배치에 대해 달리 정하고 있는 경우에는 그에 따르고, 배치해야 할 인력이 다른 업무를 겸직하는

경우에는 고용노동부장관이 정하여 고시하는 기준에 따라 안전·보건에 관한 업무 수행시간을 보장해야 한다.

7. 사업 또는 사업장의 안전·보건에 관한 사항에 대해 종사자의 의견을 듣는 절차를 마련하고, 그 절차에 따라 의견을 들어 재해 예방에 필요하다고 인정하는 경우에는 그에 대한 개선방안을 마련하여 이행하는지를 반기 1회 이상 점검한 후 필요한 조치를 할 것. 다만, 「산업안전보건법」 제24조에 따른 산업안전보건위원회 및 같은 법 제64조·제75조에 따른 안전 및 보건에 관한 협의체에서 사업 또는 사업장의 안전·보건에 관하여 논의하거나 심의·의결한 경우에는 해당 종사자의 의견을 들은 것으로 본다.

8. 사업 또는 사업장에 중대산업재해가 발생하거나 발생할 급박한 위험이 있을 경우를 대비하여 다음 각 목의 조치에 관한 매뉴얼을 마련하고, 해당 매뉴얼에 따라 조치하는지를 반기 1회 이상 점검할 것

   가. 작업 중지, 근로자 대피, 위험요인 제거 등 대응조치

   나. 중대산업재해를 입은 사람에 대한 구호조치

   다. 추가 피해방지를 위한 조치

9. 제3자에게 업무의 도급, 용역, 위탁 등을 하는 경우에는 종사자의 안전·보건을 확보하기 위해 다음 각 목의 기준과 절차를 마련하고, 그 기준과 절차에 따라 도급, 용역, 위탁 등이 이루어지는지를 반기 1회 이상 점검할 것

   가. 도급, 용역, 위탁 등을 받는 자의 산업재해 예방을 위한 조치 능력과 기술에 관한 평가기준·절차

   나. 도급, 용역, 위탁 등을 받는 자의 안전·보건을 위한 관리비용에 관한 기준

   다. 건설업 및 조선업의 경우 도급, 용역, 위탁 등을 받는 자의 안전·보건을 위한 공사기간 또는 건조기간에 관한 기준

제5조(안전·보건 관계 법령에 따른 의무이행에 필요한 관리상의 조치)

① 법 제4조제1항제4호에서 "안전·보건 관계 법령"이란 해당 사업 또는 사업장에 적용되는 것으로서 종사자의 안전·보건을 확보하는 데 관련

되는 법령을 말한다.

② 법 제4조제1항제4호에 따른 조치에 관한 구체적인 사항은 다음 각 호와 같다.

  1. 안전·보건 관계 법령에 따른 의무를 이행했는지를 반기 1회 이상 점검(해당 안전·보건 관계 법령에 따라 중앙행정기관의 장이 지정한 기관 등에 위탁하여 점검하는 경우를 포함한다. 이하 이 호에서 같다)하고, 직접 점검하지 않은 경우에는 점검이 끝난 후 지체 없이 점검 결과를 보고받을 것

  2. 제1호에 따른 점검 또는 보고 결과 안전·보건 관계 법령에 따른 의무가 이행되지 않은 사실이 확인되는 경우에는 인력을 배치하거나 예산을 추가로 편성·집행하도록 하는 등 해당 의무 이행에 필요한 조치를 할 것

  3. 안전·보건 관계 법령에 따라 의무적으로 실시해야 하는 유해·위험한 작업에 관한 안전·보건에 관한 교육이 실시되었는지를 반기 1회 이상 점검하고, 직접 점검하지 않은 경우에는 점검이 끝난 후 지체 없이 점검 결과를 보고받을 것

  4. 제3호에 따른 점검 또는 보고 결과 실시되지 않은 교육에 대해서는 지체 없이 그 이행의 지시, 예산의 확보 등 교육 실시에 필요한 조치를 할 것

제6조(안전보건교육의 실시 등)

① 법 제8조제1항에 따른 안전보건교육(이하 "안전보건교육"이라 한다)은 총 20시간의 범위에서 고용노동부장관이 정하는 바에 따라 이수해야 한다.

② 안전보건교육에는 다음 각 호의 사항이 포함되어야 한다.

  1. 안전보건관리체계의 구축 등 안전·보건에 관한 경영 방안

  2. 중대산업재해의 원인 분석과 재발 방지 방안

③ 고용노동부장관은 「한국산업안전보건공단법」에 따른 한국산업안전보건공단이나 「산업안전보건법」 제33조에 따라 등록된 안전보건교육기관(이하 "안전보건교육기관등"이라 한다)에 안전보건교육을 의뢰하여 실시할

수 있다.

④ 고용노동부장관은 분기별로 중대산업재해가 발생한 법인 또는 기관을 대상으로 안전보건교육을 이수해야 할 교육대상자를 확정하고 안전보건교육 실시일 30일 전까지 다음 각 호의 사항을 해당 교육대상자에게 통보해야 한다.

1. 안전보건교육을 실시하는 안전보건교육기관등
2. 교육일정
3. 그 밖에 안전보건교육의 실시에 필요한 사항

⑤ 제4항에 따른 통보를 받은 교육대상자는 해당 교육일정에 참여할 수 없는 정당한 사유가 있는 경우에는 안전보건교육 실시일 7일 전까지 고용노동부장관에게 안전보건교육의 연기를 한 번만 요청할 수 있다.

⑥ 고용노동부장관은 제5항에 따른 연기 요청을 받은 날부터 3일 이내에 연기 가능 여부를 교육대상자에게 통보해야 한다.

⑦ 안전보건교육을 연기하는 경우 교육일정 등의 통보에 관하여는 제4항을 준용한다.

⑧ 안전보건교육에 드는 비용은 안전보건교육기관등에서 수강하는 교육대상자가 부담한다.

⑨ 안전보건교육기관등은 안전보건교육을 실시한 경우에는 지체 없이 안전보건교육 이수자 명단을 고용노동부장관에게 통보해야 한다.

⑩ 안전보건교육을 이수한 교육대상자는 필요한 경우 안전보건교육이수확인서를 발급해 줄 것을 고용노동부장관에게 요청할 수 있다.

⑪ 제10항에 따른 요청을 받은 고용노동부장관은 고용노동부장관이 정하는 바에 따라 안전보건교육이수확인서를 지체 없이 내주어야 한다.

제7조(과태료의 부과기준) 법 제8조제2항에 따른 과태료의 부과기준은 별표 4와 같다.

제3장 중대시민재해

제8조(원료·제조물 관련 안전보건관리체계의 구축 및 이행 조치) 법 제9조제1항제1호에 따른 조치의 구체적인 사항은 다음 각 호와 같다.

1. 다음 각 목의 사항을 이행하는 데 필요한 인력을 갖추어 중대시민재해 예방을 위한 업무를 수행하도록 할 것

    가. 법 제9조제1항제4호의 안전·보건 관계 법령에 따른 안전·보건 관리 업무의 수행

    나. 유해·위험요인의 점검과 위험징후 발생 시 대응

    다. 그 밖에 원료·제조물 관련 안전·보건 관리를 위해 환경부장관이 정하여 고시하는 사항

2. 다음 각 목의 사항을 이행하는 데 필요한 예산을 편성·집행할 것

    가. 법 제9조제1항제4호의 안전·보건 관계 법령에 따른 인력·시설 및 장비 등의 확보·유지

    나. 유해·위험요인의 점검과 위험징후 발생 시 대응

    다. 그 밖에 원료·제조물 관련 안전·보건 관리를 위해 환경부장관이 정하여 고시하는 사항

3. 별표 5에서 정하는 원료 또는 제조물로 인한 중대시민재해를 예방하기 위해 다음 각 목의 조치를 할 것

    가. 유해·위험요인의 주기적인 점검

    나. 제보나 위험징후의 감지 등을 통해 발견된 유해·위험요인을 확인한 결과 중대시민재해의 발생 우려가 있는 경우의 신고 및 조치

    다. 중대시민재해가 발생한 경우의 보고, 신고 및 조치

    라. 중대시민재해 원인조사에 따른 개선조치

4. 제3호 각 목의 조치를 포함한 업무처리절차의 마련. 다만, 「소상공인기본법」 제2조에 따른 소상공인의 경우는 제외한다.

5. 제1호 및 제2호의 사항을 반기 1회 이상 점검하고, 점검 결과에 따라 인력을 배치하거나 예산을 추가로 편성·집행하도록 하는 등 중대시민재해 예방에 필요한 조치를 할 것

제9조(원료·제조물 관련 안전·보건 관계 법령에 따른 의무이행에 필요한 관리상의 조치)

① 법 제9조제1항제4호에서 "안전·보건 관계 법령"이란 해당 사업 또는 사업장에서 생산·제조·판매·유통 중인 원료나 제조물에 적용되는 것으로서 그 원료나 제조물이 사람의 생명·신체에 미칠 수 있는 유해·위험 요인을 예방하고 안전하게 관리하는 데 관련되는 법령을 말한다.

② 법 제9조제1항제4호에 따른 조치의 구체적인 사항은 다음 각 호와 같다.

1. 안전·보건 관계 법령에 따른 의무를 이행했는지를 반기 1회 이상 점검(해당 안전·보건 관계 법령에 따라 중앙행정기관의 장이 지정한 기관 등에 위탁하여 점검하는 경우를 포함한다. 이하 이 호에서 같다)하고, 직접 점검하지 않은 경우에는 점검이 끝난 후 지체 없이 점검 결과를 보고받을 것

2. 제1호에 따른 점검 또는 보고 결과 안전·보건 관계 법령에 따른 의무가 이행되지 않은 사실이 확인되는 경우에는 인력을 배치하거나 예산을 추가로 편성·집행하도록 하는 등 해당 의무 이행에 필요한 조치를 할 것

3. 안전·보건 관계 법령에 따라 의무적으로 실시해야 하는 교육이 실시되는지를 반기 1회 이상 점검하고, 직접 점검하지 않은 경우에는 점검이 끝난 후 지체 없이 점검 결과를 보고받을 것

4. 제3호에 따른 점검 또는 보고 결과 실시되지 않은 교육에 대해서는 지체 없이 그 이행의 지시, 예산의 확보 등 교육 실시에 필요한 조치를 할 것

제10조(공중이용시설·공중교통수단 관련 안전보건관리체계 구축 및 이행에 관한 조치) 법 제9조제2항제1호에 따른 조치의 구체적인 사항은 다음 각 호와 같다.

1. 다음 각 목의 사항을 이행하는 데 필요한 인력을 갖추어 중대시민재해 예방을 위한 업무를 수행하도록 할 것

가. 법 제9조제2항제4호의 안전·보건 관계 법령에 따른 안전관리 업무의 수행

나. 제4호에 따라 수립된 안전계획의 이행

　　다. 그 밖에 공중이용시설 또는 공중교통수단과 그 이용자나 그 밖의
　　　　사람의 안전에 관하여 국토교통부장관이 정하여 고시하는 사항

2. 다음 각 목의 사항을 이행하는 데 필요한 예산을 편성·집행할 것

　　가. 법 제9조제2항제4호의 안전·보건 관계 법령에 따른 인력·시설 및
　　　　장비 등의 확보·유지와 안전점검 등의 실시

　　나. 제4호에 따라 수립된 안전계획의 이행

　　다. 그 밖에 공중이용시설 또는 공중교통수단과 그 이용자나 그 밖의
　　　　사람의 안전에 관하여 국토교통부장관이 정하여 고시하는 사항

3. 공중이용시설 또는 공중교통수단에 대한 법 제9조제2항제4호의 안전·
　　보건 관계 법령에 따른 안전점검 등을 계획하여 수행되도록 할 것

4. 공중이용시설 또는 공중교통수단에 대해 연 1회 이상 다음 각 목의 내
　　용이 포함된 안진계획을 수립하게 하고, 충실히 이행하도록 할 것. 다
　　만, 공중이용시설에 대해 「시설물의 안전 및 유지관리에 관한 특별법」
　　제6조에 따라 시설물에 대한 안전 및 유지관리계획을 수립·시행하거나
　　공중이용시설 또는 공중교통수단에 대해 철도운영자가 「철도안전법」
　　제6조에 따라 연차별 시행계획을 수립·추진하는 경우로서 사업주 또는
　　경영책임자등이 그 수립 여부 및 내용을 직접 확인하거나 보고받은 경
　　우에는 안전계획을 수립하여 이행한 것으로 본다.

　　가. 공중이용시설 또는 공중교통수단의 안전과 유지관리를 위한 인력의
　　　　확보에 관한 사항

　　나. 공중이용시설의 안전점검 또는 정밀안전진단의 실시와 공중교통수
　　　　단의 점검·정비(점검·정비에 필요한 장비를 확보하는 것을 포함한다)에
　　　　관한 사항

　　다. 공중이용시설 또는 공중교통수단의 보수·보강 등 유지관리에 관한
　　　　사항

5. 제1호부터 제4호까지에서 규정한 사항을 반기 1회 이상 점검하고, 직접
　　점검하지 않은 경우에는 점검이 끝난 후 지체 없이 점검 결과를 보고받
　　을 것

6. 제5호에 따른 점검 또는 보고 결과에 따라 인력을 배치하거나 예산을

추가로 편성·집행하도록 하는 등 중대시민재해 예방에 필요한 조치를 할 것

7. 중대시민재해 예방을 위해 다음 각 목의 사항이 포함된 업무처리절차를 마련하여 이행할 것. 다만, 철도운영자가 「철도안전법」 제7조에 따라 비상대응계획을 포함한 철도안전관리체계를 수립하여 시행하거나 항공 운송사업자가 「항공안전법」 제58조제2항에 따라 위기대응계획을 포함한 항공안전관리시스템을 마련하여 운용한 경우로서 사업주 또는 경영 책임자등이 그 수립 여부 및 내용을 직접 점검하거나 점검 결과를 보고받은 경우에는 업무처리절차를 마련하여 이행한 것으로 본다.

　　가. 공중이용시설 또는 공중교통수단의 유해·위험요인의 확인·점검에 관한 사항

　　나. 공중이용시설 또는 공중교통수단의 유해·위험요인을 발견한 경우 해당 사항의 신고·조치요구, 이용 제한, 보수·보강 등 그 개선에 관한 사항

　　다. 중대시민재해가 발생한 경우 사상자 등에 대한 긴급구호조치, 공중 이용시설 또는 공중교통수단에 대한 긴급안전점검, 위험표지 설치 등 추가 피해방지 조치, 관계 행정기관 등에 대한 신고와 원인조사에 따른 개선조치에 관한 사항

　　라. 공중교통수단 또는 「시설물의 안전 및 유지관리에 관한 특별법」 제7조제1호의 제1종시설물에서 비상상황이나 위급상황 발생 시 대피훈련에 관한 사항

8. 제3자에게 공중이용시설 또는 공중교통수단의 운영·관리 업무의 도급, 용역, 위탁 등을 하는 경우 공중이용시설 또는 공중교통수단과 그 이용 자나 그 밖의 사람의 안전을 확보하기 위해 다음 각 목에 따른 기준과 절차를 마련하고, 그 기준과 절차에 따라 도급, 용역, 위탁 등이 이루어 지는지를 연 1회 이상 점검하고, 직접 점검하지 않은 경우에는 점검이 끝난 후 지체 없이 점검 결과를 보고받을 것

　　가. 중대시민재해 예방을 위한 조치능력 및 안전관리능력에 관한 평가 기준·절차

　　나. 도급, 용역, 위탁 등의 업무 수행 시 중대시민재해 예방을 위해 필

요한 비용에 관한 기준

제11조(공중이용시설·공중교통수단 관련 안전·보건 관계 법령에 따른 의무 이행에 필요한 관리상의 조치)

① 법 제9조제2항제4호에서 "안전·보건 관계 법령"이란 해당 공중이용시설·공중교통수단에 적용되는 것으로서 이용자나 그 밖의 사람의 안전·보건을 확보하는 데 관련되는 법령을 말한다.

② 법 제9조제2항제4호에 따른 조치의 구체적인 사항은 다음 각 호와 같다.

1. 안전·보건 관계 법령에 따른 의무를 이행했는지를 연 1회 이상 점검(해당 안전·보건 관계 법령에 따라 중앙행정기관의 장이 지정한 기관 등에 위탁하여 점검하는 경우를 포함한다. 이하 이 호에서 같다)하고, 직접 점검하지 않은 경우에는 점검이 끝난 후 지체 없이 점검 결과를 보고받을 것

2. 제1호에 따른 점검 또는 보고 결과 안전·보건 관계 법령에 따른 의무가 이행되지 않은 사실이 확인되는 경우에는 인력을 배치하거나 예산을 추가로 편성·집행하도록 하는 등 해당 의무 이행에 필요한 조치를 할 것

3. 안전·보건 관계 법령에 따라 공중이용시설의 안전을 관리하는 자나 공중교통수단의 시설 및 설비를 정비·점검하는 종사자가 의무적으로 이수해야 하는 교육을 이수했는지를 연 1회 이상 점검하고, 직접 점검하지 않은 경우에는 점검이 끝난 후 지체 없이 점검 결과를 보고받을 것

4. 제3호에 따른 점검 또는 보고 결과 실시되지 않은 교육에 대해서는 지체 없이 그 이행의 지시 등 교육 실시에 필요한 조치를 할 것

제4장 보칙

제12조(중대산업재해 발생사실의 공표)

① 법 제13조제1항에 따른 공표(이하 이 조에서 "공표"라 한다)는 법 제4조에 따른 의무를 위반하여 발생한 중대산업재해로 법 제12조에 따라 범죄의 형이 확정되어 통보된 사업장을 대상으로 한다.

② 공표 내용은 다음 각 호의 사항으로 한다.

   1. "중대산업재해 발생사실의 공표"라는 공표의 제목

2. 해당 사업장의 명칭

3. 중대산업재해가 발생한 일시·장소

4. 중대산업재해를 입은 사람의 수

5. 중대산업재해의 내용과 그 원인(사업주 또는 경영책임자등의 위반사항을 포함한다)

6. 해당 사업장에서 최근 5년 내 중대산업재해의 발생 여부

③ 고용노동부장관은 공표하기 전에 해당 사업장의 사업주 또는 경영책임자등에게 공표하려는 내용을 통지하고 30일 이상의 기간을 정하여 그에 대해 소명자료를 제출하게 하거나 의견을 진술할 수 있는 기회를 주어야 한다.

④ 공표는 관보, 고용노동부나 「한국산업안전보건공단법」에 따른 한국산업안전보건공단의 홈페이지에 게시하는 방법으로 한다.

⑤ 제4항에 따라 홈페이지에 게시하는 방법으로 공표하는 경우 공표기간은 1년으로 한다.

제13조(조치 등의 이행사항에 관한 서면의 보관) 사업주 또는 경영책임자등(「소상공인기본법」 제2조에 따른 소상공인은 제외한다)은 제4조, 제5조 및 제8조부터 제11조까지의 규정에 따른 조치 등의 이행에 관한 사항을 서면(「전자문서 및 전자거래 기본법」 제2조제1호에 따른 전자문서를 포함한다)으로 작성하여 그 조치 등을 이행한 날부터 5년간 보관해야 한다.

부칙 〈대통령령 제32020호, 2021. 10. 5.〉

이 영은 2022년 1월 27일부터 시행한다.

별표 [별표 1] 직업성 질병(제2조 관련)

별표 [별표 2] 법 제2조제4호가목의 시설 중 공중이용시설(제3조제1호 관련)

별표 [별표 3] 법 제2조제4호나목의 시설물 중 공중이용시설(제3조제2호 관련)

별표 [별표 4] 과태료의 부과기준(제7조 관련)

별표 [별표 5] 제8조제3호에 따른 조치 대상 원료 또는 제조물(제8조제3호 관련)

부록 5. 사업성 위험성평가에 관한 지침

[시행 2020. 1. 16.]

[고용노동부고시 제2020-53호, 2020. 1. 14., 일부개정.]

고용노동부(화학사고예방과), 044-202-7755

제1장 총칙

제1조(목적) 이 고시는 「산업안전보건법」제36조에 따라 사업주가 스스로 사업장의 유해·위험요인에 대한 실태를 파악하고 이를 평가하여 관리·개선하는 등 필요한 조치를 할 수 있도록 지원하기 위하여 위험성평가 방법, 절차, 시기 등에 대한 기준을 제시하고, 위험성평가 활성화를 위한 시책의 운영 및 지원사업 등 그 밖에 필요한 사항을 규정함을 목적으로 한다.

제2조(적용범위) 이 고시는 위험성평가를 실시하는 모든 사업장에 적용한다.

제3조(정의)

① 이 고시에서 사용하는 용어의 뜻은 다음과 같다.

1. "위험성평가"란 유해·위험요인을 파악하고 해당 유해·위험요인에 의한 부상 또는 질병의 발생 가능성(빈도)과 중대성(강도)을 추정·결정하고 감소대책을 수립하여 실행하는 일련의 과정을 말한다.

2. "유해·위험요인"이란 유해·위험을 일으킬 잠재적 가능성이 있는 것의 고유한 특징이나 속성을 말한다.

3. "유해·위험요인 파악"이란 유해요인과 위험요인을 찾아내는 과정을 말한다.

4. "위험성"이란 유해·위험요인이 부상 또는 질병으로 이어질 수 있는 가능성(빈도)과 중대성(강도)을 조합한 것을 의미한다.

5. "위험성 추정"이란 유해·위험요인별로 부상 또는 질병으로 이어질 수 있는 가능성과 중대성의 크기를 각각 추정하여 위험성의 크기를 산출하는 것을 말한다.

6. "위험성 결정"이란 유해·위험요인별로 추정한 위험성의 크기가 허용 가능한 범위인지 여부를 판단하는 것을 말한다.

7. "위험성 감소대책 수립 및 실행"이란 위험성 결정 결과 허용 불가능한 위험성을 합리적으로 실천 가능한 범위에서 가능한 한 낮은 수준으로 감소시키기 위한 대책을 수립하고 실행하는 것을 말한다.

8. "기록"이란 사업장에서 위험성평가 활동을 수행한 근거와 그 결과를 문서로 작성하여 보존하는 것을 말한다.

② 그 밖에 이 고시에서 사용하는 용어의 뜻은 이 고시에 특별히 정한 것이 없으면 「산업안전보건법」(이하 "법"이라 한다), 같은 법 시행령(이하 "영"이라 한다), 같은 법 시행규칙(이하 "규칙"이라 한다) 및 「산업안전보건기준에 관한 규칙」(이하 "안전보건규칙"이라 한다)에서 정하는 바에 따른다.

제4조(정부의 책무)

① 고용노동부장관(이하 "장관"이라 한다)은 사업장 위험성평가가 효과적으로 추진되도록 하기 위하여 다음 각 호의 사항을 강구하여야 한다.

1. 정책의 수립·집행·조정·홍보
2. 위험성평가 기법의 연구·개발 및 보급
3. 사업장 위험성평가 활성화 시책의 운영
4. 위험성평가 실시의 지원
5. 조사 및 통계의 유지·관리
6. 그 밖에 위험성평가에 관한 정책의 수립 및 추진

② 장관은 제1항 각 호의 사항 중 필요한 사항을 한국산업안전보건공단(이하 "공단"이라 한다)으로 하여금 수행하게 할 수 있다.

제2장 사업장 위험성평가

제5조(위험성평가 실시주체)

① 사업주는 스스로 사업장의 유해·위험요인을 파악하기 위해 근로자를 참여시켜 실태를 파악하고 이를 평가하여 관리 개선하는 등 위험성평가

를 실시하여야 한다.

② 법 제63조에 따른 작업의 일부 또는 전부를 도급에 의하여 행하는 사업의 경우는 도급을 준 도급인(이하 "도급사업주"라 한다)과 도급을 받은 수급인(이하 "수급사업주"라 한다)은 각각 제1항에 따른 위험성평가를 실시하여야 한다.

③ 제2항에 따른 도급사업주는 수급사업주가 실시한 위험성평가 결과를 검토하여 도급사업주가 개선할 사항이 있는 경우 이를 개선하여야 한다.

제6조(근로자 참여) 사업주는 위험성평가를 실시할 때, 다음 각 호의 어느 하나에 해당하는 경우 법 제36조제2항에 따라 해당 작업에 종사하는 근로자를 참여시켜야 한다.

1. 관리감독자가 해당 작업의 유해 · 위험요인을 파악하는 경우
2. 사업주가 위험성 감소대책을 수립하는 경우
3. 위험성평가 결과 위험성 감소대책 이행여부를 확인하는 경우

제7조(위험성평가의 방법)

① 사업주는 다음과 같은 방법으로 위험성평가를 실시하여야 한다.

1. 안전보건관리책임자 등 해당 사업장에서 사업의 실시를 총괄 관리하는 사람에게 위험성평가의 실시를 총괄 관리하게 할 것
2. 사업장의 안전관리자, 보건관리자 등이 위험성평가의 실시에 관하여 안전보건관리책임자를 보좌하고 지도 · 조언하게 할 것
3. 관리감독자가 유해 · 위험요인을 파악하고 그 결과에 따라 개선조치를 시행하게 할 것
4. 기계 · 기구, 설비 등과 관련된 위험성평가에는 해당 기계 · 기구, 설비 등에 전문 지식을 갖춘 사람을 참여하게 할 것
5. 안전 · 보건관리자의 선임의무가 없는 경우에는 제2호에 따른 업무를 수행할 사람을 지정하는 등 그 밖에 위험성평가를 위한 체제를 구축할 것

② 사업주는 제1항에서 정하고 있는 자에 대해 위험성평가를 실시하기 위한 필요한 교육을 실시하여야 한다. 이 경우 위험성평가에 대해 외부에

서 교육을 받았거나, 관련학문을 전공하여 관련 지식이 풍부한 경우에는 필요한 부분만 교육을 실시하거나 교육을 생략할 수 있다.

③ 사업주가 위험성평가를 실시하는 경우에는 산업안전·보건 전문가 또는 전문기관의 컨설팅을 받을 수 있다.

④ 사업주가 다음 각 호의 어느 하나에 해당하는 제도를 이행한 경우에는 그 부분에 대하여 이 고시에 따른 위험성평가를 실시한 것으로 본다.

   1. 위험성평가 방법을 적용한 안전·보건진단(법 제47조)

   2. 공정안전보고서(법 제44조). 다만, 공정안전보고서의 내용 중 공정위험성 평가서가 최대 4년 범위 이내에서 정기적으로 작성된 경우에 한한다.

   3. 근골격계부담작업 유해요인조사(안전보건규칙 제657조부터 제662조까지)

   4. 그 밖에 법과 이 법에 따른 명령에서 정하는 위험성평가 관련 제도

제8조(위험성평가의 절차) 사업주는 위험성평가를 다음의 절차에 따라 실시하여야 한다. 다만, 상시근로자수 20명 미만 사업장(총 공사금액 20억원 미만의 건설공사)의 경우에는 다음 각 호중 제3호를 생략할 수 있다.

   1. 평가대상의 선정 등 사전준비

   2. 근로자의 작업과 관계되는 유해·위험요인의 파악

   3. 파악된 유해·위험요인별 위험성의 추정

   4. 추정한 위험성이 허용 가능한 위험성인지 여부의 결정

   5. 위험성 감소대책의 수립 및 실행

   6. 위험성평가 실시내용 및 결과에 관한 기록

제9조(사전준비)

① 사업주는 위험성평가를 효과적으로 실시하기 위하여 최초 위험성평가 시 다음 각 호의 사항이 포함된 위험성평가 실시규정을 작성하고, 지속적으로 관리하여야 한다.

   1. 평가의 목적 및 방법

   2. 평가담당자 및 책임자의 역할

   3. 평가시기 및 절차

4. 주지방법 및 유의사항

5. 결과의 기록·보존

② 위험성평가는 과거에 산업재해가 발생한 작업, 위험한 일이 발생한 작업 등 근로자의 근로에 관계되는 유해·위험요인에 의한 부상 또는 질병의 발생이 합리적으로 예견 가능한 것은 모두 위험성평가의 대상으로 한다. 다만, 매우 경미한 부상 또는 질병만을 초래할 것으로 명백히 예상되는 것에 대해서는 대상에서 제외할 수 있다.

③ 사업주는 다음 각 호의 사업장 안전보건정보를 사전에 조사하여 위험성평가에 활용하여야 한다.

1. 작업표준, 작업절차 등에 관한 정보

2. 기계·기구, 설비 등의 사양서, 물질안전보건자료(MSDS) 등의 유해·위험요인에 관한 정보

3. 기계·기구, 설비 등의 공정 흐름과 작업 주변의 환경에 관한 정보

4. 법 제63조에 따른 작업을 하는 경우로서 같은 장소에서 사업의 일부 또는 전부를 도급을 주어 행하는 작업이 있는 경우 혼재 작업의 위험성 및 작업 상황 등에 관한 정보

5. 재해사례, 재해통계 등에 관한 정보

6. 작업환경측정결과, 근로자 건강진단결과에 관한 정보

7. 그 밖에 위험성평가에 참고가 되는 자료 등

제10조(유해·위험요인 파악) 사업주는 유해·위험요인을 파악할 때 업종, 규모 등 사업장 실정에 따라 다음 각 호의 방법 중 어느 하나 이상의 방법을 사용하여야 한다. 이 경우 특별한 사정이 없으면 제1호에 의한 방법을 포함하여야 한다.

1. 사업장 순회점검에 의한 방법

2. 청취조사에 의한 방법

3. 안전보건 자료에 의한 방법

4. 안전보건 체크리스트에 의한 방법

5. 그 밖에 사업장의 특성에 적합한 방법

제11조(위험성 추정)

① 사업주는 유해·위험요인을 파악하여 사업장 특성에 따라 부상 또는 질병으로 이어질 수 있는 가능성 및 중대성의 크기를 추정하고 다음 각 호의 어느 하나의 방법으로 위험성을 추정하여야 한다.

    1. 가능성과 중대성을 행렬을 이용하여 조합하는 방법

    2. 가능성과 중대성을 곱하는 방법

    3. 가능성과 중대성을 더하는 방법

    4. 그 밖에 사업장의 특성에 적합한 방법

② 제1항에 따라 위험성을 추정할 경우에는 다음에서 정하는 사항을 유의하여야 한다.

    1. 예상되는 부상 또는 질병의 대상자 및 내용을 명확하게 예측할 것

    2. 최악의 상황에서 가장 큰 부상 또는 질병의 중대성을 추정할 것

    3. 부상 또는 질병의 중대성은 부상이나 질병 등의 종류에 관계없이 공통의 척도를 사용하는 것이 바람직하며, 기본적으로 부상 또는 질병에 의한 요양기간 또는 근로손실 일수 등을 척도로 사용할 것

    4. 유해성이 입증되어 있지 않은 경우에도 일정한 근거가 있는 경우에는 그 근거를 기초로 하여 유해성이 존재하는 것으로 추정할 것

    5. 기계·기구, 설비, 작업 등의 특성과 부상 또는 질병의 유형을 고려할 것

제12조(위험성 결정)

① 사업주는 제11조에 따른 유해·위험요인별 위험성 추정 결과(제8조 단서에 따라 같은 조 제3호를 생략한 경우에는 제10조에 따른 유해·위험요인 파악 결과를 말한다)와 사업장 자체적으로 설정한 허용 가능한 위험성 기준(「산업안전보건법」에서 정한 기준 이상으로 정하여야 한다)을 비교하여 해당 유해·위험요인별 위험성의 크기가 허용 가능한지 여부를 판단하여야 한다.

② 제1항에 따른 허용 가능한 위험성의 기준은 위험성 결정을 하기 전에 사업장 자체적으로 설정해 두어야 한다.

제13조(위험성 감소대책 수립 및 실행)

① 사업주는 제12조에 따라 위험성을 결정한 결과 허용 가능한 위험성이 아니라고 판단되는 경우에는 위험성의 크기, 영향을 받는 근로자수 및 다음 각 호의 순서를 고려하여 위험성 감소를 위한 대책을 수립하여 실행하여야 한다. 이 경우 법령에서 정하는 사항과 그 밖에 근로자의 위험 또는 건강장해를 방지하기 위하여 필요한 조치를 반영하여야 한다.

　1. 위험한 작업의 폐지·변경, 유해·위험물질 대체 등의 조치 또는 설계나 계획 단계에서 위험성을 제거 또는 저감하는 조치

　2. 연동장치, 환기장치 설치 등의 공학적 대책

　3. 사업장 작업절차서 정비 등의 관리적 대책

　4. 개인용 보호구의 사용

② 사업주는 위험성 감소대책을 실행한 후 해당 공정 또는 작업의 위험성의 크기가 사전에 자체 설정한 허용 가능한 위험성의 범위인시를 확인하여야 한다.

③ 제2항에 따른 확인 결과, 위험성이 자체 설정한 허용 가능한 위험성 수준으로 내려오지 않는 경우에는 허용 가능한 위험성 수준이 될 때까지 추가의 감소대책을 수립·실행하여야 한다.

④ 사업주는 중대재해, 중대산업사고 또는 심각한 질병이 발생할 우려가 있는 위험성으로서 제1항에 따라 수립한 위험성 감소대책의 실행에 많은 시간이 필요한 경우에는 즉시 잠정적인 조치를 강구하여야 한다.

⑤ 사업주는 위험성평가를 종료한 후 남아 있는 유해·위험요인에 대해서는 게시, 주지 등의 방법으로 근로자에게 알려야 한다.

제14조(기록 및 보존)

① 규칙 제37조제1항제4호에 따른 "그 밖에 위험성평가의 실시내용을 확인하기 위하여 필요한 사항으로서 고용노동부장관이 정하여 고시하는 사항"이란 다음 각 호에 관한 사항을 말한다.

　1. 위험성평가를 위해 사전조사 한 안전보건정보

　2. 그 밖에 사업장에서 필요하다고 정한 사항

② 시행규칙 제37조제2항의 기록의 최소 보존기한은 제15조에 따른 실시

시기별 위험성평가를 완료한 날부터 기산한다.

제15조(위험성평가의 실시 시기)

① 위험성평가는 최초평가 및 수시평가, 정기평가로 구분하여 실시하여야 한다. 이 경우 최초평가 및 정기평가는 전체 작업을 대상으로 한다.

② 수시평가는 다음 각 호의 어느 하나에 해당하는 계획이 있는 경우에는 해당 계획의 실행을 착수하기 전에 실시하여야 한다. 다만, 제5호에 해당하는 경우에는 재해발생 작업을 대상으로 작업을 재개하기 전에 실시하여야 한다.

1. 사업장 건설물의 설치·이전·변경 또는 해체
2. 기계·기구, 설비, 원재료 등의 신규 도입 또는 변경
3. 건설물, 기계·기구, 설비 등의 정비 또는 보수(주기적·반복적 작업으로서 정기평가를 실시한 경우에는 제외)
4. 작업방법 또는 작업절차의 신규 도입 또는 변경
5. 중대산업사고 또는 산업재해(휴업 이상의 요양을 요하는 경우에 한정한다) 발생
6. 그 밖에 사업주가 필요하다고 판단한 경우

③ 정기평가는 최초평가 후 매년 정기적으로 실시한다. 이 경우 다음의 사항을 고려하여야 한다.

1. 기계·기구, 설비 등의 기간 경과에 의한 성능 저하
2. 근로자의 교체 등에 수반하는 안전·보건과 관련되는 지식 또는 경험의 변화
3. 안전·보건과 관련되는 새로운 지식의 습득
4. 현재 수립되어 있는 위험성 감소대책의 유효성 등

제3장 위험성평가 인정

제16조(인정의 신청)

① 장관은 소규모 사업장의 위험성평가를 활성화하기 위하여 위험성평가

우수 사업장에 대해 인정해 주는 제도를 운영할 수 있다. 이 경우 인정을 신청할 수 있는 사업장은 다음 각 호와 같다.

1. 상시근로자수 100명 미만 사업장(건설공사를 제외한다). 이 경우 법 제63조에 따른 작업의 일부 또는 전부를 도급에 의하여 행하는 사업의 경우는 도급사업주의 사업장(이하 "도급사업장"이라 한다)과 수급사업주의 사업장(이하 "수급사업장"이라 한다) 각각의 근로자수를 이 규정에 의한 상시근로자수로 본다.

2. 총 공사금액 120억원(토목공사는 150억원) 미만의 건설공사

② 제2장에 따른 위험성평가를 실시한 사업장으로서 해당 사업장을 제1항의 위험성평가 우수사업장으로 인정을 받고자 하는 사업주는 별지 제1호서식의 위험성평가 인정신청서를 해당 사업장을 관할하는 공단 광역본부장·지역본부장·지사장에게 제출하여야 한다.

③ 제2항에 따른 인정신청은 위험성평가 인정을 받고자 하는 단위 사업상(또는 건설공사)으로 한다. 다만, 다음 각 호의 어느 하나에 해당하는 사업장은 인정신청을 할 수 없다.

1. 제22조에 따라 인정이 취소된 날부터 1년이 경과하지 아니한 사업장

2. 최근 1년 이내에 제22조제1항 각 호(제1호 및 제5호를 제외한다)의 어느 하나에 해당하는 사유가 있는 사업장

④ 법 제63조에 따른 작업의 일부 또는 전부를 도급에 의하여 행하는 사업장의 경우에는 도급사업장의 사업주가 수급사업장을 일괄하여 인정을 신청하여야 한다. 이 경우 인정신청에 포함하는 해당 수급사업장 명단을 신청서에 기재(건설공사를 제외한다)하여야 한다.

⑤ 제4항에도 불구하고 수급사업장이 제19조에 따른 인정을 별도로 받았거나, 법 제17조에 따른 안전관리자 또는 같은 법 제18조에 따른 보건관리자 선임대상인 경우에는 제4항에 따른 인정신청에서 해당 수급사업장을 제외할 수 있다.

제17조(인정심사)

① 공단은 위험성평가 인정신청서를 제출한 사업장에 대하여는 다음에서 정하는 항목을 심사(이하 "인정심사"라 한다)하여야 한다.

1. 사업주의 관심도
2. 위험성평가 실행수준
3. 구성원의 참여 및 이해 수준
4. 재해발생 수준

② 공단 광역본부장·지역본부장·지사장은 소속 직원으로 하여금 사업장을 방문하여 제1항의 인정심사(이하 "현장심사"라 한다)를 하도록 하여야 한다. 이 경우 현장심사는 현장심사 전일을 기준으로 최초인정은 최근 1년, 최초인정 후 다시 인정(이하 "재인정"이라 한다)하는 것은 최근 3년 이내에 실시한 위험성평가를 대상으로 한다. 다만, 인정사업장 사후심사를 위하여 제21조제3항에 따른 현장심사를 실시한 것은 제외할 수 있다.

③ 제2항에 따른 현장심사 결과는 제18조에 따른 인정심사위원회에 보고하여야 하며, 인정심사위원회는 현장심사 결과 등으로 인정심사를 하여야 한다.

④ 제16조제4항에 따른 도급사업장의 인정심사는 도급사업장과 인정을 신청한 수급사업장(건설공사의 수급사업장은 제외한다)에 대하여 각각 실시하여야 한다. 이 경우 도급사업장의 인정심사는 사업장 내의 모든 수급사업장을 포함한 사업장 전체를 종합적으로 실시하여야 한다.

⑤ 인정심사의 세부항목 및 배점 등 인정심사에 관하여 필요한 사항은 공단 이사장이 정한다. 이 경우 사업장의 업종별, 규모별 특성 등을 고려하여 심사기준을 달리 정할 수 있다.

제18조(인정심사위원회의 구성·운영)

① 공단은 위험성평가 인정과 관련한 다음 각 호의 사항을 심의·의결하기 위하여 각 광역본부·지역본부·지사에 위험성평가 인정심사위원회를 두어야 한다.
1. 인정 여부의 결정
2. 인정취소 여부의 결정
3. 인정과 관련한 이의신청에 대한 심사 및 결정
4. 심사항목 및 심사기준의 개정 건의
5. 그 밖에 인정 업무와 관련하여 위원장이 회의에 부치는 사항

② 인정심사위원회는 공단 광역본부장·지역본부장·지사장을 위원장으로 하고, 관할 지방고용노동관서 산재예방지도과장(산재예방지도과가 설치되지 않은 관서는 근로개선지도과장)을 당연직 위원으로 하여 10명 이내의 내·외부 위원으로 구성하여야 한다.

③ 그 밖에 인정심사위원회의 구성 및 운영에 관하여 필요한 사항은 공단 이사장이 정한다.

제19조(위험성평가의 인정)

① 공단은 인정신청 사업장에 대한 현장심사를 완료한 날부터 1개월 이내에 인정심사위원회의 심의·의결을 거쳐 인정 여부를 결정하여야 한다. 이 경우 다음의 기준을 충족하는 경우에만 인정을 결정하여야 한다.

    1. 제2장에서 정한 방법, 절차 등에 따라 위험성평가 업무를 수행한 사업장

    2. 현장심사 결과 제17조제1항 각 호의 평가점수가 100점 만점에 50점을 미달하는 항목이 없고 종합점수가 100점 만점에 70점 이상인 사업장

② 인정심사위원회는 제1항의 인정 기준을 충족하는 사업장의 경우에도 인정심사위원회를 개최하는 날을 기준으로 최근 1년 이내에 제22조제1항 각 호에 해당하는 사유가 있는 사업장에 대하여는 인정하지 아니한다.

③ 공단은 제1항에 따라 인정을 결정한 사업장에 대해서는 별지 제2호서식의 인정서를 발급하여야 한다. 이 경우 제17조제4항에 따른 인정심사를 한 경우에는 인정심사 기준을 만족하는 도급사업장과 수급사업장에 대해 각각 인정서를 발급하여야 한다.

④ 위험성평가 인정 사업장의 유효기간은 제1항에 따른 인정이 결정된 날부터 3년으로 한다. 다만, 제22조에 따라 인정이 취소된 경우에는 인정 취소 사유 발생일 전날까지로 한다.

⑤ 위험성평가 인정을 받은 사업장 중 사업이 법인격을 갖추어 사업장관리번호가 변경되었으나 다음 각 호의 사항을 증명하는 서류를 공단에 제출하여 동일 사업장임을 인정받을 경우 변경 후 사업장을 위험성평가

인정 사업장으로 한다. 이 경우 인정기간의 만료일은 변경 전 사업장의 인정기간 만료일로 한다.

1. 변경 전·후 사업장의 소재지가 동일할 것
2. 변경 전 사업의 사업주가 변경 후 사업의 대표이사가 되었을 것
3. 변경 전 사업과 변경 후 사업간 시설·인력·자금 등에 대한 권리·의무의 전부를 포괄적으로 양도·양수하였을 것

제20조(재인정)

① 사업주는 제19조제4항 본문에 따른 인정 유효기간이 만료되어 재인정을 받으려는 경우에는 제16조제2항에 따른 인정신청서를 제출하여야 한다. 이 경우 인정신청서 제출은 유효기간 만료일 3개월 전부터 할 수 있다.

② 제1항에 따른 재인정을 신청한 사업장에 대한 심사 등은 제16조부터 제19조까지의 규정에 따라 처리한다.

③ 재인정 심사의 범위는 직전 인정 또는 사후심사와 관련한 현장심사 다음 날부터 재인정신청에 따른 현장심사 전일까지 실시한 정기평가 및 수시평가를 그 대상으로 한다.

④ 재인정 사업장의 인정 유효기간은 제19조제4항에 따른다. 이 경우, 재인정 사업장의 인정 유효기간은 이전 위험성평가 인정 유효기간의 만료일 다음날부터 새로 계산한다.

제21조(인정사업장 사후심사)

① 공단은 제19조제3항 및 제20조에 따라 인정을 받은 사업장이 위험성평가를 효과적으로 유지하고 있는지 확인하기 위하여 매년 인정사업장의 20퍼센트 범위에서 사후심사를 할 수 있다.

② 제1항에 따른 사후심사는 다음 각 호의 어느 하나에 해당하는 사업장으로 인정심사위원회에서 사후심사가 필요하다고 결정한 사업장을 대상으로 한다. 이 경우 제1호에 해당하는 사업장은 특별한 사정이 없는 한 대상에 포함하여야 한다.

1. 공사가 진행 중인 건설공사. 다만, 사후심사일 현재 잔여공사기간이 3개월 미만인 건설공사는 제외할 수 있다.

2. 제19조제1항제2호 및 제20조제2항에 따른 종합점수가 100점 만점에 80점 미만인 사업장으로 사후심사가 필요하다고 판단되는 사업장

3. 그 밖에 무작위 추출 방식에 의하여 선정한 사업장(건설공사를 제외한 연간 사후심사 사업장의 50퍼센트 이상을 선정한다)

③ 사후심사는 직전 현장심사를 받은 이후에 사업장에서 실시한 위험성평가에 대해 현장심사를 하는 것으로 하며, 해당 사업장이 제19조에 따른 인정 기준을 유지하는지 여부를 심사하여야 한다.

제22조(인정의 취소)

① 위험성평가 인정사업장에서 인정 유효기간 중에 다음 각 호의 어느 하나에 해당하는 사업장은 인정을 취소하여야 한다.

1. 거짓 또는 부정한 방법으로 인정을 받은 사업장

2. 직·간접적인 법령 위반에 기인하여 다음의 중대재해가 발생한 사업장(규칙 제2조)

   가. 사망재해

   나. 3개월 이상 요양을 요하는 부상자가 동시에 2명 이상 발생

   다. 부상자 또는 직업성질병자가 동시에 10명 이상 발생

3. 근로자의 부상(3일 이상의 휴업)을 동반한 중대산업사고 발생사업장

4. 법 제10조에 따른 산업재해 발생건수, 재해율 또는 그 순위 등이 공표된 사업장(영 제10조제1항제1호 및 제5호에 한정한다)

5. 제21조에 따른 사후심사 결과, 제19조에 의한 인정기준을 충족하지 못한 사업장

6. 사업주가 자진하여 인정 취소를 요청한 사업장

7. 그 밖에 인정취소가 필요하다고 공단 광역본부장·지역본부장 또는 지사장이 인정한 사업장

② 공단은 제1항에 해당하는 사업장에 대해서는 인정심사위원회에 상정하여 인정취소 여부를 결정하여야 한다. 이 경우 해당 사업장에는 소명의 기회를 부여하여야 한다.

③ 제2항에 따라 인정취소 사유가 발생한 날을 인정취소일로 본다.

제23조(위험성평가 지원사업)

① 장관은 사업장의 위험성평가를 지원하기 위하여 공단 이사장으로 하여 금 다음 각 호의 위험성평가 사업을 추진하게 할 수 있다.

1. 추진기법 및 모델, 기술자료 등의 개발·보급
2. 우수 사업장 발굴 및 홍보
3. 사업장 관계자에 대한 교육
4. 사업장 컨설팅
5. 전문가 양성
6. 지원시스템 구축·운영
7. 인정제도의 운영
8. 그 밖에 위험성평가 추진에 관한 사항

② 공단 이사장은 제1항에 따른 사업을 추진하는 경우 고용노동부와 협의 하여 추진하고 추진결과 및 성과를 분석하여 매년 1회 이상 장관에게 보고하여야 한다.

제24조(위험성평가 교육지원)

① 공단은 제21조제1항에 따라 사업장의 위험성평가를 지원하기 위하여 다음 각 호의 교육과정을 개설하여 운영할 수 있다.

1. 사업주 교육
2. 평가담당자 교육
3. 전문가 양성 교육

② 공단은 제1항에 따른 교육과정을 광역본부·지역본부·지사 또는 산업 안전보건교육원(이하 "교육원"이라 한다)에 개설하여 운영하여야 한다.

③ 제1항제2호 및 제3호에 따른 평가담당자 교육을 수료한 근로자에 대해 서는 해당 시기에 사업주가 실시해야 하는 관리감독자 교육을 수료한 시간만큼 실시한 것으로 본다.

제25조(위험성평가 컨설팅지원)

① 공단은 근로자수 50명 미만 소규모 사업장(건설업의 경우 전년도에 공시 한 시공능력 평가액 순위가 200위 초과인 종합건설업체 본사 또는 총 공사금액 120억원(토목공사는 150억원)미만인 건설공사를 말한다)의 사업주로부터

제5조제3항에 따른 컨설팅지원을 요청 받은 경우에 위험성평가 실시에 대한 컨설팅지원을 할 수 있다.

② 제1항에 따른 공단의 컨설팅지원을 받으려는 사업주는 사업장 관할의 공단 광역본부장·지역본부장·지사장에게 지원 신청을 하여야 한다.

③ 제2항에도 불구하고 공단 광역본부장·지역본부·지사장은 재해예방을 위하여 필요하다고 판단되는 사업장을 직접 선정하여 컨설팅을 지원할 수 있다.

제4장 지원사업의 추진 등

제26조(지원 신청 등)

① 제24조에 따른 교육지원 및 제25조에 따른 컨설팅지원의 신청은 별지 제3호서식에 따른다. 다만, 제24조제1항제3호에 따른 교육의 신청 및 비용 등은 교육원이 정하는 바에 따른다.

② 교육기관의장은 제1항에 따른 교육신청자에 대하여 교육을 실시한 경우에는 별지 제4호서식 또는 별지 제5호서식에 따른 교육확인서를 발급하여야 한다.

③ 공단은 예산이 허용하는 범위에서 사업장이 제24조에 따른 교육지원과 제25조에 따른 컨설팅지원을 민간기관에 위탁하고 그 비용을 지급할 수 있으며, 이에 필요한 지원 대상, 비용지급 방법 및 기관 관리 등 세부적인 사항은 공단 이사장이 정할 수 있다.

④ 공단은 사업주가 위험성평가 감소대책의 실행을 위하여 해당 시설 및 기기 등에 대하여 「산업재해예방시설자금 융자 및 보조업무처리규칙」에 따라 보조금 또는 융자금을 신청한 경우에는 우선하여 지원할 수 있다.

⑤ 공단은 제19조에 따른 위험성평가 인정 또는 제20조에 따른 재인정, 제22조에 따른 인정 취소를 결정한 경우에는 결정일부터 3일 이내에 인정일 또는 재인정일, 인정취소일 및 사업장명, 소재지, 업종, 근로자수, 인정 유효기간 등의 현황을 지방고용노동관서 산재예방지도과(산재예방지도과가 설치되지 않은 관서는 근로개선지도과)로 보고하여야 한다. 다만, 위험성평가 지원시스템 또는 그 밖의 방법으로 지방고용노동관서에서

인정사업장 현황을 실시간으로 파악할 수 있는 경우에는 그러하지 아니
한다.

제27조(인정사업장 등에 대한 혜택)

① 장관은 위험성평가 인정사업장에 대하여는 제19조 및 제20조에 따른
인정 유효기간 동안 사업장 안전보건 감독을 유예할 수 있다.

② 제1항에 따라 유예하는 안전보건 감독은 「근로감독관 집무규정(산업안
전보건)」 제10조제2항에 따른 기획감독 대상 중 장관이 별도로 지정한
사업장으로 한정한다.

③ 장관은 위험성평가를 실시하였거나, 위험성평가를 실시하고 인정을 받
은 사업장에 대해서는 정부 포상 또는 표창의 우선 추천 및 그 밖의 혜
택을 부여할 수 있다.

제28조(재검토기한) 고용노동부장관은 이 고시에 대하여 2020년 1월 1일
기준으로 매3년이 되는 시점(매 3년째의 12월 31일까지를 말한다)마다 그 타
당성을 검토하여 개선 등의 조치를 하여야 한다.

부칙 〈제2020-53호, 2020. 1. 14.〉

이 고시는 2020년 1월 16일부터 시행한다.

부록 6. 산업안전보건법상 처벌 규정

형사처벌의 면에서 본 법률은 중대재해의 개념 중 일부를 산업안전보건법에서 차용하였지만, 사업주와 경영책임자등의 안전 및 보건 확보의무로 인해 중대재해가 발생한 경우 형사처벌을 규정하고 있다는 점에서 의무위반 자체를 처벌하는 산업안전보건법과는 큰 차이가 있다.

다만 본 법률에 따른 중대재해 중대산업재해는 그 정의 자체가 산업안전보건법에 따른 산업재해의 발생을 전제로 하고 있으므로 산업안전보건법상 산업재해인지 여부는 여전히 중요한 의미를 가진다.

1. 법 제167조(벌칙) – 7년 이하의 징역 또는 1억원 이하의 벌금

– 법 제167조에서 정한 벌칙규정은 모두 '사업주'가 어떠한 조치를 취하지 아니하여 근로자가 사망에 이른 경우를 규율하고 있다.

– 법 제167조 제1항으로 형사판결이 확정된 후로부터 5년 내 재범시 형의 2분의 1이 가중된다.

벌칙규정	위반규정	위반주체	위반내용	
			요건1	요건2
제167조 제1항	제38조 제1항	사업주	1. 기계·기구, 그 밖의 설비에 의한 위험 2. 폭발성, 발화성 및 인화설 물질 등에 의한 위험 3. 전기, 열, 그 밖의 에너지에 의한 위험	안전조치 미이행[194]으로 인하여 근로자가 사망에 이른 경우
	제2항	사업주	굴착, 채석, 하역, 벌목, 운송, 조작, 운반, 해체, 중량물 취급, 그 밖의 작업을 할 때 불량한 작업방법 등에 의한 위험	
	제3항	사업주	1. 근로자가 추락할 위험이 있는 장소	

			2. 토사 · 구축물 등이 붕괴할 우려가 있는 장소 3. 물체가 떨어지거나 날아올 위험이 있는 장소 4. 천재지변으로 인한 위험이 발생할 우려가 있는 장소에서의 작업	
제167조 제1항	제39조 제1항	사업주	1. 원재료 · 가스 · 증기 · 분진 · 흄(fume) · 미스트(mist) · 산소결핍 · 병원체 등에 의한 건강장해 2. 방사선 · 유해광선 · 고온 · 저온 · 초음파 · 소음 · 진동 · 이상기압 등에 의한 건강장해 3. 사업장에서 배출되는 기체 · 액체 또는 찌꺼기 등에 의한 건강장해 4. 계측감시, 컴퓨터 단말기 조작, 정밀공작 등의 작업에 의한 건강장해 5. 단순반복작업 또는 인체에 과도한 부담을 주는 작업에 의한 건강장해 6. 환기 · 채광 · 조명 · 보온 · 방습 · 청결 등의 적정기준을 유지하지 아니하여 발생하는 건강장해	보건조치 미이행으로 인하여 근로자가 사망에 이른 경우
	제39조 제1항	도급인	관계수급인 근로자가 도급인의 사업장에서 작업을 하는 경우에 자신의 근로자와 관계수급인 근로자의 산업재해	안전 및 보건 시설의 설치 등 필요한 안전조치 및 보건조치 미이행[195]
	제63조	도급인	관계수급인 근로자가 도급인의 사업장에서 작업을 하는 경우에 자신의 근로자와 관계수급인 근로자의 산업재해를 예방하기 위하여 안전 및 보건 시설의 설치 등 필요한 안전조치 및 보건조치	다만, 보호구 착용의 지시 등 관계수급인 근로자의 작업행동에 관한 직접적인 조치는 제외
제167조 제2항	제167조 제1항	사업주, 도급인	제1항의 죄로 형을 선고받고 그 형이 확정된 후 5년 이내	다시 제1항의 죄를 저지른 자는 그 형의 2분의 1까지 가중

194) 제166조의2(현장실습생에 대한 특례) 준용하는 경우 포함(이하 준용 규정 있는 경우 별도

2. 법 제168조(벌칙) – 5년 이하의 징역 또는 5천만원 이하의 벌금

법 제168조의 경우 다소 복잡한 내용을 담고 있다. 크게 ① 사업주의 안전·보건조치의무 위반 그 자체, ② 대피조치의무 미이행, ③ 위험물질의 제조 금지와 허가, ④ 석면의 철거와 해체, ⑤ 근로자에 대한 불리한 처우 금지 등으로 나눌 수 있다.

벌칙 규정	위반규정	위반주체	위반내용	
			요건1	요건2
제168조 제1호	제38조 제1항 ~ 제3항	사업주	근로자에 대한 안전조치의무 미이행	(미이행 그 자체)
	제39조 제1항	사업주	근로자에 대한 보건조치의무 미이행	(미이행 그 자체)
	제51조	사업주	산업재해가 발생할 급박한 위험이 있을 때	안전·보건에 관하여 필요한 조치 미이행(작업중지, 작업장소 대피 등)
	제54조 제1항	사업주	중대재해가 발생하였을 때	
	제117조 제1항	누구든지	대통령령으로 정하는 물질(제조등금지물질)196)	제조·수입·양도·제공 또는 사용197)
	제118조 제1항	누구든지	제조등금지물질 중 대체물질이 개발되지 아니한 물질 등 대통령령으로 정하는 물질(허가대상물질)198)	고용노동부장관의 허가(변경 포함)를 받지 않고 제조·사용
	제122조 제1항	건축물·설비의 소유주	해당 건축물이나 설비에 대통령령으로 정하는 함유량과 면적 이상의 석면이 포함된 경우	석면해체·제거업자로 하여금 해체·제거하도록 하지 않은 경우199)
	제157조 제3항	사업주	사업장에 본 법을 위반하였다는 사실에 관하여 근로자가 고용노동부장관 또는 근로감독관에게 신고한 경우	해당 근로자에 대한 불리한 처우를 한 경우(해고 등)
제168조 제2호	제42조 제4항 후단	사업주	고용노동부장관이 사업주가 제출한 유해위험방지계획서에 대한 변경 또는 해당 작업 또는 건설공사를 중지하도록 명하였음에도	명령을 위반한 경우
	제53조	사업주	고용노동부장관이 기계·설비	명령을 위반한 경우

표기 생략)
195) 다만, 보호구 착용의 지시 등 관계수급인 근로자의 작업행동에 관한 직접적인 조치는 제외

	제3항		등에 대한 시정조치명령을 이행하지 않아 유해·위험상태가 해소되지 않는 등으로 해당 기계·설비등과 관련된 작업의 중지를 명하였음에도	
제168조 제2호	제55조 제1항	(사업주) 200)	고용노동부장관이 중대재해가 발생하였고, 해당 작업 계속시 산업재해가 다시 발생할 급박한 위험이 있다고 판단하여 작업의 중지를 명하였음에도	명령을 위반한 경우
	제2항	상동	고용노동부장관이 토사·구축물의 붕괴, 화재·폭발, 유해하거나 위험한 물질의 누출 등으로 인하여 중대재해가 발생하였고, 그 재해가 주변으로 확산될 수 있다고 판단하여 작업의 중지를 명하였음에도	명령을 위반한 경우
	제118조 제5항	허가대상 물질제조·사용자	고용노동부장관이 거짓이나 그 밖의 부정한 방법으로 허가대상물질의 제조와 사용에 대한 허가를 받은 자에 대하여 허가 취소 또는 영업의 정지를 명하였음에도	명령을 위반한 경우

196) β−나프틸아민[91−59−8]과 그 염(β−Naphthylamine and its salts), 석면(Asbestos; 1332−21−4 등) 등

197) 예외 : 시험·연구 또는 검사 목적의 경우로서 다음 각 호의 어느 하나에 해당하는 경우에는 제조등금지물질을 제조·수입·양도·제공 또는 사용할 수 있다.
   1. 제조·수입 또는 사용을 위하여 고용노동부령으로 정하는 요건을 갖추어 고용노동부장관의 승인을 받은 경우
   2. 「화학물질관리법」 제18조 제1항 단서에 따른 금지물질의 판매 허가를 받은 자가 같은 항 단서에 따라 판매 허가를 받은 자나 제1호에 따라 사용 승인을 받은 자에게 제조등금지물질을 양도 또는 제공하는 경우

198) 1. α−나프틸아민[134−32−7] 및 그 염(α−Naphthylamine and its salts) 등

199) 다만, 건축물·설비소유주등이 인력·장비 등에서 석면해체·제거업자와 동등한 능력을 갖추고 있는 경우 등 대통령령으로 정하는 사유에 해당할 경우에는 스스로 석면을 해체·제거할 수 있다.

200) 제55조는 "고용노동부장관은 중대재해가 발생하였을 때 다음 각 호의 어느 하나에 해당하는 작업으로 인하여 해당 사업장에 산업재해가 다시 발생할 급박한 위험이 있다고 판단되는 경우에는 그 작업의 중지를 명할 수 있다"라고만 규정하고 있어 분명치 아니하나, 적어도 작업의 재개를 명할 수 있는 사업주 또는 이에 준하는 지위에 있는 자가 대상이 될 것이다.

3. 법 제169조(벌칙) - 3년 이하의 징역 또는 3천만원 이하의 벌금

법 제169조의 역시 다소 복잡한데, 제1호에서는 도급인의 안전·보건조치 미이행, 타워크레인과 안전인증대상기계에 대한 조치, 석면과 허가대상물질에 대한 통제 등을 다루고 있고, 2호에서는 시정명령에 대한 위반을 다루고 있다. 제3호 이하에서는 각종 인증·검사업무를 부정한 방법으로 수행한 경우도 다루고 있다.

벌칙규정	위반규정	위반주체	위반내용	
			요건1	요건2
제169조 제1호	제44조 제1항 후단	사업주	고용노동부장관이 공정안전보고서 내용이 적합하다고 통보하기 전에	유해·위험설비를 가동한 경우
	제63조	도급인	도급인의 관계수급인에 내한 안전·보건조치 미이행	(미이행 그 자체)
	제76조	건설공사도급인	자신의 사업장에서 타워크레인 등 대통령령으로 정하는 기계·기구 또는 설비 등이 설치되어 있거나 작동하고 있는 경우 또는 설치·해체·조립하는 등의 작업 중인 경우	필요한 안전·보건조치의 미이행
	제81조	기계 등 대여자, 대여받는 자	대통령령으로 정하는 기계·기구·설비 또는 건축물 등201)을 타인에게 대여하거나 대여 받는 경우	필요한 안전·보건조치의 미이행
	제82조 제2항	사업주	고용노동부장관에게 등록한 자에게만 타워크레인 설치·해체 작업 지시 가능함에도	미등록자에게 설치·해체 작업을 지시한 경우
	제84조 제1항	안전인증대상기계등을 제조·수입하는 자	안전인증대상기계등이 안전인증기준에 맞는지에 대하여 고용노동부장관이 실시하는 안전인증을 받아야 함에도	안전인증을 받지 않은 경우
	제87조 제1항	누구든지	안전인증을 받지 않거나, 기준에 맞지 않게 되었거나, 취소 또는 사용금지 명령을 받은 안전인증대상기계등을202) 제조·사용 등을 할 수 없음에도	제조·수입·양도·대여·사용하거나 양도·대여의 목적으로 진열한 경우

제169조 제1호	제118조 제3항	허가대상물질 제조 · 사용자	제조 · 사용설비를 허가기준에 적합하도록 유지 및 기준에 적합한 작업방법으로 제조 · 사용해야 함에도	적합성 유지하지 않은 채로 또는 기준에 적합한 작업방법으로 허가대상물질 제조 · 사용한 경우
	제123조 제1항	석면의 철거 · 해체자	석면 포함 건축물 · 설비 철거 · 해체시 작업기준203) 준수해야 함에도	작업기준 준수하지 않고 석면 포함 건축물 · 설비를 철거 · 해체한 경우
	제139조 제1항	사업주	유해하거나 위험한 작업으로서 높은 기압에서 하는 작업 등 대통령령204)으로 정하는 작업에 종사하는 근로자의 근무시간 제한	해당 근로자를 1일 6시간, 1주 34시간을 초과하여 근로하게 한 경우
	제140조 제1항	사업주	유해하거나 위험한 작업으로서 상당한 지식이나 숙련도가 요구되는 고용노동부령으로 정하는 작업205)의 경우 그 작업에 필요한 자격 · 면허 · 경험 또는 기능을 가진 근로자에게만 작업 지시	해당 작업에 자격 · 면허 · 경험 또는 기능을 가지지 않은 근로자를 근로하게 한 경우
제169조 제2호	제45조 제1항 후단	사업주	고용노동부장관이 사업주가 제출한 공정안전보고서의 변경을 명하였음에도	명령을 위반한 경우
	제46조 제5항	사업주	고용노동부장관이 공정안전보고서의 변경을 명하였음에도 이에 따르지 않아 다시 제출을 명하였음에도	명령을 위반한 경우
	제53조 제1항	사업주	고용노동부장관이 근로자에게 현저한 유해 · 위험이 초래될 우려가 있다고 보아 해당 기계 · 설비등에 대해 사용중지 · 대체 · 제거 또는 시설의 개선, 그 밖에 필요한 조치(시정조치)를 명하였음에도	명령을 위반한 경우
	제87조 제2항	안전인증대상기계등을 제조 · 수입 · 양도 · 대여하는 자	고용노동부장관이 안전인증을 받지 아니하는 등 본 법을 위반하여 안전인증대상기계등을 제조 · 수입 · 양도 · 대여한 자에 대해 해당 기계등을 파기206)할 것을 명하였음에도	명령을 위반한 경우

제169조 제2호	제118조 제4항	허가대상물질을 제조·사용하는 자	고용노동부장관이 허가대상물질제조·사용자의 제조·사용설비 또는 작업방법이 기준에 적합하지 않아 기준에 적합하도록 제조·사용설비를 수리·개조 또는 이전하도록 하거나 그 기준에 적합한 작업방법으로 그 물질을 제조·사용하도록 명하였음에도	명령을 위반한 경우
	제119조 제4항	건축물· 설비소유주등	고용노동부장관이 건축물·설비소유주등이 일반(기관)석면조사를 하지 아니하고 철거·해체를 진행하는 경우 석면조사 이행 또는 결과 보고 전가지의 작업을 중지할 것을 명하였음에도	명령을 위반한 경우
	제131조 제1항	사업주	고용노동부장관이 같은 유해인자에 노출되는 근로자들에게 유사한 질병의 증상이 발생한 경우에 해당하여 특정 근로자에 대한 건강진단실시 등 필요한 조치를 명하였음에도	명령을 위반한 경우

201) 산업안전보건법 시행령 [별표 21] 대여자 등이 안전조치 등을 해야 하는 기계·기구·설비 및 건축물 등 : 이동식·타워 크레인, 불도저, 로더, 항타기, 고소작업대, 콘크리트 펌프 등
202) 산업안전보건법 시행령 제74조(안전인증대상기계등) 프레스, 전단기 및 절곡기, 고소작업대, 안전모, 안전화 등
203) 산업안전보건기준에 관한 규칙 제489조 내지 제497조의2
204) 잠함(潛函) 또는 잠수 작업 등 높은 기압에서 하는 작업
205) 유해·위험작업의 취업 제한에 관한 규칙 [별표 1] 자격·면허·경험 또는 기능이 필요한 작업 및 해당 자격·면허·경험 또는 기능 참조
206) 수거의 경우에도 포함되어 있으나 수거는 고용노동부장관이 스스로 하는 일종의 처분이므로 수거 자체가 명령의 대상은 아니라고 보인다.

4. 법 제170조(벌칙) - 1년 이하의 징역 또는 1천만원 이하의 벌금

법 제170조의 경우 재해 발생 현장의 훼손, 조사방해, 발생사실 은폐 규정에 유의할 필요가 있다.

벌칙규정	위반규정	위반주체	위반내용	
			요건1	요건2
제170조 제1호	제41조 제3항	사업주	고객응대근로자가 사업주에게 고객의 폭언 등으로 인한 건강장해 예방조치를 요구한 경우	그 요구를 이유로 해당 근로자에 대한 불리한 처우를 한 경우
제170조 제2호	제56조 제3항	누구든지	중대재해 발생 현장	현장 훼손 또는 고용노동부장관의 원인조사를 방해한 경우
제170조 제3호	제57조 제1항	사업주(교사·공모 포함)	산업재해 발생	발생사실을 은폐한 경우
제170조 제4호	제65조 제1항	도급인	도급인은 일정한 작업[207]을 수행하는 수급인 근로자에게 해당 작업 시작 전 안전 및 보건에 관한 정보를 문서로 제공하여야 함에도	이를 제공하지 않은 경우
	제80조 제1항	누구든지	유해하거나 위험한 기계·기구 중 대통령령으로 정한 것[208]에 대한 방호조치를 하지 아니하고	양도·대여·설치·사용에 제공하거나 양도·대여의 목적으로 진열한 경우
	제2항	누구든지	유해하거나 위험한 기계·기구 중 일정한 물건[209]에 대한 방호조치를 하지 않고	양도·대여·설치·사용에 제공하거나 양도·대여의 목적으로 진열한 경우
	제4항	사업주, 근로자	유해하거나 위험한 기계·기구에 대한 방호조치를 해체할 때 안전·보건조치[210]를 하여야 함에도	필요한 안전·보건조치의무를 이행하지 않고 방호조치를 해체한 경우
	제85조 제2항	(누구든지)	미인증 유해·위험기계등을	안전인증 표시, 유사표시, 안전인증에 관한 광고를 한 경우
	제3항	안전인증을 받은 유해·위험기계등을 제조·수입·양도·대여하는 자	유해·위험기계등의 안전인증 표시를	임의로 변경·제거한 경우

제170조 제4호	제92조 제1항	누구든지	미신고, 부정신고, 기준미충족, 사용금지명령을 받은 자율안전확인대상기계등을	제조·수입·양도·대여·사용하거나 양도·대여의 목적으로 진열한 경우
	제141조 제4항	역학조사에 참여한 자	제141조의 역학조사 참석과정에서 알게 된 비밀을	누설 또는 도용한 경우211)
	제162조	유해위험방지계획서 검토자 등	업무212)를 수행하면서 알게 된 비밀을	누설 또는 도용한 경우213)
제170조 제5호	제85조 제4항	(누구든지)	고용노동부장관이 미인증 유해·위험기계등에 대한 안전인증표시(유사표시 포함)를 한 경우 또는 안전인증이 취소되거나 사용금지명령을 받은 경우에 해당한다고 보아 안전인증표시를 제거할 것을 명하였음에도	명령을 위반한 경우
	제92조 제2항	자율안전확인대상기계등을 제조·수입·양도·대여하는 자	미신고, 부정신고, 기준미충족, 사용금지명령을 받은 자율안전확인대상기계등	파기를 명하였음에도 이를 위반한 경우
	제101조	조사·수거·성능시험을 방해·거부한 자	고용노동부장관이 안전인증대상기계등 또는 자율안전확인대상기계등에 대한 조사·수거·성능시험을 할 경우	조사·수거·성능시험을 방해·거부한 경우
	제153조 제1항	산업안전지도사	다른 사람에게 자기의 성명이나 사무소의 명칭을 사용하여	지도사의 직무를 수행케 하거나 자격증·등록증을 대여한 경우
	제153조 제2항	누구든지	자격이 없는 자가 산업안전지도사의 성명 또는 사무소의 명칭을 사용하여	직무수행하거나 자격증·등록증 대여 받거나, 알선한 경우

---

207) 1. 폭발성·발화성·인화성·독성 등의 유해성·위험성이 있는 화학물질 중 고용노동부령으로 정하는 화학물질 또는 그 화학물질을 포함한 혼합물을 제조·사용·운반 또는 저장하는 반응기·증류탑·배관 또는 저장탱크로서 고용노동부령으로 정하는 설비를 개조·분해·해체 또는 철거하는 작업
2. 제1호에 따른 설비의 내부에서 이루어지는 작업

제3장 벌금형 선고만 가능한 경우

1. 법 제170조의2(벌칙) - 500만원 이하의 벌금 / 1년 이하의 징역 또는 1천만원 이하의 벌금[214]

'사업주' 또는 '도급인'이 각 부과된 안전조치의무 또는 보건조치의무를 위반하여 근로자를 사망케 함을 이유로 유죄판결을 선고하거나 약식명령을 고지한 경우 수강명령 또는 이수명령이 병과될 수 있는데, 법 제170조의2는 부과된 명령 이행에 관한 지시를 따르지 아니한 경우를 규율하고 있다.

벌칙규정	위반규정	위반주체	위반내용	
			요건1	요건2
제170조의2 제1호	제174조 제1항	이수명령을 부과받은 자	이수명령에 병과된 형이 벌금형인 경우	정당한 사유 없이 이수명령 이행에 관한 지시 불이행(500만원 이하의 벌금)
제170조의2 제2호	상동	상동	이수명령에 병과된 형이 징역형 이상인 경우	정당한 사유 없이 이수명령 이행에 관한 지시 불이행(1년 이하의 징역 또는 1천만원 이하의 벌금)

---

3. 질식 또는 붕괴의 위험이 있는 작업으로서 대통령령으로 정하는 작업
208) 산업안전보건법 시행령 제70조 및 같은 법 시행령 [별표 20] 예초기, 원심기, 공기압축기, 금속절단기, 지게차, 포장기계(진공포장지, 래핑기로 한정)
209) 1. 작동 부분에 돌기 부분이 있는 것
　　　2. 동력전달 부분 또는 속도조절 부분이 있는 것
　　　3. 회전기계에 물체 등이 말려 들어갈 부분이 있는 것
210) 산업안전보건법 시행규칙 제99조(방호조치 해체 등에 필요한 조치)
211) '누설'이란 비밀을 아직 알지 못하는 타인에게 이를 알려주는 행위라고 볼 수 있다(대법원 2008. 4. 24. 선고 2006도8644 판결. 정보통신망법위반 사건이긴 하나 그 의미는 유사할 것으로 보임).
212) 유해위험방지계획서 · 공정안전보고서를 검토하는 자, 안전보건진단 · 안전인증 · 자율안전확인신고 수리업무
213) 다만, 근로자의 건강장해를 예방하기 위하여 고용노동부장관이 필요하다고 인정하는 경우에는 그러하지 아니하다.
214) 징역형 선고도 가능하기는 하지만 비교의 편의상 본 장에 배치하였다.

2. 법 제171조(벌칙) - 1천만원 이하의 벌금

법 제171조는 법정형이 벌금형만 규정되어 있는 비교적 가벼운 위반사항을 규율하고 있다.

벌칙규정	위반규정	위반주체	위반내용	
			요건1	요건2
제171조 제1호	제69조 제1항	건설공사발주자 또는 건설공사도급인[215]	설계도서 등에 따라 산정된 공사기간을 단축한 경우	(단축 자체로 범행 성립)
	제2항		공사비를 줄이기 위하여 위험성이 있는 공법을 사용한 경우 또는 정당한 사유 없이 정해진 공법을 변경한 경우	(사용 또는 변경 자체로 범행 성립)
	제89조 제1항	자율안전확인대상기계등을 제조·수입하는 자	자율안전기준에 맞는지 확인하여 고용노동부장관에게 신고하여야 함에도 신고하지 않은 경우[216]	(미신고 자체로 범행 성립)
	제90조 제2항	(누구든지)	자율안전확인대상기계등에 대해 자율안전확인신고를 하지 않고	자율안전확인표시(유사확인표시 포함)를 하거나 광고를 한 경우
	제90조 제3항	자율안전확인대상기계등을 제조·수입하는 자	자율안전확인대상등의 안전인증표시를	임의로 변경·제거한 경우
	제108조 제2항	신규화학물질 제조자등	유해성·위험성 조사 결과 해당 물질에 의한 근로자의 건강장해를 예방하기 위하여	필요한 조치를 즉시 시행하여야 함에도 그러하지 아니한 경우
	제109조 제2항	화학물질을 제조·수입하는 자 또는 사용하는 사업주	화학물질의 유해성·위험성 조사 명령을 받고 조사한 결과 해당 물질에 의한 근로자의 건강장해를 예방하기 위하여	필요한 조치를 즉시 시행하여야 함에도 그러하지 아니한 경우
	제138조 제1항	사업주	고용노동부령으로 정하는 질병[217]에 걸린 자에 대해	의사의 진단에 따라 근로를 금지·제한하여야 함에도 그러하지 아니하고 계속 근로케 한 경우
제171조 제2호	제90조 제4항	(누구든지)	자율안전확인인증과 관련하여 미인증, 유사표시, 거짓·부정한 방법으로 신고한 경우, 사용금지 명령을 받은 경우에 해당하여	고용노동부장관이 표시의 제거를 명하였음에도 이에 응하지 않는 경우

	제108조 제4항	신규화학물질 제조자등	신규화학물질의 유해성·위험성 조사보고서 검토 결과 근로자의 건강장해 예방을 위해 필요한 경우	고용노동부장관이 시설·설비를 설치·정비하는 등의 조치를 명하였음에도 이에 응하지 않는 경우
제171조 제2호	제109조 제3항	해당 화학물질을 제조·수입한 자 또는 사용하는 사업주	중대한 건강장해 우려 화학물질의 유해성·위험성 조사보고서 검토 결과 근로자의 건강장해 예방을 위해 필요한 경우	고용노동부장관이 시설·설비를 설치·정비하는 등의 조치를 명하였음에도 이에 응하지 않는 경우
제171조 제3호	제125조 제6항	사업주	작업환경측정 결과에 따라 근로자의 건강 보호를 위해	해당 시설·설비의 설치·개선 또는 건강진단 실시 등의 조치를 하지 않은 경우
	제132조 제4항	사업주	(일반·특수·임시 및 타법에 의한 진단 포함)건강진단의 결과 근로자 건강 유지를 위해 필요한 경우	작업장소 변경, 근로시간 단축, 야간근로 제한 등 고용노동부령에 따른 적절한 조치를 하지 아니한 경우

---

215) 건설공사발주자로부터 해당 건설공사를 최초로 도급받은 수급인 또는 건설공사의 시공을 주도하여 총괄·관리하는 자

216) 다만, 다음 각 호의 어느 하나에 해당하는 경우에는 신고를 면제할 수 있다.
   1. 연구·개발을 목적으로 제조·수입하거나 수출을 목적으로 제조하는 경우
   2. 제84조 제3항에 따른 안전인증을 받은 경우(제86조 제1항에 따라 안전인증이 취소되거나 안전인증표시의 사용 금지 명령을 받은 경우는 제외한다)
   3. 다른 법령에 따라 안전성에 관한 검사나 인증을 받은 경우로서 고용노동부령으로 정하는 경우

217) 산업안전보건법 시행규칙 제220조(질병자의 근로금지)
   1. 전염될 우려가 있는 질병에 걸린 사람. 다만, 전염을 예방하기 위한 조치를 한 경우는 제외한다.
   2. 조현병, 마비성 치매에 걸린 사람
   3. 심장·신장·폐 등의 질환이 있는 사람으로서 근로에 의하여 병세가 악화될 우려가 있는 사람
   4. 제1호부터 제3호까지의 규정에 준하는 질병으로서 고용노동부장관이 정하는 질병에 걸린 사람

3. 법 제172조(벌칙) – 500만원 이하의 벌금

벌칙규정	위반규정	위반주체	위반내용	
			요건1	요건2
제172조	제64조 제1항	도급인	관계수급인의 근로자가 도급인의 사업장에서 작업을 하는 경우	협의체 구성·순회점검 등 도급인의 산업재해 예방조치[218]를 이행하지 않은 경우
	제64조 제2항	도급인	고용노동부령에 따라 자신의 근로자 및 관계수급인 근로자와 함께 정기적·수시로 안전 및 보건에 관한 점검을 하지 아니한 경우	

218) 1. 도급인과 수급인을 구성원으로 하는 안전 및 보건에 관한 협의체의 구성 및 운영
2. 작업장 순회점검
3. 관계수급인이 근로자에게 하는 제29조 제1항부터 제3항까지의 규정에 따른 안전보건교육을 위한 장소 및 자료의 제공 등 지원
4. 관계수급인이 근로자에게 하는 제29조 제3항에 따른 안전보건교육의 실시 확인
5. 다음 각 목의 어느 하나의 경우에 대비한 경보체계 운영과 대피방법 등 훈련
　가. 작업 장소에서 발파작업을 하는 경우
　나. 작업 장소에서 화재·폭발, 토사·구축물 등의 붕괴 또는 지진 등이 발생한 경우
6. 위생시설 등 고용노동부령으로 정하는 시설의 설치 등을 위하여 필요한 장소의 제공 또는 도급인이 설치한 위생시설 이용의 협조

4. 양벌규정 – 법 제173조 – 해당 조문의 벌금형 / 10억원 이하의 벌금

법인의 대표자나 법인 또는 개인의 대리인, 사용인, 그 밖의 종업원이 그 법인 또는 개인의 업무에 관하여 제167조 제1항 또는 제168조부터 제172조까지의 어느 하나에 해당하는 위반행위를 하면 그 행위자를 벌하는 외에 그 법인에게 다음 각 호의 구분에 따른 벌금형을, 그 개인에게는 해당 조문의 벌금형을 과(科)한다. 다만, 법인 또는 개인이 그 위반행위를 방지하기 위하여 해당 업무에 관하여 상당한 주의와 감독을 게을리하지 아니한 경우에는 그러하지 아니하다.

양벌규정은 산업안전보건법상 벌칙규정에서 제167조 제2항[219]만 제외하고 있어서 양벌규정은 모든 산업안전보건법 위반시 적용된다.

벌칙규정	위반규정	위반주체	위반내용	
			요건1	요건2
제173조	제167조 제1항	사업주	제38조 제1항 ~ 제3항, 제39조 제1항	10억원 이하의 벌금
		도급인	제63조	
	제168조 제169조 제170조 제170조의2 제171조 제172조		각 벌칙규정 위반시	해당 조문의 벌금형

---

219) 제167조 제1항 위반의 죄로 형을 선고받고 그 형이 확정된 후 5년 이내에 다시 제1항의 죄를 저지른 경우에 대한 가중규정

참고문헌

국회 본회의 회의록

국회 법제사법위원회 소위 회의록

고용노동부, 대표이사의 안전·보건계획 수립 가이드, 2021

고용노동부, 도급시 산업재해예방 운영지침, 2020

고용노동부, 산업재해 예방을 위한 안전보건관리체계 가이드북, 2021

고용노동부, 중대재해처벌법 해설, 2021. 11

고용노동부, 중대재해처벌법 시행령 제정안 주요내용 설명자료, 2021

대한건설협회·한국건설산업연구원, 건설분야 산업안전보건법령 설명서, 2020

법무법인(유) 화우, 중대재해의 처벌 등에 관한 법률 해설, 2021

법무법인(유) 율촌, 중대재해처벌법 분석, 2021

법무법인(유) 지평, 중대재해처벌법 News Alert, 2021

식품의약품안전청, 원료의약품 제조 및 품질관리 가이드라인, 2018

신인재, 산업안전보건법해설, 신판, 2020

심재진, 도급사업주 사업장에서의 수급사업주의 안전보건조치의무, 월간 노동리뷰,
   2020

안전보건공단, 개정 산업안전보건법 주요내용 해설, 2019

양형위원회, 과실치사상 산업안전보건범죄 양형기준 수정안 설명자료, 2021

임종률, 노동법, 제16판, 2018

정진우, 도급 시의 안전·보건조치(2), 산업보건 3월호

한국산업안전보건공단, 안전보건경영시스템(KOSHA 18001) 구축에 관한 지침, 2012

United States Sentencing commission, GUIDELINES MANUAL, 2018

강선희, "산업안전보건법상 사내하도급근로자의 산업안전과 도급사업주의 책임",
   2012

김성규, "양벌규정의 문제점과 법인처벌의 개선방안", 국회입법조사처 정책연구용역
   보고서, 2010

김성돈, "기업형법과 양벌규정의 도그마틱", 형사정책연구 제27권 제2호, 한국형사법
  학회, 2016

김성돈, "양벌규정과 책임주의원칙의 재조명", 형사법연구 제27권 제3호, 한국형사법
  학회, 2015

김성룡 외 4, "산업안전보건법 위반사건 판결 분석 연구", 고용노동부, 2018

김정환, '징벌적 손해배상의 적정한 운영방안에 관한 연구', 사법정책연구원, 2019

심재진, "도급사업주 사업장에서의 수급사업주의 안전보건조치의무", 월간 노동리뷰,
  2020

사법정책연구원, "징벌적 손해배상의 적정한 운영방안에 관한 연구", 2019

손태홍·최수영, "국내 중대재해기업처벌법(안)과 영국 기업과실치사법의 비교 분석",
  한국건설산업연구원, 2020

이근우, "중대재해기업처벌법안의 법리적 검토", 2021

이근우, "중대재해처벌법 경과와 제정 법률에 대한 비판적 검토", 형사정책 제32권
  제4호, 한국형사법학회, 2021

이재목, "징벌적 손해배상제도에 관한 국내 입법의 현황과 문제점", 홍익법학 제19권
  제4호, 2018

이진국, "기업범죄의 예방수단으로서 준법감시제도의 형법적 함의", 형사정책연구 제
  21권 제1호, 한국형사법학회, 2010

이진국, "산업안전보건법상 수강명령제도 도입에 따른 제도 마련에 관한 연구", 안전
  보건공단, 2018. 5

전형배, "중대재해기업처벌법 입법안 소고", 노동법포럼 제30호, 노동법이론실무학
  회, 2020

정진우, "도급 시의 안전·보건조치(2)", 산업보건 3월호, 2015

최대호, "법인의 형사책임 - 양벌규정의 법인면책사유로서 '상당한 주의와 감독'의
  판단기준", 중앙법학 제13집 제1호, 중앙법학회, 2011

한성훈, "기업의 감독책임의 명확화와 그 기준에 관한 연구", 법학연구 제26권 제2호,
  경상대학교 법학연구소, 2018

법률신문, "이재용 삼성 부회장 사건, 서울중앙지방법원 재정합의결정 따라 형사합의
부서 재판", 박미영, 2020. 9. 2, https://m.lawtimes.co.kr/Content/Article?seri-
al=163995

전문건설신문, "상시근로자수 산정 방법", 김재정, 2019. 12, https://www.koscaj.com/
news/articleView.html?idxno=206235

동아일보, "위법행위 원천 차단할 시스템... 이재용의 '준법 프로그램' 준비, 박상준·김
현수, 2020, https://www.donga.com/news/Society/article/all/20191218/98849928/1

더스쿠프, "직원이 비리 저질렀는데 모건 스탠리는 어떻게 양벌규정 피했나", 장대현,
2020, https://www.thescoop.co.kr/news/articleView.html?idxno=41363

산업재해예방시설 융자지원 사업으로 자금여력이 부족한 사업장의 안전보건시설 개
선을 위하여 장기 저리 조건의 융자금을 지원하는 사업으로 자세한 내용은 링크
참조(https://www.kosha.or.kr/kosha/business/industrialaccidenta.do)

연합뉴스, "수사권 조정에 따른 검경 체계도", 박영석, 2018. 6, https://www.yna.co.kr/
view/GYH20180621000500044

연합뉴스, "중대재해처벌법 위반 기업 수사할 '산업안전보건청' 설치한다(종합)", 이영
재, 2021. 2. 22, http://www.yna.co.kr/view/AKR20210222056151530?input=1195m

한국표준협회 ISO45001 도입 배경 등 내용 참조 http://www.ksa.kr/ksa_kr/6624/
subview.do

법원 사법연감

대검찰청 범죄분석

국가통계포털(KOSIS) 주제별 통계(범죄·안전)

참고판례

대법원 1983. 6. 14. 선고 83도756

대법원 1987. 7. 21. 선고 87다카831 판결 [보험금]

대법원 1991. 12. 10. 선고 91도2642 판결 [업무상과실치사]

대법원 1994. 5. 24. 선고 94도660 판결 [업무상과실치사·업무상과실치상·업무상과
실기차전복·산업안전보건법위반]

대법원 1994. 12. 9. 선고 94다22859 판결 [배당이의]

대법원 1994. 12. 27. 선고 94도2513 판결 [업무상과실치사·업무상과실치상·건설기
술관리법위반·건설업법위반·산업안전보건법위반]

대법원 1995. 5. 26. 선고 95도230 판결 [산업안전보건법위반]

대법원 1997. 1. 24. 선고 96도776 판결 [업무상과실치사·업무상과실치상·배임수재·
산업안전보건법위반·업무상과실폭발물파열·도로법위반·건축법위반]

대법원 1998. 12. 8. 선고 98두14174 판결

대법원 1999. 4. 27. 선고 98무57 결정 [시정명령등효력정지]

대법원 2001. 3. 9. 선고 99두5207 판결

대법원 2004. 5. 14. 선고 2004도74 판결 [증거인멸·산업안전보건법위반]

대법원 2005. 9. 9. 선고 2005도3108 판결 [산업안전보건법위반·업무상과실치사·업
무상과실치상]

대법원 2005. 10. 28. 선고 2005도4802 판결 [산업안전보건법위반]

대법원 2006. 1. 12. 선고 2004도8875 판결 [산업안전보건법위반]

대법원 2006. 5. 11. 선고 8364 판결

대법원 2006. 4. 28. 선고 2005도3700 판결 [산업안전보건법 위반, 업무상과실치사]

대법원 2007. 3. 29. 선고 2006도8874 판결 [산업안전보건법위반]

대법원 2007. 9. 21. 선고 2005다65678 판결 [손해배상(기)]

대법원 2008. 2. 1. 선고 2006다6713 판결 [손해배상(기)]

대법원 2008. 7. 24.자 2008어4 결정 [보호처분에대한재항고]

대법원 2008. 8. 11. 선고 2007도7987 판결 [산업안전보건법위반]

대법원 2009. 5. 28. 선고 2008도7030 판결 [업무상과실치사·산업안전보건법위반]

대법원 2009. 9. 10. 선고 2006다64627 판결

대법원 2009. 12. 10. 선고 2009도11448 판결 [성폭력범죄의처벌및피해자보호등에관한법률위반(13세미만미성년자강간등)]

대법원 2010. 2. 25. 선고 2009도5824 판결 [도로법위반]

대법원 2010. 2. 25. 선고 2009도3835 판결 [산업안전보건법위반]

대법원 2010. 4. 15. 선고 2009도9624 판결 [도로법위반]

대법원 2010. 6. 24. 선고 2010도2615 판결 [업무상과실치사·업무상과실치상·산업안전보건법위반·건설산업기본법위반]

대법원 2010. 7. 8. 선고 2009도6968 판결 [컴퓨터프로그램보호법위반]

대법원 2010. 9. 9. 선고 2008도7834 판결 [산업안전보건법위반·업무상과실치사]

대법원 2010. 11. 11. 선고 2009도13252 판결 [산업안전보건법위반·업무상과실치사]

대법원 2011. 9. 29. 선고 2009도12515 판결 [산업안전보건법위반·업무상과실치사]

대법원 2012. 1. 27. 선고 2010도8885 판결 [산업안전보건법위반]

대법원 2013. 11. 28. 선고 2013도1602 판결 [업무상과실치사·산업안전보건법위반]

대법원 2014. 5. 29. 선고 2014도3542 판결 [산업안전보건법위반]

대법원 2014. 8. 28. 선고 2013도3242 판결 [산업안전보건법위반]

대법원 2015. 3. 12. 선고 2012두5176 판결 [산재보험료부과처분취소소송등]

대법원 2015. 10. 29. 선고 2015도5545 판결 [업무상과실치사·산업안전보건법위반]

대법원 2016. 3. 24. 선고 2015도8621 판결 [업무상과실치사·업무상과실치상·산업안전보건법위반]

대법원 2018. 10. 4. 선고 2016도15961 판결 [군인등강제추행·특수폭행·폭행·모욕]

대법원 2019. 11. 28. 선고 2017다14895 판결 [손해배상(기)]

대법원 2020. 4. 9. 선고 2016도14559 판결 [산업안전보건법위반]

대법원 2021. 4. 29. 선고 2019도12986 판결 [산업안전보건법위반]

대법원 2021. 9. 30. 선고 2020도3996 판결 [업무상과실치사·업무상과실치상·산업안전보건법위반]

부산지방법원 2004. 12. 2. 선고 2004노2765 판결 [산업안전보건법위반]

의정부지방법원 2005. 3. 31. 선고 2004노1726 판결 [업무상과실치사(변경된 죄명: 산업안전보건법위반)] 확정

대구지방법원 2005. 6. 23. 선고 2005노901 판결 [산업안전보건법위반] 상고

대구지방법원 2006. 11. 16. 선고 2006노1762 판결 [산업안전보건법위반]

대구지방법원 2008. 7. 17. 선고 2008노1468 판결 [업무상과실치사·산업안전보건법위반]

춘천지방법원 2008. 8. 20. 선고 2008노104 판결 [산업안전보건법위반·업무상과실치사]

대구지방법원 2010. 6. 11. 선고 2010노585 판결 [산업안전보건법위반]

대구지방법원 2009. 4. 24. 선고 2008노3443 판결 [산업안전보건법위반]

수원지방법원 2011. 8. 3. 선고 2010노5710 [업무상과실치상]

춘천지방법원 강릉지원 2013. 1. 22. 선고 2012노353 판결 [업무상과실치사·산업안전보건법위반]

광주지방법원 2014. 2. 19. 선고 2013노2217 판결 [업무상과실치사·업무상과실치상·산업안전보건법위반]

서울남부지방법원 2015. 5. 22. 선고 2014노1201 판결 [업무상과실치사·업무상과실치상·산업안전보건법위반]

의정부지방법원 2016. 8. 25. 선고 2016노422 판결 [업무상과실치사·업무상과실치상·산업안전보건법위반]

울산지방법원 2016. 9. 23. 선고 2015노1451 판결 [업무상과실치사, 업무상과실치상, 산업안전보건법위반]

창원지방법원 2020. 2. 21. 선고 2019노941 [업무상과실치사, 업무상과실치상, 산업안전보건법위반]

서울지방법원 동부지원 1995. 2. 10. 선고 93가합19069 판결

대구지방법원 2007. 2. 13. 선고 2006고정3671 판결 [산업안전보건법위반] 항소

춘천지방법원 2008. 1. 24. 선고 2007고정257 판결 [산업안전보건법위반·업무상과실치사]

대구지방법원 포항지원 2008. 10. 22. 선고 2008고정435 판결 [산업안전보건법위반]

춘천지방법원 속초지원 2012. 10. 25. 선고 2011고단414 판결 [업무상과실치사·산업안전보건법위반]

광주지방법원 순천지원 2013. 9. 30. 선고 2013고단954,2013고단1469(병합),2013고

단1727(병합) 판결 [업무상과실치사·업무상과실치상·산업안전보건법위반]

서울남부지방법원 2014. 7. 3. 선고 2013고단2610 판결 [업무상과실치사·업무상과실치상·산업안전보건법위반]

울산지방법원 2015. 7. 23. 선고 2015고단1191 [업무상과실치사·산업안전보건법위반]

수원지방법원 성남지원 2017. 9. 19. 선고 2016가합202844 [공사대금]

창원지방법원 통영지원 2019. 5. 7. 선고 2018고단368 [업무상과실치사, 업무상과실치상, 산업안전보건법위반]

헌법재판소 1999. 9. 16. 선고 98헌마310 결정

헌법재판소 2007. 11. 29. 선고 2005헌가10 결정

공저자 약력

신승욱

학력

한양대학교 신문방송학과 졸업

한국외국어대학교 법학전문대학원 졸업(7기)

경력

변호사시험 7회 합격

정비사업전문관리사

대한변호사협회 재개발·재건축 전문변호사

前 법무법인(유한) 강남

前 현대건설 주식회사 법무실

現 서울경찰청 서울강남경찰서 수사2과

김형규

학력

경찰대학 법학과 졸업(법학사)

THE COLLEGE OF WILLIAM & MARY LAW SCHOOL (VA) 석사과정 졸업(법학석사, LL.M)

부산대학교 대학원 박사과정 수료(법학박사)

경력

미국 뉴욕주 변호사 시험 합격

前 고려·경북·경희·동아·서강·서울·서울시립·성균관·연세·영남·이화여자·인하·원광·
전북·제주·충남·한국외국어·한양대학교 법학전문대학원 겸임교수 등

前 수사 실무부서 10년 근무

前 경찰 공무원 채용시험 출제위원 (경찰 간부후보생, 순경)

現 경찰대학 경찰학과 교수요원, 경찰수사연수원·경찰인재개발원·중앙경찰학교 강사

現 강원·부산·아주·충북대학교 법학전문대학원 겸임교수

전면개정판

중대재해처벌법

초판발행　　　2021년 6월 15일
전면개정판발행　2022년 4월 29일

지은이　　　신승욱·김형규
펴낸이　　　안종만·안상준

편　집　　　윤혜경
기획/마케팅　오치웅
표지디자인　이영경
제　작　　　고철민·조영환

펴낸곳　　　(주) **박영사**
　　　　　　서울특별시 금천구 가산디지털2로 53, 210호(가산동, 한라시그마밸리)
　　　　　　등록　1959. 3. 11. 제300-1959-1호(倫)
전　화　　　02)733-6771
ｆａｘ　　　02)736-4818
e-mail　　pys@pybook.co.kr
homepage　www.pybook.co.kr
ISBN　　　919-11-303-4183-5　93360

copyright©신승욱·김형규, 2022, Printed in Korea

정　가　　　25,000원